Wolfgang Klages

Macht unter Mächten

Deutschland im neuen Kräftespiel der Weltpolitik

Titelbildgestaltung
Dr. Wolfgang Klages

Titelbild
„cubes dices 3d-illustration world map" © wetzkaz / fotolia
(https://de.fotolia.com/id/217309390)

1. Auflage September 2018

© Copyright 2018 by
Dr. Wolfgang Klages – res politica®
Mozartstr. 38
D-49076 Osnabrück
T: +49 (0) 541 4069 870

www.respolitica.de

ISBN: 978-1-71999-200-8

Inhalt

Vorwort

Die Wirtschaft spricht von Angebotsschocks, die Politik nennt es Wandel, Umbruch oder Herausforderung, wenn Unvorhergesehenes eintritt. Deutschland sieht sich im zweiten Jahrzehnt des 21. Jahrhunderts mit zwei Erschütterungen seines außenpolitischen Fundaments ausgesetzt: ernsten Zweifeln an der Zukunft sowohl der Nato wie der EU. Wie ein Vulkan spuckt ein unberechenbarer US-Präsident seine Lava aus und hinterlässt auf dem Boden bisheriger transatlantischer Gewissheiten eine Schneise der Verwüstung. Für ihre Bündniszusage fordern die USA unmissverständlich die Übernahme höherer Kosten und Risiken durch Deutschland ein. Der Fortbestand der EU bzw. Eurozone ist daran gebunden, dass viel deutsches Geld das schlingernde Unternehmen über Wasser hält.

In beiden Fällen hat für die deutsche Politik die Falle ihrer Pfadabhängigkeit zugeschnappt. Will Deutschland unter allen Umständen an der Nato und der EU festhalten, muss es zunehmend gegen die eigenen vitalen Interessen verstoßen. Als getreuer Bundesgenosse der USA liefert sich Berlin einem faktischen und potentiellen Konfrontationsgebaren gegen China und Russland aus. Beide Mächte sind für Deutschland von herausragender wirtschaftlicher Bedeutung. Zudem würde Berlin mit Peking und Moskau in sicherheitspolitische Konflikte immer nur um Dritter willen geraten.

Die EU wird nach dem Ausscheiden Großbritanniens noch mehr zum Kostgänger Deutschlands, dem freilich die Hände gebunden sind, seinen Willen durchzusetzen. Gemeinschaftsfähig ist die Union nur noch durch deutschen Selbstverzicht. Am sichtbarsten in der Währungsunion, die ihre Geschäftsgrundlage für Deutschland verloren hat: Schuldenfinanzierung durch die Notenbank und mitgliederübergreifende Haftung.

Bedauerlicherweise hat die deutsche Politik auf diese Entwicklungen bisher passiv reagiert und sich nur noch mehr der überkommenen Verbünde verschrieben. Dabei ist das, was sich in den späten 2010er Jahren neuerlich zugespitzt hat, schon viel länger fragwürdig und krisenanfällig gewesen. Aus einem einfachen Grund: Staaten mit gemeinsamen und verschiedenen Interessen weichen nicht aus der Welt.

Die Vorstellung, dass sich in einer universalen Ordnung und einem integrierten Europa unter liberaldemokratischen Vorzeichen alle nationalstaatlichen Unterschiede in Wohlgefallen auflösen, erfüllt sich im 21. Jahrhundert nicht. Im Gegenteil. Der Nationalstaat behauptet sich. Mehr noch: er tritt unveräußerlich wieder in den Vordergrund. In einer Welt ohne unipolare „pax americana", ohne Teilung in zwei Hälften und ohne Triumph eines Kulturraumes über andere Zivilisationen. Multipolar hat sich dafür als Begriff durchgesetzt. Er bezeichnet im engeren Sinne ein Staatensystem größerer und kleiner Mächte, die sich in Nähe und Distanz, Konsens und Dissens begegnen.

Für die Bundesrepublik kommt es einem Kulturbruch gleich, sich nicht länger hinter den bröckelnden Fassaden der europäisch-atlantischen Nachkriegszeit verstecken zu können und selbst als Macht in Erscheinung zu treten. Im Herzen Europas. Mit eigenen Bedürfnissen und Prioritäten. Darauf andere Antworten zu geben, als vermeintlich Bewährtes gegen die Zeit zu retten, ist das Anliegen dieses Buches. Und mein Wunsch der Übergang zur Initiative, Trümpfe in das Blatt der deutschen Außenpolitik aufzunehmen. Damit Deutschland in die Gestaltung fließender Verhältnisse eingreift, anstatt von diesen immer weiter in eine unmögliche Lage geschoben zu werden.

Osnabrück, im September 2018
Wolfgang Klages

1. Die veränderten Konturen der internationalen Politik seit den 2010er Jahren

„Nicht anders verhält es sich mit den Staaten, den Nationen. Entschiedenes positives Vorwalten einer einzigen würde den andern zum Verderben gereichen. Eine Vermischung aller würde das Wesen einer jeden vernichten."[1]
Leopold v. Ranke, 1833

Wie üblich in der Weltgeschichte hat die Schwerkraft der Tatsachen wieder einmal über bloße Einbildungen gesiegt. Das erste Drittel des 21. Jahrhunderts belehrt mindestens zwei Politikergenerationen und ihre Zeitgenossen eines Besseren. Wer vor und nach der Jahrhundertschwelle der verbreiteten Vorstellung anhing, die Welt entwickle sich zu einer Einheit unter bestimmten Vorzeichen, hat gewaltig geirrt. Er vertrat Glaubenssätze oder ließ sich davon gefangen nehmen, die allesamt er-

---

[1] Leopold v. Ranke, Die großen Mächte (1833), Göttingen 1963, S. 43.

schüttert sind. In der Politik unterspült die Empirie
– das Sein – auf Dauer jede Ideologie, die Welt anders anzuschauen als sie ist und nach einem Trug-
bild formen zu können. Irrtümer, ja Irrlehren entblößen sich. Davon befreit geraten sowohl die un-
verrückbaren wie auch die neuen Tatbestände der
Weltpolitik in den Blick.

Erstens behauptet der nationale Flächenstaat
auch im 21. Jahrhundert seine unersetzliche Existenz. Seit dreihundert Jahren ist er die vorherr-
schende Organisationsform souveräner Staatlichkeit. In der Zusammenführung politischer, wirtschaftlicher und sozialer Einheit reicht kein anderes Gebilde an ihn heran. In puncto Rechtstaatlich-
keit, Gewaltenteilung, Demokratie, legitimierter
Macht und Machtausübung erweist er sich als unvertretbar. Und auch für autoritäre Regime ist nationale Zusammengehörigkeit die überwiegende
Grundlage, auf der eine Gesellschaft dem staatlichen Gewaltmonopol unterworfen wird. Kein
übergeordnetes Modell löst die politische Zusam-
mensetzung der Welt aus derzeit fast 200 Staaten
ab.[2] Nicht einmal in Europa, das seit dem Ende des
Zweiten Weltkriegs als Laboratorium gedient hat,
die Natur der nationalstaatlichen Gliederung für
immer ausgedehntere supranationale Zugriffe ab-
zuschaffen.

---

[2] Nach der sinngebenden Zählweise der Vereinten Nationen (UNO), die derzeit (September 2018) 193 Mitgliedstaaten verzeichnen.

Denn auch in dem eigentümlichen Verbund der Europäischen Union bleibt die Souveränität der teilnehmenden Staaten letztlich gewahrt. Als „Herren der Verträge" mögen sie freiwillig Hoheitsrechte an die EU übertragen. Sie können sich davon aber genauso wieder abwenden und – wie im Fall Großbritannien 2017 geschehen – mit einem Austritt (Art. 50 EU-Vertrag) ihre staatliche Selbständigkeit vollumfänglich zurückholen. Eingedenk dieses Präzedenzfalles dürfte in Europa ohnehin der Zenit an überstaatlichen Durchgriffen überschritten sein. Eine rücksichtlose Fortsetzung würde unweigerlich den Zerfall der EU und der kleineren Europäischen Währungsunion beschleunigen. Weil weder die Bürger noch die Regierungen sämtlicher beteiligter Staaten dabei mitmachen.

Erweist sich schon für Europa das Credo unaufhaltsamer politischer Einheit als Fehlschluss, so gilt dies erst Recht im Weltmaßstab. Gewiss, kein Staat der Erde kann sich aus seinem Umfeld und seinen internationalen Bezügen herausstehlen. Selbst wenn er sich für größtmögliche Absonderung und Isolierung entschiede, hätte er weiterhin staatliche Nachbarn und bliebe insofern Teil einer nicht zu entkommenden Weltgemeinschaft. Aber was und wie diese territorial, herrschaftlich und bevölkerungsseitig abgegrenzten Gemeinwesen in eigener Sache entscheiden, ist ihnen zunächst einmal selbst überlassen. Über ihre jeweilige Verfassung, ihre Sicherheit, ihre öffentlichen Finan-

zen, ihre staatsbürgerlichen Rechte und Pflichten
beschließen die Staaten zuerst und zuletzt nach
eigenem Ermessen. Ohne übergeordnete Autori-
tät, sofern sie dieser nicht unterworfen sind oder
sich ihr unterstellt haben. Nicht umsonst gehört
das Einmischungsverbot in die inneren Belange
eines Staates zur Charta der Vereinten Nationen
(Art. 2 Abs. 7).

Es gibt keinen Weltstaat, keine Weltregierung,
keine Weltgesellschaft und kein Weltgericht. Diese
Kernbestandteile einer politischen Ordnung bestehen weiterhin nur im Plural. Im national ge-
prägten Miteinander, Gegeneinander und Neben-
einander. Daraus gehen Bündnisse, Gemeinsamkeiten und Partnerschaften, freilich auch Unterschiede, Konflikte und Konkurrenz hervor. Nach
Maßgabe der jeweiligen Interessen eines Staates,
seiner Stärken und Schwächen, Zwängen und Freiheiten.

Daran ist zu erinnern, wenn heute mit tagespoliti-
schem Erschrecken „Die neue Unsicherheit"[3] im
Weltgeschehen ausgemacht wird. Zum einen war
die Welt noch nie sicher. Zum anderen haben vorübergehende Erscheinungen eine Sicherheit vorgetäuscht und Annahmen über falsche Voraussetzungen genährt, wie das nach wie vor erstrebens-
werte Ziel einer leidlich friedlichen Welt erreicht

---

[3] So das Titelthema der Zeitschrift Internationale Politik in
der Ausgabe vom Januar/Februar 2018.

werden kann. Denn zweitens ist nicht nur mit der Fortdauer des Nationalstaates als bestimmender Größe in den internationalen Beziehungen zu rechnen, sondern auch die Illusion einer liberal-demokratischen Weltordnung zerstoben. Gestützt auf die Selbstermächtigung der USA hat man dazu in den vergangenen 100 Jahren drei Mal vergeblich Anlauf genommen: 1918, 1945 und 1989. Das Ergebnis war stets dasselbe.

Alle hochfliegenden Absichten, Prinzipien und Hoffnungen, das politische Geschehen weltweit zu verrechtlichen, auf gemeinsame Werte zu gründen und darüber Konflikte zu entschärfen, wenn nicht überflüssig zu machen, scheiterten an Widersprüchen und Widerständen. Mit dem – je nach politischer Zweckmäßigkeit – ausgelegten Selbstbestimmungsrecht der Völker, willkürlichen Gebietsabtretungen und einem Strafgericht über den vermeintlichen Kriegsschuldigen wurde in Europa nach dem Ersten Weltkrieg mehr Schaden als Nutzen gestiftet. Im Zweiten Weltkrieg war der Sieg über Hitler-Deutschland der kleinste und einzige gemeinsame Nenner der entstehenden Supermächte. Die anschließende Spaltung der Welt in Ost und West und eine umkämpfte Dritte Welt vollzog sich so tiefgreifend, dass die geschaffenen Institutionen für den Weltfrieden belanglos und blockiert wurden.

Das Ende des Kalten Krieges war nur vordergründig ein Sieg der Weltidee demokratischer, friedliebender und rechtstaatlicher Marktwirtschaften. Den mächtigsten Gegner durch ideologische, wirtschaftliche und militärische Ermattung vorläufig verloren zu haben, bot bei genauem Hinsehen wenig Anlass, nun den globalen Triumphzug einer liberalen Weltordnung zu erwarten. Denn was war denn erreicht worden? Gerade einmal die atlantisch-europäische Hälfte der nördlichen Erdhalbkugel schien von diesem Konzept überzeugt zu sein. Schon für Osteuropa und Russland als Nachfolgestaat der Sowjetunion war keineswegs sicher, dass sie sich nach einer Orientierungsphase Grundsätze zu eigen machen und danach handeln würden, die ziemlich abstrakt für eine wertebasierte Wertegemeinschaft gelten sollten, aber weit weniger ihre konkreten Bedürfnisse ansprachen. Wie kühl und ablehnend würden erst China, Indien und der politische Islam darauf reagieren?

Zumal die Führungsmacht der „freien Welt" mehrfach und flagrant dazu überging, allgemeinverbindliche Normen zu missachten oder für die eigenen Interessen zu missbrauchen. Kriege, welche die USA einschließlich ihrer Verbündeten mit und ohne Völkerrechtsmandat seit den 1990er Jahren für Demokratieexport, „nation-building" und Terrorismusbekämpfung führten, haben die Welt anarchischer denn je gemacht. Von einer globalen Friedens- und Rechtsordnung, ja nicht einmal belastbaren regionalen Ausprägungen kann keine Rede mehr sein, seitdem das Tor zu schrankenlosen Militärinterventionen aufgestoßen wurde. Nur noch abhängig davon, ob die eingreifenden Akteure dazu militärisch befähigt und gewillt sind. Unter diesen Bedingungen findet die Stärke des Rechts in der internationalen Politik keinen Halt.

Ohne deshalb sogleich dem Recht des Stärkeren zu huldigen, erscheint es aussichtslos, für eine nach wie vor in verschiedene Kulturkreise aufgefächerte Welt übereinstimmende Werte festlegen zu können. So umstritten bereits die Rangfolge und Auslegung der breit angelegten Völkerrechtsnormen ist, wie will man über metapolitische Begriffe wie Freiheit, Gleichheit und Gerechtigkeit ein deckungsgleiches Verständnis erzielen? Unterschiedliche Wertvorstellungen werden sich nie zur Einheit, sondern bestenfalls zu friedlichen Toleranz hin auflösen. Und das Recht des Stärkeren wird sich in einer mehr oder minder gesetzeslosen Weltpolitik höchstens zu einem Gleichgewicht der Starken und einer Beschirmung der Schwachen disziplinieren lassen.

Drittens dürfte damit dem Westen, also den über die atlantische Allianz und die Europäische Union miteinander verbundenen Staaten Nordamerikas und Europa die Grenze aufgezeigt worden sein, nur einer unter mehreren Spielern in der Weltpolitik zu sein. Von der fortschreitenden Ausbreitung eines politischen Universalismus westlicher Couleur kann man sich ebenso verabschieden wie von seiner militärischen und wirtschaftlichen Hegemonie. Das nie eingestellte Dominanzstreben der USA, ihre unausgesetzte Politik, weit außerhalb der eigenen Hemisphäre Meere und Landflächen kontrollieren zu wollen, die Welt in gehorsame Freunde und zu besiegende Feinde einzuteilen, hat mächtige Gegenkräfte auf den Plan gerufen. Auch für die vermeintlich einzige Weltmacht war von vornherein ausgeschlossen, dass sie sich mit noch so großer Militärpräsenz, noch so dicht geknüpften Vertragsnetzen und noch so viel Finanzkapital alle Teile der Welt gefügig machen könnte.

Doch inzwischen tritt den USA auch geballte Rivalität entgegen. Kontinentale Größen wie Russland und China, Regionalmächte wie die Türkei und der Iran, selbst ein allseits geächteter Außenseiter wie Nordkorea bestreiten den USA und anderen Staaten in ihrem Schlepptau offen den Anspruch, auf dem Planeten vorzuwalten und maßregeln zu dürfen. Nicht von ungefähr. Russland sieht sich durch das Vorschieben der NATO bis an seine Westgrenze bedroht und eingekreist. China wittert in der Bündnispolitik der USA im Pazifik, ihrem Durchfahren und Überfliegen des südchinesischen Meeres eine zunehmende Invasionsgefahr. Die Türkei und der Iran missbilligen gleichermaßen den regionalen Zugang der USA in den Mittleren und Nahen Osten. Dient dieser der US-amerikanischen Außenpolitik doch vor allem dazu, Israel zu unterstützen und verlässliche Öllieferanten zu schützen.

Unter diesen Gegebenheiten hat der Westen viel von einer bezwingenden Strahlkraft eingebüßt und verliert mittlerweile selbst seine innere Geschlossenheit. Erschöpft von der eigenen, auszehrenden Überdehnung ziehen sich die USA seit der Trump-Präsidentschaft unverhohlen auf nichts anderes als die eigenen, engen Interessen zurück. Mit der klaren Ansage an alle Verbündeten, von ihnen künftig mehr zu fordern als sie wie gewohnt zu fördern. Wer freilich Führung nicht mehr schultern will, muss auch Abstriche an seiner Gefolgschaft hinnehmen. Ein Eingeständnis eigener Schwäche, die Preisgabe früherer welterlösender Ambitionen und der Abstieg vom Weltmachtstatus der USA sind das allemal.

Das 21. Jahrhundert wird vorhersehbar kein weiteres amerikanisches sein. Mögen die USA in ihrer aktuellen Nationalen Sicherheitsstrategie auch weiter ihre Kapazität beteuern, „to fight and win across any plausible conflict that threatens U.S. vital interests."[4] Die größte Militärmacht der Welt hat sich im Verlauf des letzten Vierteljahrhunderts in all ihren überseeischen Kriegseinsätzen als unfähig erwiesen, Konfliktherde dauerhaft zu befrieden. Dass die Welt heute zerrissener, gewalttätiger und spannungsgeladener ist, gehört nicht zum wenigsten auf das überzogene amerikanische Kon-

---

[4] The White House, National Security Strategy, Washington, D.C. 2017, S. 28.

to. Dessen Liquidität ist überdies eine zunehmend vom Ausland, insbesondere von China geliehene. Was sich Peking leisten kann. Die USA als größte Wirtschaftsnation der Welt abzulösen und zu überholen, ist für das Reich der Mitte nur noch eine Frage der Zeit. Die Verschiebung der Gewichte zulasten der USA inklusive der ihnen noch gewogenen Staaten und zugunsten globaler Konkurrenten hat in vollem Gange eingesetzt.

Auf diese Veränderungen der Wind-, Wetter- und Strömungsverhältnisse in den internationalen Gewässern ist Deutschland denkbar schlecht vorbereitet. Wenn die deutsche Fregatte nicht wie gewohnt im Geleitzug fährt, treibt sie auf der hohen See derzeit ohne genaue Positions- und Zielbestimmung dahin. Die Koordinaten, nach denen die deutsche Außen- und Sicherheitspolitik navigiert, stimmen nicht. So wird das aktuelle Weißbuch des Bundesministeriums der Verteidigung – Grundlage für die sicherheitspolitischen Leitlinien Deutschlands in den kommenden Jahren – den tatsächlichen Gegebenheiten keineswegs gerecht.

Unbeeindruckt von den machtpolitischen Erschütterungen und Realitäten im Weltgeschehen verpflichtet es die deutsche Sicherheitspolitik darauf, den „Respekt und die konsequente Einhaltung der bestehenden und bewährten gemeinsamen Regeln und Prinzipien"[5] durchzusetzen. Und ungeachtet des rüden Selbstbezugs der USA sollen sich die Deutschen weiterhin treu an ihre Seite stellen. Deutschland „nimmt … in Sicherheitsfragen bewusst gegenseitige Abhängigkeiten in Kauf – von funktionierenden Bündnissen, Partnerschaften und Solidargemeinschaften und vor allem von einer engen Sicherheitspartnerschaft mit den USA."[6]

Regierungsoffiziell wird auch das besondere Steckenpferd selbstbeschworener deutscher Staatsräson weiter zu Tode geritten: „Die Europäische Union ist konstitutiver Bestandteil der politischen Identität unseres Landes … Die Vertiefung der europäischen Integration ist in unserem nationalen Interesse."[7] Fürwahr legt sich die Politik in keinem anderen europäischen Land die Mitgliedschaft in der EU so zurecht, aus der schrittweisen Aushöhlung und endlichen Auflösung der eigenen Staatlichkeit das nationale Selbstverständnis abzuleiten. Diese Verstiegenheit hat die deutsche Regierungspolitik einstweilen weiter exklusiv für sich. Und fällt damit aus der Zeit und hängt einer Chimäre an. Wie mit der scheinbar unverbrüchlichen Bündnisloyalität Deutschlands zu den USA und dem

---

[5] Bundesministerium der Verteidigung, Weißbuch zur Sicherheitspolitik und zur Zukunft der Bundeswehr, Berlin 2016, S. 32.
[6] Ebd., S. 23.
[7] Ebd., S. 70.

weltfremden Eintreten für eine machtabgewandte Weltordnung.

Wie kein Zweiter hat sich die Bundesrepublik vor und nach der deutschen Einheit als Nation verleugnet und versteckt. Das kam weder den beiden anderen europäischen Schwergewichten – Frankreich und Großbritannien – noch Spanien und Italien, schon gar nicht den osteuropäischen Staaten nach der Entlassung in die Freiheit in den Sinn. Die deutsche Politik ist hier noch immer verkehrt aufgestellt. Während allerorts der Nationalstaat als gemeinschafts-, ordnungs- und sicherheitsstiftend ins Bewusstsein zurückkehrt, als demokratischer Verfassungsstaat schlicht unvertretbar bleibt, beschwört man von deutscher Seite noch immer eine europäische Vergemeinschaftung ad infinitum. Der nationalstaatliche „Spätkommer"[8] des 19. Jahrhunderts ist auch im 21. Jahrhundert wieder einmal spät dran. Aus dem Desperado, der sich in zwei Weltkriege stürzte, ist ein Wirtschaftsprotz geworden, der sich politisch so unselbständig wie ein Kind gibt und nach überstaatlicher Inobhutnahme verlangt.

Auch hat sich kein anderes NATO-Mitglied, nicht einmal Großbritannien, gegenüber dem US-amerikanischen Schutzherrn so anlehnungsbedürftig gezeigt wie Deutschland. Vor der Einheit, um

---

[8] Thomas Nipperdey, Deutsche Geschichte 1866-1918. Bd. II: Machtstaat vor der Demokratie, München 1992, S. 630.

über ein atlantisches Gegengewicht zu Frankreich zu verfügen und die Sowjetunion abzuschrecken. Danach aus fragwürdiger Dankbarkeit und Mutlosigkeit, trotz wachsender Entfremdung und Distanz, neue Wege in der europäischen Sicherheitspolitik zu beschreiten. Dabei war für den unvoreingenommenen Beobachter schon 1990 ersichtlich, dass Russland für die Sicherheit des vereinten Deutschland in europäischer Mittelage größere, womöglich partnerschaftliche Bedeutung erlangen würde als der vielbeschäftigte Weltpolizist.

Doch die vorbehaltlos ausgestreckte Hand Russlands hat Deutschland, moralisch befangen und ohne Weitblick für die geopolitischen Möglichkeiten, nie ergriffen. Stattdessen verzettelte man sich in weltweiten Militäreinsätzen. Unter Berufung auf eine diffuse Verantwortung, nicht abseits stehen zu dürfen und mehr Lasten tragen zu müssen, wo multilateral, ohne hinreichenden Grund und politische Erfolgsaussicht, die Schwelle militärischer Interventionen abgesenkt wurde. Mit dem ernüchternden Ergebnis, Brennpunkte nicht gelöscht, sondern vermehrt zu haben.

Ein politisches Umsteuern, mit diesen Fährnissen besser fertig zu werden, den ihnen innewohnenden Gefahren vorzubeugen und einen Kurs für sichere Überfahrten abzustecken, ist für Deutschland also überfällig. Zumal die grundlegenden Voraussetzungen gar nicht so schlecht sind, sich auf

den Wandel im internationalen Umfeld klüger ein-
zustellen, ja sogar davon zu profitieren.

Die äußere Sicherheitslage Deutschlands im Herzen Europas ist bedrohungsfreier denn je in seiner
Geschichte. Keiner der neun deutschen Nachbarstaaten gehört einem feindlichen Militärbündnis
an. Weder hat Deutschland eine Aggressions- und
Invasionspolitik an seiner nördlichen, westlichen,
südlichen oder östlichen Grenze zu befürchten
noch geht eine solche Gefahr von ihm aus. Bis auf
die neutrale Schweiz, die deshalb mit dem Flächenstaat vis à vis des Bodensees aber nicht weniger eng verbunden ist, verdichtet und verflechtet
die EU alle deutschen Anrainerstaaten mit ihrem
mächtigsten Nachbarn. Abgesehen von den harm-
losen Eidgenossen und der im Grunde deutschen
Alpenrepublik Österreich haben sich die anderen
sechs Territorialstaaten jenseits der höchst durch-
lässigen deutschen Grenzen überdies zu militärischen Verbündeten Deutschlands in der NATO erklärt.

Der unheilschwangere Albtraum des ersten deutschen Nationalstaates, im europäischen Konfliktfall von zwei Seiten – Frankreich und Russland –
militärisch in die Zange genommen zu werden,
entbehrt zu Beginn des 21. Jahrhunderts jeder
Grundlage. Aus dem deutsch-französischen Verhältnis sind seit mehr als einem halben Jahrhundert alle historischen Vorbelastungen und bündnispolitischen Konfrontationen gewichen. Gleich-

falls könnte Deutschland mit Russland seit der uneingeschränkten sowjetischen Zustimmung zur deutschen Wiedervereinigung auf bestem Fuße stehen, wenn sich die deutsche Politik nicht unnötigerweise fremden Interessen angedient hätte. Denn daraus ist das einzige, völlig überflüssige Sicherheitsproblem für Deutschland entstanden: eine formale Beistandszusage für osteuropäische Staaten vom Baltikum bis zum Schwarzen Meer, die nach 1999 der atlantischen Allianz beigetreten sind. Geblendet von globaler Sammlungspolitik der USA hat sich Deutschland selbstverschuldet in diese törichte Lage manövriert.

Gegen Russland vermeinen deutschen Regierungen für osteuropäische Trittbrettfahrer einstehen zu müssen, wenn die mit der NATO-Mitgliedschaft im Rücken ein anmaßendes Druckpotential gegen Moskau in Anschlag bringen. Dabei sind diese Kostgänger sowohl der Allianz wie der EU allesamt von einer selbsttragenden Existenz entfernt und wären eigentlich gehalten, verträgliche Nachbarschaft zu pflegen. Ihnen stattdessen mit Beistandsgarantien zu erlauben, Russland auf der Nase herumzutanzen, ist eine sicherheitspolitische Hypothek, die Deutschland schnellstmöglich abschütteln sollte. Ohne dafür Abstriche an der eigenen Sicherheit hinnehmen zu müssen.

Im Gegenteil: die geopolitische Überwölbung „Zwischeneuropas" durch eine deutsch-russische Sicherheitspartnerschaft würde den osteuropäischen Raum disziplinieren und für Deutschland große wirtschaftliche Türen öffnen. Allein die politische Wegweisung dafür steht noch aus.

Dasselbe betrifft das Herumirren Deutschlands in den Krisenregionen der Weltpolitik. Auf Fingerzeig der USA, Frankreichs oder einer medial gepushten Öffentlichkeit. Deutschland würde sich beileibe eine Menge an Kosten, Opfern, zurückschlagendem Terror und parteischer Verwicklung in eskalierende Regionalkonflikte ersparen, wenn es Auslandsmissionen seiner Streitkräfte strikt auf Fälle einer ultima ratio beschränken würde. D. h. es muss die unabweisbare Notwendigkeit für ein militärisches Vorgehen bestehen, dem darüber hinaus die deutsche Bevölkerung überwiegend zustimmt und das eine hinreichende Erfolgsaussicht hat. Mit verstreuten, stecknadelförmigen Bundeswehreinsätzen auf allen Kontinenten und Weltmeeren Frieden stiften zu können, ist vor Ort häufig ein genauso aussichtsloses Unterfangen wie es in der Summe die Welt in noch mehr bewaffnete Konflikte stürzt.

Mit der Ausbildung einer multipolaren Welt, die den Anspruch und die Voraussage US-amerikanischer Hegemonie[9] Lügen gestraft hat, kann Deutschland viel besser leben als andere. Eingedenk seiner wirtschaftlichen Exportstärke

---

[9] Zbigniew Brzezinski, Die einzige Weltmacht. Amerikas Strategie der Weltherrschaft, 3. Aufl. Rottenburg 2016.

und durch einen ungezwungenen Umgang mit politischen Realitäten. Internationale Beziehungen sind für ein pragmatisches Deutschland ohne politisches Sendungsfieber, ohne größere Angriffsflächen und ohne eigensüchtige ordnungspolitische Ambitionen keine Bürde, sondern ein Gewinn. Umgekehrt nimmt eine Welt, in der mindestens so viel Diffusion wie „Kampf der Kulturen"[10] stattfindet, eine deutsche Politik, die Augenmaß beweist und wechselseitige Wirtschaftsgewinne verspricht, nicht als Reizfigur wahr.

In den gegenwärtigen, außereuropäischen Konfliktzonen der Welt – Syrien, Iran-Irak, Afghanistan, Indien-Pakistan, China-Nordkorea-Japan-USA – werden vitale geopolitische Interessen Deutschlands nicht berührt. Es kann nur aus falsch verstandenen Bündnis- und Mitmachpflichten hineingezogen werden, ohne irgendeinen Vorteil davon zu haben, aber alle Nachteile der Beteiligung an komplexen Nebenkriegsschauplätzen auf sich zu laden. Ein China, das zum umsatzstärksten deutschen Handelspartner aufgerückt ist, muss um der küstennahen Durchfahrtsrechte amerikanischer Kriegsschiffe willen nicht von Deutschland vor den Kopf gestoßen werden. Gleiches gilt für Russland: Ohne das nutzlose Sanktionsregime wäre der riesige russische Markt für lukrative deutsche Investi-

---

[10] Samuel P. Huntington, Kampf der Kulturen. Die Neugestaltung der Weltpolitik im 21. Jahrhundert, 6. Aufl. München 1998.

tionen uneingeschränkt zugänglich, Rohstoffversorgung und Industriegüterabsatz Deutschlands für Jahrzehnte gesichert. Gute Gründe, von Konfrontationen mit diesen unbesiegbaren Mächten abzusehen und eine deutsche Indienstnahme für Dritte abzuweisen.

Dementsprechend ist Deutschland mit der wachsenden Übereinstimmung unter den EU-Mitgliedern, den Nationalstaat wieder stärker zum Zuge kommen zu lassen, auch viel besser gedient als einer Vergemeinschaftung um jeden Preis. Es hätte nicht erst des Austrittsvotums eines misstrauischen Inselvolkes bedurft, um der deutschen Europapolitik ins Bewusstsein zu rufen, dass die europäische Einigung die Souveränität der teilnehmenden Staaten nicht zur Disposition stellen kann und darf. Alle Verklärung und jedes Durchboxen der europäischen Integration gegen Widerstände stößt in Deutschland an die unüberwindbare staatsrechtliche Barriere, die Bundesrepublik in ihren Grundfesten bewahren zu müssen. Das Grundgesetz lässt hier überhaupt keinen Zweifel und kein Schleifen der Nationalstaatlichkeit zu. Hoheitsrechte dürfen nach dem Prinzip der begrenzten Einzelermächtigung nur so weit auf die EU übertragen werden, wie der Wesenskern des deutschen Staates unangetastet bleibt.

Die „Unverfügbarkeit der verfassungsgebenden Gewalt und der staatlichen Souveränität" schrieb das Bundesverfassungsgericht der deutschen Regierungspolitik eindringlich ins Stammbuch, als es im Jahr 2009 über den Vertrag von Lissabon urteilte.[11] Die Seifenblase der „Vereinigten Staaten von Europa" oder gar eines europäischen Bundesstaates hätte also schon vor einem Jahrzehnt endgültig platzen müssen anstatt sie unbelehrbar weiter in die Luft zu blasen. Inzwischen dämmert selbst den eingeschworensten Anhängern der Ersatznation Europa, dass deren Finalität wohl erreicht ist, soll ein abruptes Ende oder ein stückweises Aufkündigen des gesamten Projekts nicht riskiert werden.

Die vorsorgliche Mahnung des Bundesverfassungsgerichts während der Eurokrise, dass infolge der Mithaftung Deutschlands für Schulden zahlungsunfähiger Staaten der Währungsunion seine Budgethoheit nicht „leerlaufen" dürfe[12], muss man wörtlich nehmen. Tatsächlich verlöre sich das Demokratiegebot und die Rückbindung aller Staatsgewalt an den Willen der jeweiligen mitgliedstaatlichen Völker im Nirgendwo, wenn Minister in europäischen Gremien Mehrheitsentscheidungen fällen, ohne von den betroffenen Bürgern gewählt zu sein.

Umgekehrt kommt die demokratische Verantwortung einem Versicherungsbetrug gleich, wenn jene, die in nationaler Zuständigkeit ihre Staats-

---

[11] BVerfG, Urteil des Zweiten Senats vom 30. Juni 2009 - 2 BvE 2/08 - Rn. 247.
[12] BVerfG, Urteil des Zweiten Senats vom 18. März 2014 - 2 BvR 1390/12 - Rn. 161.

haushalte überziehen, die Kosten dafür auf die anderen Teilnehmer einer Währungsgemeinschaft abwälzen. Die an sich zwingende Einheit von Handeln und Haften ist unter dem Euroregime, das für den demokratischen Legitimationszusammenhang die Haushaltspolitik bei den Einzelstaaten belassen muss, zugleich aber allgemeinverbindliche Fiskaldisziplin für eine wertstabile Währung verlangt, praktisch nicht zu verwirklichen. In diesem Dilemma ist die Europäische Währungsunion gefangen. Will sie dauerhaft und schwerwiegend nicht gegen demokratische Grundsätze verstoßen, wird jede neuerliche Staatschuldenkrise den Ausstieg einzelner oder aller Eurostaaten aus dem Gemeinschaftsgeld auf die Tagesordnung setzen.

Das würde zum wenigsten der Schaden Deutschlands sein. Anders als jede bedenkliche Vertiefung der Währungsunion, die für Deutschland nur mit zusätzlicher Lastenübernahme zu haben ist, wäre die Rückkehr zu nationalen Währungen ein Segen. Die wettbewerbsschwächeren Länder könnten abwerten, Deutschland hingegen aufwerten. Die völlig unverhältnismäßigen Leistungsbilanzunterschiede, die das fehlkonstruierte Währungsgebilde jetzt überlasten und das nur beispringende Nullzinspolitik vor dem Zusammenbruch bewahrt, würden sich deutlich abbauen. Dabei bildet die hinfällige Währungsunion nur die Spitze des Eisbergs, die so lange behauptete Überlegenheit europäischer Regelungen gegenüber nationalstaatlichen Zuständigkeiten zu widerlegen.

Dort, wo die europäische Vereinheitlichung neben dem Gemeinschaftsgeld am weitesten und sichtbarsten fortgeschritten ist – dem Wegfall staatlicher Grenzen – türmt sie inzwischen die größten Probleme auf: Terrorismus, Zuwanderung, Kriminalität. Der Kontrollverslust, den die Bürger hier durch einen unzureichenden Schutz der Außengrenzen, millionenfachen Asylmissbrauch und allgegenwärtige Gefahren für die innere Sicherheit wahrnehmen, hat zwar nicht die europäische Verständigungsidee, aber ihre praktische Handhabung kompromittiert.

Das Vertrauen in europäische Lösungen ist darüber auf einen Tiefpunkt gesunken. Das hat einzelne Mitgliedstaaten der EU – Österreich, Schweden, Dänemark, Frankreich und Deutschland – schließlich zu erfolgreicher Selbsthilfe veranlasst. Zur eigenverantwortlichen Kontrolle und Sicherung der Grenzen zurückgekehrt zu sein, hat eine neuerliche Springflut genuiner und vorgeblicher Flüchtlinge wie 2015/16 verhindert.

Deutschland täte nicht nur vorübergehend gut daran, europapolitisch abzurüsten. In puncto Grenzschutz wie in anderen, nicht gemeinschaftstauglichen Politikfeldern spricht viel dafür, die nationalstaatliche Handlungsstärke wieder oder per se ungebrochen greifen zu lassen. Anstatt mit leerem Koffer auf einen europäischen Bummelzug mit Maschinenschaden zu warten. Es gilt, in Europa und der Welt die Wirklichkeit in der Weise annehmen, wie sie sich verändert hat. Rückwärtsgewandten Selbsttäuschungen ist Deutschland lange genug erlegen.

2. Realitätsschock: Deutscher Abschied von europäischen und atlantischen Mythen

Vier Tage nach der Wahl Donald Trumps zum 45. US-Präsidenten titelte ein bekanntes deutsches Nachrichtenmagazin: „Das Ende der Welt (wie wir sie kennen)."[13] Das Titelbild zeigte im Stil der Pop Art den zu einem Kometen geformten Kopf des neuen Mannes im Weißen Haus, der er mit brüllweitem Mund und brennender Schweifspur auf die kleine Erdkugel zurast. Deutsche Leitmedien vermeldeten den Wahlsieg des Milliardärs aus New York und selbstherrlichen Außenseiters so ungläubig wie erschrocken.

Sollte Trump seiner harschen Wahlkampfparole („America first") und allerlei Entgleisungen gegen die politische Korrektheit auch nur ansatzweise Taten folgen lassen, stand der gezielte Tabubruch, das Umstoßen bisheriger transatlantischer Prinzipien und Gewohnheiten zu befürchten. Nach dem

---

[13] Der Spiegel Nr. 46 vom 12. November 2016.

Brexit-Votum vom Juni 2016 war der Einzug der „losen Kanone" D.T. der zweite Wettersturz, der Deutschland in seiner politisch so gemäßigten Wetter- und Komfortzone jäh widerfuhr. Eine dritte Schockwelle, der Prankengriff des provozierten russischen Bären nach der Krim im Frühjahr 2014, war gerade erst verebbt.

In weniger als einem halben Jahrzehnt sind damit die Grundpfeiler der Außenpolitik des vereinten Deutschland ins Wanken geraten: die Militärallianz mit den USA, die Unumkehrbarkeit europäischer Integration und eine europäische Sicherheitsarchitektur unter Einschluss Russlands. Die Ursachen haben sich freilich in keinem Fall über Nacht eingestellt, sondern über einen längeren Zeitraum aufgebaut. Dass Deutschland dabei auf dem falschen Fuß erwischt wurde, hat auch damit zu tun, Vorzeichen für einen tiefergehenden Wandel ausgeblendet zu haben. Die Hartnäckigkeit, mit überkommenen Glaubenssätzen aus der Zeit zu fallen, sich an unerreichbare Ideale zu verlieren oder uneinsichtig wacklige Gebäude aus dem vorigen Jahrhundert ohne Abstriche unter Bestandsschutz zu stellen, ist bis heute nicht überwunden.

Das deutsch-amerikanische Verhältnis hat sich nicht erst mit der Trump-Präsidentschaft abgekühlt. Und Fragen nach dem gemeinschaftsstiftenden Sinn des NATO-Bündnisses stellen sich so lange, wie der Warschauer Pakt als feindlicher Militärblock zusammengebrochen ist. Also seit bald dreißig Jahren. Der Eindruck, Vergangenes unvollkommen und einfallslos über die Zeit zu retten, hat sich bei aufmerksamer Beobachtung jedenfalls schon früher eingestellt als am Ende des zweiten Jahrzehnts im 21. Jahrhundert. Die NATO und die EG/EU waren zweieiige Zwillingsorganisationen für den freien Teil Europas von 1949 bis 1989. Danach überblendete die Anziehungskraft beider Gemeinschaften auf osteuropäische Neumitglieder den kritischen Punkt, was denn ihren Zusammenhalt und ihre Daseinsberechtigung in Zukunft ausmachen würde.

Die nach den Erweiterungen von 1999, 2004, 2009 und 2017 von 16 auf fast 30 Mitglieder nahezu verdoppelte nordatlantische Allianz wie ehedem auf einen Feind einzuschwören und für alle Staaten dieselbe Bedrohung festzustellen, konnte nicht gelingen. Ein entsprechender Weltgegner existiert nicht. Die Abwehr terroristischer Gefahren ist weit mehr eine Aufgabe der inneren als der äußeren Sicherheit. Zudem geraten die Länder nicht unterschiedslos in das Fadenkreuz einer einzelnen Terrorgruppe. Selbst grenzüberschreitender Terrorismus schweißt ein Militärbündnis zur Landesverteidigung nicht ausreichend zusammen. Die Erfüllung des klassischen Bündniszwecks – Abschreckung und Beistand gegen territoriale Bedrohungen durch eine fremde Macht – motivierte vielmehr die osteuropäischen Neumitglieder zum

Anschluss an die NATO. Und lockt weitere Beitrittsaspiranten an.

Indessen ist damit ein Spaltpilz in die Allianz getragen worden. Russland ist in Teilen Osteuropas als potentieller Aggressor verhasst und verschrien. Diese Wahrnehmung wird schon aus räumlicher Entfernung in Deutschland, Frankreich, Großbritannien und den USA von den Bürgern kaum geteilt und lässt sich nur mit wohlfeilen politischen Solidaritätsbekundungen aufrechterhalten. Dass erst mit dem Amtsantritt Donald Trumps ernste Zweifel an der Beistandsgarantie gemäß Art. V des NATO-Vertrags aufkamen, überrascht im nach hinein.

Ähnlich erging es der Europäischen Union. Der unwiderstehliche Sog ihres wirtschaftlichen Erfolgs trug den Keim der heutigen Zerreißproben in sich. Nachvollziehbar lag eine gewisse Eigendynamik darin, den gemeinsamen Wirtschaftsraum irgendwann mit einer gemeinsamen Währung zu krönen. Zudem Ängsten und französischem Argwohn vor der Größe des vereinigten Deutschland die Spitze zu nehmen, indem man ihm seine Geldhoheit und Leitwährungsrolle nahm, kam hinzu. Allerdings mittlerweile 19 europäische Staaten mit weit voneinander abweichenden wirtschaftlichen Fundamentaldaten und Strukturmehrmalen über einen Währungsleisten zu schlagen, ist eine Zwangsjacke wider alle Vernunft. Diese Versuchsanordnung muss scheitern. Früher oder später. Entweder an ausgehöhlter Geldwertstabilität, Überschuldung oder Flucht aus Sparzwängen. Der Euro kann auf der Vorderseite nicht hart und auf der Rückseite weich sein.

Schließlich droht die EU im ganzen Schiffbruch zu erleiden, weil sie den Endpunkt der Vereinheitlichung nie bestimmt, sondern immer hinausgeschoben und dabei die wirtschaftliche mit der politischen Integration zunehmend unverträglicher vermengt hat. Auch hier erscheint die Ausdehnung auf Osteuropa wie ein Katalysator für eine Rückreaktion. Die wirtschaftlichen Vorteile des Binnenmarktes und seiner gut gefüllten Fördertöpfe werden dort gewollt, die Preisgabe nationaler Entscheidungsfreiheit für gemeinschaftliche Politik aber konsequent abgelehnt.

Dieses innere Schisma der EU ging dem Austritt Großbritanniens schon voraus. Insofern gewinnt die Union auch nicht an Geschlossenheit, weil sie einen notorischen Quertreiber und Bremser los geworden ist. Man liegt eher mit der Annahme richtig, dass zwar am stärksten in Osteuropa, aber mehrheitlich auch in den anderen europäischen Ländern die Bürger eine Vertiefung der politischen Einheit gar nicht mehr wollen. Das Nachkriegswerk hat die Schwelle seiner Akzeptanz erreicht und teilweise überschritten. Das Pathos des Friedensprojekts verfängt nicht mehr, seitdem mit der EU der Verlust an demokratischer Bestimmungsmacht über die Lebensverhältnisse im eigenen Land identifiziert wird.

Insofern sind die Trump-Präsidentschaft, das Ausscheren Großbritanniens aus dem europäischen Verbund, nicht zu reden von dem Zusammenstoß Russlands mit dem Westen in der Ukraine, keineswegs als Episoden abzuhandeln. Alle drei ragen als Wendemarken aus unübersichtlichem Gelände hervor. Auf dem eingeschlagenen Pfad lässt sich nicht weitergehen. Die Richtung muss gewechselt werden, um wieder vorwärts zu kommen. Jeder Rückblick verrät, dass man schon länger auf Abwegen unterwegs ist. Die Zeit drängt. Denn was sich bisher an Fehlschlüssen und Unvereinbarkeiten angehäuft hat, treibt völliger Orientierungslosigkeit entgegen, wenn davor die Augen verschlossen werden.

Sowohl für die NATO wie für die EU muss das Maß dessen, worüber die Mitglieder übereinstimmen und was ihnen selbst überlassen bleibt, neu justiert werden. Das bedeutet nicht, den Stab über beide Vertragsgemeinschaften zu brechen. Aber für die Verteidigungsallianz wie für die Supranationalität Europas ist künftig von Orthodoxie abzusehen. Die NATO und die EU sind aus deutscher Sicht nicht länger Patentlösungen für Frieden und Wohlstand.

Sicherheitspolitische Zumutungen der USA

Die unbedarfte Äußerung des US-Präsidenten, unmittelbar vor seiner Amtsübernahme die NATO kurzerhand für überflüssig zu erklären[14], sollte man ernster nehmen als sich darüber zu beruhigen, dass es am Ende des Tages doch nicht so gemeint gewesen sei. Alle nachholenden Allianzbekenntnissen der Trump-Administration zum Trotz[15] sind Europa und nachgerade Deutschland dringend gefordert, über ihre Sicherheit ohne die USA nachzudenken. Schriller als durch den Wahlkämpfer Trump hätte dieser Weckruf nicht sein können. Er ist auch weit weniger Gefahr als Chance.

Seit über 100 Jahren – beginnend mit dem Eintritt der Vereinigten Staaten in den Ersten Weltkrieg

---

[14] Wörtlich am 15. Januar 2017: „Die Nato hat Probleme. Sie ist obsolet, weil sie erstens, wie Sie wissen, vor vielen, vielen Jahren entworfen wurde. Zweitens zahlen die Länder nicht das, was sie zahlen müssten." Donald Trump exklusiv im Bild-Interview, „Es wird extreme Sicherheits-Checks geben", in: Bild (online) vom 16. Januar 2017, http://www.bild.de/politik/ausland/donald-trump/das-grosse-bild-interview-49790140.bild.html.

[15] „We strongly support NATO ... But our partners must meet their financial obligations.", Remarks by President Trump in Joint Address to Congress on February 28, 2017, https://www.whitehouse.gov/briefings-statements/remarks-president-trump-joint-address-congress.

1917 – haben sich die USA in drei Ordnungsentwürfe für Europa federführend eingeschaltet: den Versailler Vertrag 1919, das Potsdamer Abkommen 1945 und die Charta von Paris 1990. Die Ergebnisse waren jedes Mal ernüchternd und erwiesen sich als nicht tragfähig. Die Prinzipien des US-Präsidenten Wilson ließen Europa in den 1920er und 1930er Jahren nicht zur Ruhe kommen, sondern trugen das ihre zum nächsten Weltkriegsausbruch bei. Die Konferenz von Potsdam mündete in die deutsche und europäische Teilung über mehr als vier Jahrzehnte. Das Schlussdokument der KSZE-Sondergipfelkonferenz vom November 1990 blieb eine bloße Absichtserklärung, die den Ursprungsgedanken einer neuen gesamteuropäischen Friedensordnung nie mit Leben gefüllt hat. Die Charta geriet zum geopolitischen Deckmantel, das Bündnisgebiet der NATO unter Inkaufnahme russischer Ausgrenzung rund 1500 Kilometer weiter nach Osten zu verschieben.

Darüber ist nun zum dritten Mal in hundert Jahren eine europäische Friedensregelung gescheitert, an denen die USA beteiligt sind. Weit mehr als einen selbstgewählten Rückzug Washingtons aus den europäischen Sicherheitsbelangen verhindern zu wollen, sollten sich die Europäer darauf verlegen, ihre Geschicke im 21. Jahrhundert wieder selbst in die Hand nehmen. Die Verantwortung für den Frieden in Europa liegt diesseits, nicht jenseits des Atlantiks. Das sich drei europäische

Großmächte – Frankreich, Großbritannien und Deutschland – mit der vierten – Russland – in Sicherheitsfragen bislang nicht verständigen können, stellt ihnen ein Armutszeugnis aus.

Parallel dazu müsste der Brexit für Europa Warnung genug sein, die EU nicht fälschlicherweise als unilinearen Selbstläufer aufzufassen. So wie die Geschichte keinem historischen Endzweck zutreibt, sondern immer in Bewegung ist, gibt es auch keine letztverbindliche politische Verfasstheit für Europa. Schon gar nicht lässt sich seine jahrhundertelange nationalstaatliche Prägung durch den Kompetenzzuwachs für eine Behörde in Belgien und ein multinationales Parlament in Straßburg außer Kraft setzen. Wobei ohnehin in Frage steht, ob die Ablösung eines bewährten nationalstaatlichen Rahmens für Demokratie durch eine übergeordnete Ebene mit unausweichlichen Demokratieverlusten überhaupt zu wünschen ist. Die Antwort einer kriegstraumatisierten Politikergeneration von vor über 60 Jahren kann dafür nicht länger ausschlaggebend sein.

Zumal die Erlösung Europas durch die EU viel zu voreilig ausgerufen wurde. Eingangs der 2010er Jahre gab sich ein Politikwissenschaftler, der die Geschichte der Bundesrepublik über ein halbes Jahrhundert lang biographisch und zeithistorisch durchmessen hatte, überzeugt: „Die Träume Coudenhove-Kalergis von Paneuropa, das sowohl eine politische Handlungseinheit als auch ein integrierter Wirtschaftsraum sein sollte, sind weitgehend Wirklichkeit geworden."[16] Über diese Zustandsbeschreibung des europäischen Staatensystems ist die Entwicklung raschen Schrittes hinweg gegangen. Mit einem Sollbruch, den die einem perpetuum mobile europäischer Einheit huldigenden Zeitgenossen nie und nimmer erwartet hätten: dem Scheidungspapier der zweitgrößten Volkswirtschaft und Frontstellungen weiterer Mitgliedstaaten gegen Praxis und Ausbau der Gemeinschaftsmethode.

Die politische Einheit der EU ist zerfallen, während das gemeinsame Wirtschaftsgebiet starkes Gefälle aufweist und in dem Angsttraum einer Währungsschmelze lebt. Der Integrationsgedanke verliert nicht seine politisch überzeugten und elitären Fürsprecher, jedoch bei den nun einmal entscheidenden Wahlen in den Mitgliedsländern zunehmend an Boden unter den Füßen. Sexy ist die EU nie gewesen. Doch auch im Windschatten einer aus anderen Gründen unterstützten nationalen Politik kann die Einheitsidee nicht mehr mitsegeln. Eher wehen ihr Orkanböen von rechts kräftig ins Gesicht.

In das sicherheitspolitische Zerwürfnis mit Russland ist Deutschland mehr oder minder betriebsblind hineingelaufen. Schon das Beharren der Re-

---

[16] Hans Peter Schwarz, Helmut Kohl. Eine politische Biographie, 2. Aufl. München 2012, S. 857.

gierung Kohl-Genscher in den Verhandlungen mit der Sowjetunion im Juli 1990, das vereinte Deutschland müsse Mitglied der NATO bleiben, war im Grunde ein Anachronismus. Denn mit der nahezu zeitgleichen sowjetischen Freigabe der DDR und Polens zeichnete sich ab, dass die bröckelnde Sowjetunion – oder was immer von ihr übrig blieb – mit seinen Streitkräften von der Elbe bis hinter die Narwa im Baltikum zurückgehen würde. Eine vergleichbare Bedrohung wie im Kalten Krieg würde von dem bereits gestürzten sowjetischen Koloss weder ideologisch und politisch noch territorial und militärisch ausgehen. Was seit der Besatzungszeit bis zum Mauerfall sowjetische Neutralitätsangebote für die Bundesrepublik immer unannehmbar gemacht hatte – die fortgesetzte Präsenz der sowjetischen Militärmaschine an der deutschen Ostgrenze – entfiel.

Doch auf diesen sicherheitspolitischen Epochenwechsel wollte und konnte die damalige Bundesregierung nicht in vollem Umfang eingehen. Mit Bündnislosigkeit hätten der auf Westbindung fixierte Kanzler der Einheit und sein Außenminister ihre prinzipiellen Überzeugungen verraten. Deutsche Bündnisfreiheit wäre auch den westlichen Alliierten, allen voran den USA, nicht geheuer gewesen und hätte wohl ihr Veto gegen die Wiedervereinigung bedeutet.

Gelohnt wurde der Sowjetunion ihre vorbehaltlose Zustimmung zur deutschen Einheit stattdessen mit der Vollmitgliedschaft des vereinten Deutschland in der NATO und einem seichten deutschsowjetischen Freundschaftsvertrag. Das einzige nennenswerte Zugeständnis für den Vertrauensvorschuss Gorbatschows war die Bestimmung im Zwei-Plus-Vier-Vertrag (Art. 5 Abs. 3), auf dem Gebiet der früheren DDR keine ausländischen Streitkräfte, Atomwaffen und Kernwaffenträger zu stationieren.

Zumindest diese Einschränkung hätte man 1 zu 1 für die dann so verhängnisvolle Erweiterung der NATO um 13 osteuropäische Staaten übernehmen müssen: Wenn schon keine Neutralitätszone, dann doch immerhin Verzicht auf herausforderndes Waffenschau des stärksten Militärbündnisses der Welt in unmittelbarer Grenznähe zu Russland, das sein osteuropäisches Sicherheitsglacis freiwillig geräumt hatte. Einen Ruhepol hat sich die Allianz mit Osteuropa entgegen blauäugiger Erwartungen nicht einverleibt.

Eher Brandbeschleuniger, die wie Polen und die baltischen Staaten aus historischen Geltungsbedürfnissen die NATO zum Auftrumpfen gegenüber Russland stimulieren. Darüber ist die NATO-Russland-Grundakte von 1997 bedeutungslos geworden.[17] Das im Vergleich zur überholten Regelung für Ostdeutschland sowieso viel schwächere

---

[17] Text der Grundakte vom 27. Mai 1997, http://www.nato.diplo.de/contentblob/1940894/Daten/189459/1997_05_Paris_DownlDat.pdf.

Gebot, keine substantiellen Kampftruppen in den Beitrittsländern dauerhaft zu stationieren, unterläuft das Bündnis inzwischen mit Luftraumhoheit und unausgesetzter Rotation von Panzerverbänden im russischen Grenzgebiet.

Der Ausdehnung der NATO in dem überheblichen oder naiven Glauben das Wort geredet zu haben, dass sie Russland entweder zermürben oder so lange einlullen würde, bis der Kreml dem Westen aus der Hand frisst, torpedierte jede Sicherheitspartnerschaft mit ihm. Moskau wurde immer sichtbarer ausgesperrt und eingekreist. Bis Russland der Geduldsfaden riss. Einem Abkippen der Ukraine in NATO und EU hat es sich mit der Landnahme der Krim und seinem separatistischen Einsickern in die Ostukraine entschlossen widersetzt. Vorhersehbar, großmachttypisch, unnachgiebig. Einen „Realitätsverlust", den die deutsche Bundeskanzlerin dem russischen Präsidenten ob dieses Vorgehens meinte bescheinigen zu müssen, offenbarte sie selbst.[18]

Vorboten für die drei außenpolitischen Schockwellen, die Deutschland seit Mitte der 2010er Jahre ereilten, gab es zuhauf. Die Wehklagen amerikanischer Präsidenten über zu wenig Lastenteilung

---

[18] Den Vorwurf machte Angela Merkel Wladimir Putin in einem Telefonat am 2. März 2014. Zitiert nach Andreas Rinke, Wie Putin Berlin verlor. Moskaus Annexion der Krim hat die deutsche Russland-Politik verändert, in: Internationale Politik 69 (2014), Mai/Juni, S. 40.

innerhalb der NATO-Allianz sind seit den Tagen der deutschen Einheit Legion und ein alter Hut. Triftige Gründe hatte Donald Trump nicht, der deutschen Bundeskanzlerin bei ihrem Antrittsbesuch in Washington D.C. im März 2017 plump vorzuhalten, Deutschland und andere europäischen Staaten schuldeten den USA Billionen US-Dollar für Verteidigungsleistungen zu ihren Gunsten.

Gleich Mietschulden machte der Immobilientycoon der entgeisterten Pastorentochter aus Templin die Rechnung auf: Deutschland stände bei den USA und der NATO mit „riesigen Summen" für Verteidigungsaufwendungen in der Kreide, die es wie ein Abstauber empfangen, aber selbst nicht erbracht habe.[19] Konkret: Jene Summe, um die es seit 2002 die damals unter den NATO-Mitgliedern getroffene Vereinbarung verfehlt habe, mindestens zwei Prozent des deutschen Sozialprodukts für militärische Zwecke auszugeben. In Zahlen: knapp 350 Mrd. EUR einschließlich Zinsen, fast das zehnfache des deutschen Verteidigungshaushalts 2017. Ein billiger Vorwurf, der Deutschland in abgewandelter Form schon unter Trumps Vorgängern begegnete. Die Kanzlerin hätte also gewarnt

---

[19] „Trump soll Merkel Milliarden-Rechnung überreicht haben", in: Münchener Merkur vom 27. März 2017, https://www.merkur.de/politik/treffen-in-washington-trump-soll-merkel-eine-riesige-rechnung-praesentiert-haben-zr-039444.html.

sein müssen und wirkungsvoller kontern können als pflichtschuldig Besserung zu geloben.

Nach dem Ende des Ost-West-Konflikts griff Deutschland für die Kriege seines transatlantischen Verbündeten entweder tief in die eigene Brieftasche oder war ihm unentgeltlich zu Diensten. Zur Finanzierung des ersten Irakkriegs 1990/91, der rund 60 Mrd. US-Dollar kostete, überwies Deutschland als „Solidarbeitrag" für nicht abgestellte Bundeswehreinheiten rund 10 Mrd. US-Dollar – ein Sechstel, zusammen mit Japan sogar ein Drittel der Gesamtkosten.[20] In den zweiten Irakkrieg von 2003 folgte Deutschland zusammen mit Frankreich den USA bekanntlich nicht. Obwohl die Bush-Administration eigenmächtig, völkerrechtswidrig und unter fadenscheinigen Vorwänden in die vorderasiatische Republik einmarschierte, ließ ihr die Regierung Schröder freie Hand, die komplette logistische Infrastruktur der US-Streitkräfte in Deutschland für den Feldzug zu nutzen. Einschließlich flankierender Unterstützung durch die Bundeswehr bei der Luftaufklärung im türkisch-irakischen Grenzgebiet, Spürpanzerstationierung in Kuwait und Geleitschutz der Bundesmarine im Golf von Aden für US-amerikanische Seetransporte.

---

[20] „Deutsche Hilfe im Golfkrieg 1991", in: Welt am Sonntag vom 1. Dezember 2002, https://www.welt.de/10224 3918.

Eher beiläufig hatte Deutschland auf dem NATO-Gipfel in Prag im November 2002 Forderungen der Bush-Administration zugestimmt, seine Verteidigungsausgaben perspektivisch auf bis zu 2 Prozent des nationalen Sozialprodukts zu erhöhen.[21] Ursprünglich sollte diese Vorgabe nur für die NATO-Beitrittskandidaten gelten. Aus verständlicher Sorge, andernfalls bloße Kostgänger aufzunehmen. Auf Drängen der US-Regierung und ohne deutschen Widerspruch machte man den Richtwert dann für alle Mitgliedstaaten der Allianz verbindlich. Nicht als rechtliche Verpflichtung, aber als politische Zusage.

Das Kriterium, die Verteidigungspolitik mit einem fixen, prozentualen Anteil an der gesamtwirtschaftlichen Leistung zu verknüpfen, ist in seinem Aussagewert für die effektive Einsatzfähigkeit dreier Waffengattungen ebenso unbrauchbar wie es blindlings zu einem Rüstungswettlauf auffordert. Gleichwohl ließen die USA schon unter Trumps Vorgängern im Präsidentenamt – Bush und Obama – nie locker, ihre Verbündeten zur Aufblähung ihrer Verteidigungsetats zu veranlassen. Auch das ausnahmslos von Freunden umgebende Deutschland, das auf amerikanische Mili-

---

[21] Deutscher Bundestag. Wissenschaftliche Dienste, Zur Entstehungsgeschichte und rechtlichen Bindungswirkung der Zwei-Prozent-Zielvorgabe der NATO für den Anteil der nationalen Verteidigungsausgaben am jeweiligen Bruttoinlandsprodukt (WD 2 - 3000 - 034/17), Berlin 2017.

tärbasen zur Landesverteidigung seit über einem Vierteljahrhundert gut verzichten könnte. Auf dem Treffen der Staats- und Regierungschefs der NATO-Mitgliedsländer im lettischen Riga Ende November 2006 wurde das Zwei-Prozent-Ziel inoffiziell bestätigt. Das Generalsekretariat der NATO spricht seitdem von einer Richtlinie („guidance") für den politischen Willen der Mitgliedstaaten.[22] In der Abschlusserklärung zum Gipfel von Wales vom 4. bis 5. September 2014 verpflichteten sich die Bündnispartner dann ausdrücklich darauf, ihre Verteidigungsausgaben – so noch nicht geschehen – binnen zehn Jahren in Richtung eines Anteils am jeweiligen BIP von 2 Prozent zu erhöhen.[23]

Entsprechenden Druck hatte US-Präsident Obama bereits Monate vorher aufgebaut. Der erste Afroamerikaner im Weißen Haus, der in zwei Amtszeiten das Credo einer abrüstenden und atomwaffenfreien Welt rhetorisch vor sich her trug, trieb ungeachtet dessen die Verbündeten der USA zur Hochrüstung an. Unverblümt setzte Obama Deutschland und anderen NATO-Mitgliedern im April 2014 zu, endlich zu liefern: „Ich sage weiter-

---

[22] North Atlantic Treaty Organization, Funding NATO, https://www.nato.int/cps/en/natohq/topics_67655.htm? selectedLo-cale=en (24. Januar 2018).

[23] Gipfelerklärung von Wales, Treffen des Nordatlantikrats auf Ebene der Staats- und Regierungschefs, http://www. nato.diplo.de/contentblob/4325924/Daten/4919187/gipfel erklaerungwales.pdf, S. 5.

hin und werde es auch vor dem Nato-Gipfel und auch danach wiederholen, dass es ... angesichts der aggressiven Haltungen, die man sieht, und der ungeheuren Ausgaben Russlands im militärischen Bereich ganz wichtig ist, dass unsere Verbündeten den Zielwert von 2 Prozent des BIP für die Verteidigungsausgaben erreichen."[24] Die „ungeheuren Ausgaben Russlands" betrugen zu diesem Zeitpunkt nicht einmal ein Siebtel des Verteidigungsetats der USA, weniger als 10 Prozent der Gesamtausgaben aller NATO-Mitglieder und bewegten sich auf dem Level Saudi-Arabiens.[25]

Allein Deutschland brachte damals einen Rüstungsaufwand in die Allianz ein, der 55 Prozent der russischen Rüstungsausgaben betrug. Drei Jahre später (2017) zog Deutschland als einer von 29 NATO-Staaten mit Verteidigungsausgaben von 37 Mrd. EUR bereits zu fast 70 Prozent mit dem Militärhaushalt Russlands (55 Mrd. EUR) gleich, obwohl die Bundesrepublik dafür nur 1,3 Prozent ihres BIP aufwandte.[26] Soll das deutsche NATO-

---

[24] Pressekonferenz von Bundeskanzlerin Merkel und US-Präsident Barack Obama in Hannover am 24. April 2016, https://www.bundesregierung.de/Content/DE/Mitschrift/Pressekonferenzen/2016/04/2016-04-25-pk-merkel-obama.html.

[25] SIPRI Fact Sheet, Trends in World Military Expenditure 2014, April 2015, S. 2 ff.

[26] SIPRI Fact Sheet, Trends in World Military Expenditure 2017, May 2018, S. 2.

Mitglied für sich genommen mit einer Verdoppelung seiner Streitkräfteausgaben auf 80 Mrd. EUR, wie von drei US-Präsidenten gewünscht, das russische Verteidigungsbudget um fast ein Drittel übertrumpfen?[27] Die abwegigen Vorhaltungen aus Washington, Deutschland müsse mehr Geld für die NATO ausgeben, könnte es getrost wie Wasser an einem Entenflügel an sich abperlen lassen. Wenn deutsche Regierungen denn nicht den USA unvermindert Dankbarkeit und Verbundenheit zollten, die diese gar nicht verdienen.

Für die Einheit und Freiheit aller Deutschen und Europäer haben die USA von 1945 bis 1989 nichts riskiert. Sie hielten sich an die schändlichen Absprachen von Jalta und Potsdam, der Sowjetunion als Kriegsbeute halb Europa zu überlassen. Gegen den Bau der Berliner Mauer im August 1961 unternahm die Kennedy-Administration nichts. Anders als 14 Monate später vor der eigenen Haustür. In der Kubakrise drohten die USA damit, die

---

[27] Wie irreführend die Proportionalität der Verteidigungsausgaben zum Sozialprodukt ist, zeigte sich in 2017. Neben den USA und Großbritannien gaben vier weitere NATO-Mitglieder mehr als zwei Prozent ihres jeweiligen BIP für Verteidigungszwecke aus: Estland, Griechenland, Polen und Rumänien. Daraus eine gesteigerte Schlagkraft ihrer Streitkräfte abzuleiten, unterschlägt die vergleichsweise kleinen Sozialprodukte dieser Länder. NATO, Defence Expenditure of NATO Countries (2010-2017), PR/CP(2017)111, https://www.nato.int/nato_static_fl2014/assets/pdf/pdf_2017_06/20170629_170629-pr2017-111-en.pdf, S. 3.

Stationierung sowjetischer Mittelstreckenraketen auf der Karibikinsel nötigenfalls mit Atomwaffen zu verhindern. Hingegen wurde beiden Teilen Deutschlands jahrzehntelang zugemutet, in einem Krieg zwischen der NATO und dem Warschauer Pakt aufeinander schießen zu müssen, nukleares Gefechtsfeld zu sein und die größte Massierung konventioneller Streitkräfte in der Geschichte Europas mit zu tragen. Dafür sind keine Hypotheken abzuzahlen.

Wenn die USA heute trotzdem europäische NATO-Mitglieder für mehr „burden-sharing" heranziehen wollen, dann stehen hinter dem Kostenargument politische Motive, die in erster Linie US-amerikanische Interessen bedienen: die europäische Gegenküste soll sicherheitspolitisch gar nicht zu sich selbst kommen, sondern die Welt- und Geopolitik der USA abdecken. Als bündnisinterner Lastesel, globales Hilfskorps und Vorhut gegen Russland in Osteuropa. Indessen wird damit eine Bedrohungslage gerade für das deutsche NATO-Mitglied weit mehr manipuliert als perzipiert und Deutschland nebst anderen Verbündeten in Konflikte gestürzt, die es sonst nicht hätte.

Statt unter Rechtfertigungsdruck zu geraten, nicht genug für von den USA erheblich vorbestimmte Verteidigungszwecke auszugeben, sollte vor allem die deutsche Sicherheitspolitik selbstbewusst die geltende NATO-Strategie hinterfragen. Das „Wofür?" der Rüstungssummen ist wesentlich entscheidender als das „Wie viel?"

Denn weltpolitisch haben sich die Wege der USA und ihrer wichtigsten europäischen Alliierten seit dem Ende der Blockbildung mehrfach getrennt. Und auch bündnispolitisch wäre Deutschland längst besser beraten gewesen, transatlantische Gegensätze zu verarbeiten als zu verdrängen. Bereits in der Amtszeit des jüngeren George W. Bush als US-Präsident (2001-2009) rissen sicherheitspolitische Gräben zwischen den USA und Kontinentaleuropa auf, die unter Barak Obama fortwirkten und nun von Trump nochmals vertieft werden. Die Ursachen war freilich stets dieselben: das Fehlen einer gemeinsamen Bedrohungslage, eine leichthin militärische unterlegte Weltpolitik der USA und amerikanische Freund-Feind-Schemata, denen europäisches Gleichgewichtsdenken fremd ist.

Die vorgeschobenen Gründe der Bush-Administration, im Jahr 2003 den irakischen Diktator Hussein zu stürzen und das Zweistromland zu besetzen, rechtfertigten jedes Misstrauen der daraufhin als „altes Europa"[28] gescholtenen NATO-

---

[28] So die abfällige Bemerkung des damaligen US-Verteidigungsministers Rumsfeld in einer Pressekonferenz am 22. Januar 2003. Stunden zuvor hatte ihn die Erklärung des französischen Staatspräsidenten Chirac und des deutschen Bundeskanzlers Schröder erreicht, dass beide Länder den USA – im Unterscheid zu den beflissenen osteuropäischen Neumitgliedern der NATO – nicht in den zweiten Irakkrieg folgen werden. „Germany and France ... I think that's old

Mitglieder Frankreich und Deutschland. Im Besitz von Massenvernichtungswaffen war das irakische Regime nicht. Für eine Verbindung zum Terrornetzwerk Al-Qaida fehlten alle Belege, wie eine Untersuchungskommission des Pentagon Jahre später einräumen musste.[29] Letztlich ging es den USA darum, einen regionalen Risikofaktor für die Sicherheit Israels und den ungehinderten Zugang zu den größten Erdölvorkommen der Erde auszuschalten.

Nach den Terroranschlägen vom 11. September 2001 hatten sich die Vereinigten Staaten noch darauf verlassen können, dass ihre europäischen Partner in Schockstarre eine gemeinschaftliche Betroffenheit und uneingeschränkte Bündnissolidarität bekundeten, die nüchtern gesehen weder bestand noch angezeigt war. Dass eine exponierte und parteinehmende Militärpräsenz in der konfliktträchtigsten Region der Welt terroristische Gefahren für das eigene Land erhöht, durfte die Sicherheitsbehörden in den USA eigentlich nicht überraschen. Diese Bedrohung lag nahe, blieb nicht ohne Vorwarnungen und hätte rechtzeitige Gegenmaßnahmen verlangt. Nach der Katastrophe und dem Versagen des inneren Sicherheitskon-

---

Europe." Zitiert nach Donald Rumsfeld, Known and Unknown. A Memoir, New York 2011, S. 444.

[29] „Saddam Hussein hatte doch nichts mit al-Qaida", in: Die Welt (online) vom 13. März 2008, https://www.welt.de/103674237.

zepts der USA ein bürgerkriegsgeschundenes Land am Hindukusch mit einem Rachefeldzug zu überziehen, war so brachial wie zweischneidig.

Die Enthauptung einer Terrorgruppe wurde mit der Entstehung einer noch viel größeren erkauft (Islamischer Staat, IS) und Afghanistan der inneren Zerrüttung auf unabsehbare Zeit ausgeliefert. Bar jedes strategischen Zwecks folgten die europäischen NATO-Partner den USA wie Vasallen in einen Krieg, der schließlich auch ihre Sicherheit durch steigende Anschlagsgefahren unterminierte. Außer der US-amerikanischen Politik in einem Vergeltungskampf dienstbar gewesen zu sein und sich mit den Folgen zu beladen, gibt es überhaupt keinen zureichenden Grund, warum deutsche Bundeswehrsoldaten in einem nicht endenden Einsatz seit mehr als einem Vierteljahrhundert ihr Leben in einer südasiatischen Gebirgsregion verlieren.

Nach dieser Erfahrung leuchteten in der Bundesregierung aus CDU/CSU und FDP im Frühjahr 2011 immerhin die Warnlampen gegen einen Militäreinsatz in Libyen auf. Unter dem Deckmantel der UN-Resolution 1973 vom 17. März 2011[30], der sich im Sicherheitsrat Deutschland, Russland, China, Indien und Brasilien enthielten, flogen Frankreich, Großbritannien und die USA Luftangriffe zum Sturz des libyschen Machthabers Gaddafi. Vordergrün-

---

[30] „Security Council Approves 'No-Fly Zone' over Libya", http://www.un.org/press/en/2011/sc10200.doc.htm.

dig sollte mit der Ermächtigung zur Einrichtung einer Flugverbotszone die Zivilbevölkerung geschützt werden. Praktisch bombardierten die eingreifenden Mächte bis Ende Oktober 2011 Flugabwehrstellungen, Armeeeinheiten, Truppenbewegungen und Militäreinrichtungen des Gaddafi-Regimes, um einer Aufstandsbewegung zum Sieg zu verhelfen. Diesen gelang es daraufhin, von ihrer Hochburg Bengasi im Westen Richtung Osten vorzurücken und strategisch wichtige Küstenstädte einzunehmen. Bis zum Fall von Tripolis im August 2011. Der entmachtete Alleinherrscher floh daraufhin in die Hafenstadt Sirte und wurde dort zwei Monate später unter ungeklärten Umständen getötet.

Im Ergebnis brach in dem viertgrößten nordafrikanischen Staat zwischen Ägypten und Tunesien ein Bürgerkrieg zwischen säkularen und islamischen Milizen aus, deren jeweilige Machtzentren das Land in Ost und West gespalten haben. Ein zuvor zugegeben diktatorisch regiertes, aber intaktes Staatswesen erlebte den vollständigen Zusammenbruch seiner Ordnung, wechselseitige Putsche und geriet zum Unterschlupf für Terroristen. Seine sich über fast 2000 Kilometer erstreckende Küstenlinie entlang des südlichen Mittelmeeres verlor einen geregelten Grenzschutz durch die libysche Küstenwache. Libyen bildete danach den Ausgangspunkt für jährlich Hunderttausende afrikanischer Bootsflüchtlinge, die unter Todesgefahr und hohen Opferzahlen an den europäischen Küsten von Spanien bis Italien anlandeten. Von diesem Nachgang des erzwungenen, aber desaströsen libyschen Regimewechsels sind die USA nahezu freigestellt. Europa sieht sich hingegen einem nicht abreißenden, lange kaum beherrschbaren Flüchtlingszustrom voller menschlicher Tragödien ausgesetzt.[31] Ohne Aussicht auf Frieden und Stabilität in dem zerrütteten Transitland.

Verleitet durch kopflosen Gefolgschaftseifer und moralische Affekte schnappte die Multilateralismusfalle für Deutschland in Syrien trotzdem wieder zu. Nachdem Demonstrationen gegen die alleinregierende Baath-Partei des syrischen Präsidenten Assad in der zweiten Jahreshälfte 2011 in bewaffnete Auseinandersetzungen umgeschlagen waren, positionierte sich die Bundesregierung gegen das herrschende Regime und trat für die Sache einer gewaltbereiten Opposition ein. In Gesellschaft mit den deutschen Verbündeten in der NATO. Vorneweg die USA, für die Präsident Oba-

---

[31] Nach Schätzungen der Vereinten Nationen belief sich die Zahl der Flüchtlinge und kurzfristig Zugewanderten in Libyen Ende 2016 auf fast 360 000 Personen. Im selben Jahr gelangten nach Angaben des UN-Flüchtlingskommissars rund 180 000 Flüchtlinge über die Mittelmeerroute nach Europa. 4578 Menschen kamen bei der Überfahrt ums Leben oder blieben vermisst. Siehe United Nations High Commissioner Refugees, Migration Trends in Libya: Changing Dynamics and Protection Challenges, Tunis 2017, S. 52 f.

ma ab 2012 mit Billigung des Kongresses Finanz- und Militärhilfe sowohl offen wie verdeckt zugunsten der Aufständischen in die Wege leitete. Der deutsche Bundestag entschied sich im Dezember 2012 zunächst einmal für eine Unterstützung des an Syrien grenzenden türkischen NATO-Mitglieds. Zur Sicherung des Luftraums im Grenzgebiet der Türkei zu Syrien stellte Deutschland bis 2016 ein Bundeswehrkontingent ab, das mit Patriot-Flugabwehrraketen vor feindlichem Beschuss schützen sollte.[32] Ein prekärer Bündnisbeitrag.

Denn die Türkei verfolgt unter ihrem autokratischen Präsidenten Erdogan beträchtliche Eigeninteressen in Syrien. Wiederholt hat sie die Schwäche des Nachbarlandes ausgenutzt, um als einer von mehreren internationalen Power Playern Kapital aus dem Bürgerkrieg zu schlagen. Zur Bekämpfung der kurdischen Volksgruppe drang die Türkei im August 2016 und des weiteren im Januar 2018 mit militärischen Offensiven auf syrisches Staatsgebiet vor. Mit Leopard 2 Kampfpanzern aus deutscher Produktion, die groteskerweise von kurdischer Seite mit Panzerabwehrraketen ebenfalls deutschen Ursprungs bekämpft wurden. Weil Deutschland in Anlehnung an die US-Unterstützung kurdischer Milizen gegen den IS ab Mitte 2014 ebenfalls damit begann, Waffen in das

---

[32] Deutscher Bundestag, Stenografischer Bericht. Plenarprotokoll 17/215 vom 14. Dezember 2012, S. 26553 ff.

syrisch-irakische Grenzgebiet zu liefern. Zur Selbstverteidigung einer autonomen Region Kurdistans im Irak.[33] Doch die ließ ihre Blutsbrüder in Syrien selbstverständlich an der modernen Bewaffnung teilhaben.

Schließlich beeilte sich Deutschland, ohne die komplexe und zu einem handfesten Mächtekonflikt ausufernde Gemengelage in Syrien zu übersehen, im Dezember 2015 auch noch Frankreich an die Seite zu springen. Nachdem Paris am 13. November 2015 von islamistischen Attentaten erschüttert worden war.[34] Die Anschlagsserie schuldete sich nicht zuletzt der Einflussnahme Frankreichs auf das Geschehen in Syrien und entblößte eklatante Nachlässigkeiten französischer Behörden im Umgang mit Gefährdern. Nichtsdestotrotz be-

---

[33] Der Bundestag stimmte einem entsprechenden Kabinettsbeschluss der Bundesregierung mit einer Entschließung der Mehrheitsfraktionen CDU/CSU und SPD sowie Teilen von Bündnis 90/Die Grünen zu. Deutscher Bundestag, Stenografischer Bericht. Plenarprotokoll 18/48 vom 1. September 2014, S. 4445.

[34] Erstmals in der Geschichte der EU berief sich ein Mitgliedsland auf Artikel 42 Absatz 7 des EU-Vertrags. Frankreich führte für sich den Fall „eines bewaffneten Angriffs auf das Hoheitsgebiet eines Mitgliedstaats" an, damit „die anderen Mitgliedstaaten ihm alle in ihrer Macht stehende Hilfe und Unterstützung" gewähren. Das war weit hergeholt und mangels Streitkräften der EU in der Umsetzung bedeutungslos, fand aber trotzdem die einhellige Zustimmung der übrigen EU-Mitglieder.

schloss das deutsche Parlament, eine Fregatte, sechs Aufklärungsflugzeuge und ein Tankflugzeug in die US-geführte Operation „Inherent Resolve" einzubringen.[35] Als Begleitschutz für einen französischen Flugzeugträger im Mittelmeer und für die Luftraumüberwachung in Syrien und dem Irak. Ohne VN-Mandat bewilligte der Bundestag ein Personalkontingent von bis 1200 deutschen Soldaten für den fortan größten Kampfeinsatz unter allen Auslandsmissionen der Bundeswehr. Zur Bekämpfung des IS, der sich durch das Machtvakuum des innerstaatlich angefeindeten syrischen Präsidenten Assad in der arabischen Republik ausgebreitet hatte.

Damit einen Beitrag zur Sicherheit Deutschlands und der Friedensstiftung im Mittleren Osten geleistet zu haben, lässt sich allerdings bei bestem Willen nicht ausmachen. Vielmehr ist die deutsche Syrienpolitik zwischen alle Fronten geraten und hat auf das falsche Pferd gesetzt. Mit Hilfe Russlands, des Iran und der Türkei sitzt Präsident Assad wieder fest im Sattel. Der bewaffnete Widerstand der Rebellen ist weitgehend gebrochen und in radikale Reste zerfallen. Alle Illusionen über einen demokratischen Frühling sind zerstoben. Bürgerkriegsparteien wie die Freie Syrische Armee für eine liberale Demokratiebewegung zu halten und

---

[35] BT-Drucksache 18/6866; Deutscher Bundestag, Stenographischer Bericht, Plenarprotokoll 18/144 vom 4. Dezember 2015, S. 14131.

ihnen die Machtübernahme in Damaskus zuzutrauen, zeugte von beispielloser Naivität.

Die deutsche Syrienpolitik hat nie durchschaut, dass Erfolge gegen Gebietsbesetzungen des IS, insbesondere seine Verdrängung aus Syrien, in erster Linie einem geopolitischen Schusswechsel rivalisierender Mächte das Feld bereiteten. Für die aus der Nachkriegsgeschichte der Bundesrepublik so verfestigte Gewohnheit, in der Außen und Sicherheitspolitik keinen eigenen Standpunkt einzunehmen, sondern immer Anlehnung zu suchen, bekommt man eine weitere Quittung. Deutschland hat sich als Schildknappe der USA und Frankreichs nicht nur in einen Regional-, sondern ohne klare Haltung auch in einen ernsten Bündniskonflikt verstrickt. Auf Kosten seiner eigenen Sicherheit und Glaubwürdigkeit.

Die Lehrstunde für Deutschland sieht so aus: Auf dem Kriegsschauplatz Syrien prallen zwei Flügelmächte und zwei Regionalmächte aufeinander: die USA, Russland, die Türkei und der Iran. Die drei letztgenannten haben sich inzwischen als Troika von Astana[36] zusammengefunden, die eine Beile-

---

[36] In der Hautstadt Kasachstans begannen unter der Schirmherrschaft der drei Mächte im Januar 2017 Friedensgespräche zwischen syrischen Regierungsvertretern und einigen Rebellengruppen. Parallel dazu bemühen sich die Vereinten Nationen seit 2014 in Genf direkte Verhandlungen zwischen Assad-Gesandten und Regimegegnern in Gang zu bringen.

gung des syrischen Bürgerkriegs verfolgt, ohne den Fortbestand des Assad-Regimes in Frage zu stellen. Einig sind sich Moskau, Teheran und Ankara vor allem in einem Punkt. Die USA sollen in Syrien außen vor gehalten werden. Dem russischen Präsidenten Putin eröffnete sich mit dem militärischen Eingreifen für Assad die willkommene Gelegenheit, gegen die Dominanz der USA und letztlich auch gegen ein zu großes Erstarken des südlichen Nachbarn Türkei einen Pflock für russischen Einfluss einzuschlagen. Der Iran, ohne sonstigen Verbündeten in der Region stets auf der Hut vor dem Erbfeind Saudi-Arabien, unterhält seit langem freundschaftliche Beziehungen zu Syrien. Gutes Einvernehmen mit einem rehabilitierten Assad verschafft Teheran eine Landbücke zur schiitischen Hisbollah im Libanon und zum Mittelmeer.[37]

Schließlich die Türkei. Sie ist der zwielichtigste Akteur von allen und zieht für ihre rabiaten Eigeninteressen ein Doppelspiel auf. Ausgerechnet mit ihr ist Deutschland über die NATO verbündet und leistet dem abgründigen Despoten Erdogan Schützenhilfe. Zunächst tat die Türkei das ihre, Assad zu Fall zu bringen. Sie hielt ihre Hand über die politische und bewaffnete Opposition, da sie dem ange-

---

[37] Itamar Rabinovich, The Syrian crisis: A reckoning and a road map, September 12, 2017, in: Brookings Institution, The New Geopolitics of the Middle East, https://www. brookings.edu/blog/markaz/2017/09/12/the-syrian-crisis-a-reckoning-and-a-road-map.

feindeten Präsidenten nicht zutraute, sein Land wieder unter Kontrolle zu bringen und ihm zutiefst verübelte, sich im Kampf gegen Regimegegner auch kurdischer Unabhängigkeitskämpfer im Grenzgebiet zu bedienen. Jeder noch so zarte Spross eines autonomen Kurdistan in und außerhalb der Türkei wird von Ankara sofort zertreten.

Als sich abzeichnete, dass sich Assad dank Schlagkraft der russischen Luftwaffe halten würde, schwenkte Erdogan aus taktischen Gründen auf den Kurs seines Amtskollegen im Kreml und die Führung im Iran ein.[38] Wenn sich der syrische Machthaber behauptet, dann will Ankara bei der Neuordnung des Nachbarlandes wenigstens ein gewichtiges Wort mitsprechen und militärisch im Grenzgebiet einen Fuß in der Tür behalten. Zumal sich die USA für Erdogan disqualifiziert hatten. Der Obama-Administration warf der türkische Präsident nicht nur vor, den gescheiterten Militärputsch klammheimlich begrüßt und danach einen Drahtzieher vor der Auslieferung bewahrt zu haben. Erdogan missfiel auch jede amerikanische Militärhilfe zugunsten kurdischer Milizen in Syrien als Mitkämpfer gegen den IS.[39] Mit US-Präsident Trump steht sich die Türkei nicht besser.

---

[38] Günter Seufert, Noch mehr Distanz zum Westen. Warum sich Ankara nach Moskau orientiert, SWP-Aktuell (Januar 2017), S. 4.
[39] Ebd., S. 5.

Im Sommer 2018 stritten sich Washington und Ankara über einen US-amerikanischen Pastor, den die Türkei unter dem Vorwurf der Spionage und der Unterstützung der verbotenen kurdischen Arbeiterpartei PKK gefangen hält.[40] Erdogans Angebot, Andrew Brunson gegen den islamischen Prediger Gülen auszutauschen, lehnte die Trump-Administration ab. Den im amerikanischen Exil lebenden Gülen hält die türkische Regierung für einen Hintermann des niedergeschlagenen Militärputsches von 2016. Trump unterlegt seine Forderung nach Freilassung des Presbyterianers Brunson seit August 2018 mit Strafzöllen auf Stahl- und Aluminiumprodukte aus der Türkei. Die sanktionierte daraufhin US-Produkte, konnte den Absturz der türkischen Landeswährung allerdings nicht verhindern.

Indessen weiß der türkische Präsident auch, dass es die USA niemals so weit kommen lassen, die Türkei als NATO-Mitglied zu verlieren. Insofern kann er sich eine ganze Menge an Zumutungen für seine Partner erlauben. In der Allianz mit Panzereinfällen in Syrien, um die kurdischen Bevölkerung aus Siedlungsgebieten in Grenznähe zu vertreiben. Solche Angriffshandlungen und aggressi-

---

[40] „Erdogan ordnet Sanktionen gegen zwei US-Minister an", in: Die Zeit (online) vom 4. August 2018, https://www.zeit.de/politik/ausland/2018-08/tuerkei-usa-recep-tayyip-erdogan-sanktionen-andrew-brunson.

ven Akte eines Mitglieds dürfte ein Verteidigungsbündnis in seinen Reihen eigentlich nicht dulden.

Doch Russland und dem Iran ergeht es nicht besser. Stets bedroht davon, dass die Türkei von ihnen abfällt und wieder die Seiten wechselt, lassen sie ihr Landgewinne in Syrien zur Schwächung des Assad-Regimes durchgehen. Erdogan spielt in Syrien mit zwei Kugeln und dazwischen schlingert die kleine deutsche Kugel hin und her.

In der Verlegenheit, einem autokratischen NATO-Mitglied Beistand zugesagt zu haben, zugleich den abgeriegelten Stationierungsort der dorthin entsandten Truppen aber nicht durch die eigenen, demokratisch gewählten Entscheidungsträger inspizieren zu dürfen, wich Deutschland mit seinem Bundeswehrkontingent nach Jordanien aus.[41] Da-

---

[41] Die türkische Regierung verhängte ab August 2016 gegen Bundestagsabgeordnete ein Besuchsverbot der Luftwaffenbasis Incirlik. Weil Deutschland geflohenen türkischen Soldaten seinen Schutz vor politischer Verfolgung nicht entzog. Daraufhin entschied der Bundestag im Juni 2017, das Tankflugzeug und die „Tornado"-Aufklärungsjets der deutschen Luftwaffe bis Oktober 2017 in das jordanische Al-Asrak zu verlegen. Dabei gehört Jordanien der atlantischen Allianz gar nicht an. Einem rechtsbrüchigen Verbündeten, der 250 deutsche Soldaten unter Verschluss halten will, alternativ von außerhalb des Nato-Vertragsgebietes beizustehen, ist als sicherheitspolitische Konfusion schwer zu überbieten. „Bundeswehr-Abzug aus türkischem Incirlik", in: Hannoversche Allgemeine Zeitung (online) vom 10. Juli 2017, http://www.haz.de/Nachrichten/

mit nicht genug. Den bisherigen Höhepunkt skurriler deutscher NATO-Politik bildet zweifellos die Tatsache, hierzulande türkischen Staatsbürgern einschließlich der Kurden Asyl vor politischer Verfolgung in der Türkei zu gewähren[42] und Ankara gleichzeitig mit Bewaffnung und freigehaltenem Luftraum einen Angriffskrieg zu ermöglichen.

In einem Spannungsgebiet, in dem sich die raumpolitischen Interessen mehrerer Großmächte so durchkreuzen und überkreuzen wie in Syrien, kann Deutschland multilateral nicht einfach mitschwimmen, ohne sich in krassen Widersprüchen zu verfangen. Schlimmer noch: es gerät auf Abwege und hintertreibt seine eigene Sicherheit durch deplatzierte Bündnisbeweise. Wie will eine Bundesregierung denn ihre Loyalität zu einer Türkei rechtfertigen, die in Syrien einmarschiert, Kontrolle („Pufferzone") über Teile fremden Territoriums beansprucht und neben dieser äußeren Gewalt auch Unterdrückung im Innern ausübt?

Das versteckte Kalkül der USA kann sich Deutschland schwerlich zu Eigen machen. Washington hat sich inzwischen mit dem Verbleib Assads abgefunden und registriert mit Befriedigung die Vertrei-

---

Politik/Deutschland-Welt/Bundeswehr-Abzug-aus-tuerkischem-Incirlik.

[42] Marcel Leubecher / Manuel Bewarder, Die Anerkennung türkischer Asylbewerber hat sich verdoppelt, in: Die Welt (online) vom 10. Mai 2017, https://www.welt.de/164428649.

bung des IS aus Syrien. Die Trump-Administration streicht „windfall profits" ein und musste sich selbst nicht einmal die Hände schmutzig machen. Was für die USA in Syrien allein noch zählt, ist die Eindämmung des Iran.[43] Dafür opfert Washington mit Eiseskälte die Kurden, lässt die Türkei in den Norden Syriens vorstoßen und akzeptiert sogar die Schutzmachtrolle Russlands für das Assad-Regime. Solange Ankara und Moskau Teheran als Dritten im Bunde in Schach halten, können die USA in Syrien passiv bleiben.

Blamiert steht Deutschland da, das sich zuerst die Kurden zum Vorkämpfer gegen den IS auserkor[44], um ihnen später mit Waffendienst und Waffenhilfe für den türkischen Machthaber wieder in den

---

[43] Jacob L. Shapiro, Turkey Enters the Fray, Geopolitical Futures Weekly, January 24, 2018, https://geopolitical-futures.com/turkey-enters-fray.

[44] Seit Ende Januar 2015 unterstützen bis zu 150 deutsche Soldaten die Ausbildung kurdischer und irakischer Sicherheitskräfte im Nordirak. Zum 1. April 2018 ist das Mandat auf den Zentralirak einschließlich Bagdads ausgeweitet worden. Damit wendet sich die Bundesregierung von den kurdischen Autonomiebestrebungen ab und will den USA gefällig sein. Ein völlig unangebrachtes Andienen von deutscher Seite, das für die Trump-Administration nur ein erster Abschlag ist, weitere Lasten US-amerikanischer Militäreinsätze auf NATO-Mitglieder zu überwälzen. „Anti-IS-Einsatz der Bundeswehr im Irak wird ausgeweitet", in: Die Zeit (online) vom 5. März 2018, http://www.zeit.de/news/2018-03/05/anti-is-einsatz-der-bundeswehr-im-irak-wird-ausgeweitet-180305-99-350831?print.

Rücken zu fallen. Nun steckt es in der Bredouille, den Verfolgten des Erdogan-Regimes eine Heimstatt bieten zu müssen, weil es als bloßer Mitläufer auf einem geopolitischen Schachbrett überspielt wurde. Mangels Wollen und Können, festen Grund für eine selbständige Position einzunehmen. Dazu hätte gehört, Nein zu sagen, anstatt in vorauseilendem, völlig unangebrachtem Gehorsam eine Bündnispflicht zu reklamieren. Beistandswürdig ist die Türkei derzeit unter keinen Umständen. Und auch die USA entfernen sich zunehmend davon, von Deutschland bündnispolitische Gefolgschaft einfordern zu dürfen.

Ausweislich ihrer aktuellen nationalen Sicherheitsstrategie kündigt die Trump-Administration an, in allen Weltregionen amerikanische Interessen robust zur Geltung zu bringen. Namentlich im pazifischen Teil Asiens, dem Mittleren Osten und Europa drohten den USA ungünstige Machtverschiebungen („unfavorable shifts"). Als treibende Kräfte dahinter werden genannt: China und Russland („aspire to project power worldwide") sowie Iran und Nordkorea („pose the greatest menace to those closest to them").[45] Verbündete dienen den USA hauptsächlich als Mittel zum Zweck: „allies and partners magnify U.S. power and extend U.S. influence."

---

[45] The White House (Anm. 4), S. 45.

China erhält die unmissverständliche Warnung, dass die USA mit vorderster Militärpräsenz im Pazifik jeden Gegner abschrecken und, wenn nötig, besiegen werden: „capable of deterring and, if necessary, defeating any adversary."[46]

An die Europäer richtet sich die eindeutige Erwartung, mit den USA zusammenzuarbeiten „to counter Russian subversion and aggression, and the threats posed by North Korea and Iran."[47] Vorderasien, die Golfregion und die Arabische Halbinsel betrachten die USA fast schon als Protektorat. Jedenfalls dürfe dort keine den USA feindliche gesonnene Macht vorherrschen: „The United States seeks a Middle East that is ... not dominated by any power hostile to the United States, and that contributes to a stable global energy market."[48]

Ton und Zuschnitt, den der mächtigste Mann der Welt der Sicherheitsagenda seines Landes für mindestens eine Amtszeit gibt, sind für Deutschland kaum noch anschlussfähig. Deutsche Bündnisleistungen für die USA können unter diesen Umständen nicht mehr zureichend begründet werden. Was eine um sich selbst kreisende Weltmacht an Gefahrenherden und Gegenmächten für sich ins Visier nimmt, berührt Deutschland entweder so peripher oder so unmittelbar, dass es der bedin-

---

[46] The White House (Anm. 4), S. 47
[47] Ebd., S. 48.
[48] Ebd.

gungslosen Konfliktbereitschaft der USA gar nicht folgen kann.

Das Zeitalter jener Nachkriegsgalaxie, in der die Bundesrepublik für den nuklearen Schutzschirm der NATO-Führungsmacht die Rolle eines Planeten auf vorbestimmter Umlaufbahn im amerikanischen Sonnensystem einnahm, ist endgültig vorbei. Methoden und Ziele, Geopolitik und Geostrategie, die den ungeschminkten globalen Sicherheitsinteressen der USA zugrunde liegen, passen nicht zu Deutschland.

Wenn die Trump-Administration die amerikanische Kriegsmaschine gegenüber Nordkorea martialisch für gefechtsbereit erklärt („ready to respond with overwhelming force to North Korean aggression"), dann kann die deutsche Politik da nicht mitgehen. Der kleine Schauplatz am anderen, äußersten Ende der eurasischen Landmasse ist nicht nur 7 Zeitzonen von Deutschland entfernt. Mit ihrer fallweisen Selbstermächtigung, uneingeschränkt Gewalt anzuwenden, entledigen sich die USA auch jeglicher Rücksprache mit ihren Allianzpartnern. Den Normen der Völkergemeinschaft sowieso. Und schieben die eigenen Entspannungsbemühungen der beiden Teilstaaten auf der koreanischen Halbinsel achtlos beiseite, sollte dem US-Präsidenten der Kamm schwillen. Oder auch nicht. Wie im Juni 2018, als Trump die plötzliche, keinesfalls vertrauenswürdige Eingebung überfiel, im Zuge eines Treffens mit dem nordkoreanischen

Machthaber Kim Jong Un nun doch den Friedensstifter zu mimen.[49]

Willkür haftet dem amtierenden US-Präsidenten auch im Umgang mit dem Iran an. Dass die USA Israel verbotenerweise nuklear bewaffnen, anderen Staaten in der Region aber nicht einmal die zivile Nutzung der Kernenergie zugestehen, ist schon eine gehörige Schieflage. Darüber hinaus aber ein bestandskräftiges Kontrollabkommen mit bloßen Behauptungen zum Abschuss freizugeben, ein Unding. Nach Mitteilung der Internationalen Atomenergiebehörde von Ende 2017 ließ der Iran bis dato seine Nuklearanlagen anstandslos überwachen.[50]

Fünf (China, Russland, Großbritannien, Frankreich, Deutschland) der sechs Signatarmächte des internationalen Atomabkommens mit Teheran vom Juli 2015 sehen keinen Grund, an der Erfüllung der Auflagen zu zweifeln. Einzig US-Präsident Trump überzieht die islamische Republik mit haltlosen Vorwürfen und verweigerte im Oktober

---

[49] Frederic Spohr, Wandel durch Schulterklopfen, in: Die Zeit (online) vom 12. Juni 2018, https://www.zeit.de/politik/ausland/2018-06/donald-trump-kim-jong-un-gipfel-symbolik.

[50] „Iran hält sich laut IAEA an Atomabkommen", in: Die Zeit (online) vom 23. November 2017, http://www.zeit.de/politik/ausland/2017-11/atomabkommen-iran-atom-energie-programm-zahlen-internationale-atomenergiebe-hoerde.

2017 die turnusmäßige Bestätigung, dass der Iran die geltenden Vorgaben erfüllt. Um dem Abkommen aus einem durchsichtigen Motiv den Todesstoß zu geben.

Im Januar 2018 setzte Trump den europäischen Vertragspartnern eine letzte viermonatige Frist, die Atomvereinbarungen dahingehend „nachzubessern", Teheran für alle Zeiten jegliche Urananreicherung zu verbieten.[51] Einer solchen Unterwerfung beugten sich der Iran, China und Russland nicht. Die Wiedereinführung US-amerikanischer Sanktionen war also vorprogrammiert, die Teheran daran hindern sollen, aus seinem gestiegenen Einfluss in Syrien Kapital zu schlagen.

Anfang Mai 2018 kündigte Trump die Vereinbarungen von Lausanne für die USA auf.[52] Ein Morgengabe für Israel, daraufhin iranische Militärstellungen im benachbarten Syrien anzugreifen. Die europäischen Unterzeichnerstaaten Deutschland, Frankreich und Großbritannien wollen trotzdem an der vereinbarten Nuklearbeschränkung und -

---

[51] Martin Ganslmeier, Trump gibt Atomabkommen letzte Chance, tagesschau.de vom 13. Januar 2018, https://www.tagesschau.de/ausland/trump-iran-atomabkommen-103.html.
[52] US-Präsident: Trump verkündet Ausstieg aus Atomdeal – Iran droht mit Urananreicherung, in: Berliner Zeitung (online) vom 8. Mai 2018, https://www.berliner-zeitung.de/politik/us-praesident-trump-verkuendet-ausstieg-aus-atomdeal---iran-droht-mit-uran-anreicherung-30141190.

kontrolle festhalten. Wohlwissend, dass ein vertraglich entbundener Iran, der aus Notwehr zum Bau einer Atombombe schreitet, für die Region allemal gefährlicher wäre als seine Unterstützung für Assad in Syrien.[53]

Ebenso wenig kann Deutschland an der Seite der USA in einen geo- und wirtschaftspolitischen Weltkonflikt mit China einsteigen. Anders als der amerikanische Standort leidet die deutsche Wirtschaft nicht an einem exzessiven Handelsbilanzdefizit mit China. Das schuldet sich im Wesentlichen auch nicht den unleugbaren Markteintrittsbarrieren im Reich der Mitte, sondern weit mehr Wettbewerbsschwächen der USA in den Bereichen Automobil, Maschinenbau und Konsumgüterindustrie. Eben da, wo Deutschland stark oder China billig ist und die amerikanische Nachfrage groß. Dagegen hilft kein Handelskrieg, den die Trump-Administration vom Zaun bricht. Sich zudem der Wahrung des US-amerikanischen Orbits im Pazifik zu verschreiben und dafür ein Eintrüben der Wirt-

---

[53] Anfang August 2018 setzte der US-Präsident verschärfte Sanktionen gegen den Iran in Kraft. Sie richten sich auch gegen ausländische Unternehmen, die iranische Geschäftsbeziehungen pflegen. Mit einem „Blocking Statute" sucht die EU-Kommission zu verhindern, dass sich europäische Firmen, die zugleich in den USA engagiert sind, aus dem Land am Persischen Golf zurückziehen. European Commission, Updated Blocking Statute in support of Iran nuclear deal enters into force, Press release, 6 August 2018, http://europa.eu/rapid/press-release_IP-18-4805_en.htm.

schaftsbeziehungen mit China hinzunehmen, kann sich Deutschland schon deshalb nicht leisten, weil Washington ihm solches schon im Verhältnis zu Russland zumutet.

Im August 2017 unterschrieb US-Präsident Trump ein Gesetz, das erweiterte Sanktionen gegen den Iran, Nordkorea und eben Russland vorsieht. Den sogenannten „Countering America's Adversaries Through Sanctions Act" (CAATS)[54] hatte zuvor der Kongress entworfen und mit beiden Kammern verabschiedet, um Moskau für eine mutmaßliche Einflussnahme auf den Präsidentschaftswahlkampf und die Inbesitznahme der Krim neuerlich abzustrafen. Dem Willen des Parlaments hatte sich Trump nur widerwillig gebeugt. Der Präsident sieht sich in seiner Handlungsfreiheit eingeschränkt, da er die Sanktionsmaßnahmen künftig nur mit Zustimmung des Kongresses aufheben oder lockern kann. Das Missbehagen Trumps, der sich Verdächtigungen dubioser Wahlkampfkontakte mit russischen Geheimdiensten zu erwehren hat und seinem russischen Amtskollegen nicht abgeneigt ist, tut dem Gesetz keinen Abbruch. Es birgt erheblichen Zündstoff für Europa und Deutschland.

Der CAATS-Akt beschneidet nicht allein amerikanische Firmen die Geschäfstätigkeit in den USA,

---

[54] Congressional Record 163 (2017), Public Law 115–44 – AUG. 2, 2017, S. 886-955, https://www.congress.gov/115/plaws/publ44/PLAW-115publ44.pdf.

sofern sie unzulässige Beziehungen mit gelisteten russischen Unternehmen aus der Rüstungs-, Transport- und Metallbranche sowie der Öl- und Gasindustrie unterhalten. Die verschärften US-Sanktionen können sich auch auf internationale Konzerne erstrecken, die sowohl in Russland wie in den USA aktiv sind. Beispielsweise werden Investoren, die sich am Bau russischer Exportpipelines beteiligen, Finanzierungsstopps, Vermögensbeschränkungen und Einreiseverbote angedroht. Sie können lediglich darauf setzen, zuvor vom US-Präsidenten angehört zu werden.[55] Eine schwache Hoffnung in Anwesenheit eines Amtsinhabers, der „Amerika zuerst" zum Programm erhoben hat.

Unmittelbar betroffen wären die deutschen (Uniper, Wintershall) und europäischen (Engie, OMV, Shell) Unternehmen, die eine Projektgesellschaft für den Ausbau der Ostseepipeline North Stream II gebildet haben. Den Erdgastransit vom russischen Wyborg nordwestlich von St. Petersburg bis ins vorpommersche Lubmin nahe Greifswald auf vier Leitungsstränge mit verdoppelter Durchleitungskapazität auf 110 Mrd. Kubikmeter zu erweitern, wäre ein bedeutender Beitrag zur Energiesicherheit Europas. Denn der mit erhebli-

---

[55] „The President, in coordination with allies of the United States, may impose ... sanctions ... with respect to a person ... that ... makes an investment ... for the construction of Russian energy export pipelines". CAATS, Sec. 232, in: Congressional Record (Anm. 54), S. 917.

chen politischen Risiken behaftete Landtransport via Ukraine und Polen würde umgangen.

Osteuropa vor dem Verlust an Transitgebühren zu bewahren, liegt dem US-Kongress aber weit weniger am Herzen als ein größerer Absatzmarkt für amerikanisches Flüssiggas. Ein Scheitern von North Stream 2 würde den Bedarf dafür erhöhen und die Abnehmerstaaten enger an die USA ketten. Allerdings auch die Kosten für den Energieimport Europas massiv erhöhen. Obendrein per Dekret des US-Präsidenten europäische Stahl- und Aluminiumexporte mit Strafzöllen zu belegen, verlangt andere Antworten als – letztlich erfolglos – für Ausnahmeregelungen zu antichambrieren.[56]

Für Deutschland ist Russland mit Abstand der wichtigste, verlässlichste und günstigste Lieferant der fossilen Energieträger Öl und Gas. Fast ein Drittel des verbrauchten Erdgases hierzulande stammt aus Russland. Knapp 40 Prozent seines Rohölbedarfs bezog Deutschland in 2016 aus der Russischen Föderation.[57] Für die Bundesrepublik besteht nicht der geringste Grund, diese bewährte, selbst im Kalten Krieg störungsfreie Lieferbeziehung durchsichtigen amerikanischen Wirtschaftsinteressen zu opfern, die den russischen

---

[56] „USA verhängen Einfuhrzölle auf Stahl und Aluminium", in: Die Welt (online) vom 8. März 2018, https://www.welt.de/174358542.
[57] Bundesanstalt für Geowissenschaften und Rohstoffe, Energiestudie 2017, Hannover 2017, S. 112 f.

Übergriff auf die Ukraine nur als Vorwand für Handelshemmnisse benutzen. Zumal die deutsche Exportindustrie von sanktionsfreien Russlandgeschäften enorm profitieren würde. Sie hat seit Beginn des Sanktionsregimes der EU und der USA in 2014 Umsatzverluste von mehr als einem Drittel bei russischen Abnehmern einstecken müssen.

Demgegenüber ist der Außenhandel mit Russland für die USA von marginaler Bedeutung. Er erreichte in 2012 nur knapp 12 Prozent des EU-Volumens und gerade einmal die Hälfte der deutschen Handelsumsätze mit Moskau.[58] Ausgehend von diesem niedrigen Niveau halbierte sich das US-Handelsvolumen mit Russland zwar bis 2016 um die Hälfte, ist mit einem Anteil am gesamten Außenhandelsumsatz von unter 0,5 Prozent aber eine Fußnote.[59]

Hingegen trug Deutschland schwerer daran, dass ein von 80 Mrd. EUR (2012) auf unter 50 Mrd. EUR (2016) abgesacktes Handelsvolumen[60] – immerhin 2,2 Prozent der Gesamtumsätze – weit hinter den

---

[58] United States Census Bureau, U.S. trade in goods with Russia 2012-2016, https://www.census.gov/foreign-trade/balance/c4621.html.

[59] United States Census Bureau, Historical Series, U.S. International Trade In Goods and Services, https://www.census.gov/foreign-trade/statistics/historical/gands.pdf.

[60] Statistisches Bundesamt, Außenhandel 2016. Rangfolge der Handelspartner im Außenhandel der Bundesrepublik Deutschland, Wiesbaden 2017, S. 2.

für beiden Seiten vorteilhaften Möglichkeiten zurückblieb. Angesichts eines politisch ohnehin wirkungslosen Sanktionskatalogs, den die USA leichthin auflegen können, der für die deutschen Wirtschaft jedoch ein Mühlstein ist.

Auf eine schwere Belastung, wenn nicht sogar eine Bruchlinie mit Deutschland steuert Washington nicht zuletzt in der europäischen Sicherheitspolitik zu. Für Europa steht zu befürchten, durch eine schroffe US-Politik auf den Stand der Hochrüstung Anfang der 1980er zurückgeworfen zu werden. Seit die USA im letzten Amtsjahr von Barak Obama ihr Raketenabwehrsystem im rumänischen Deveselu in Betrieb nahmen und damit bis Ende 2018 im polnischen Redzikowo nachziehen wollen, ist das strategische Gleichgewicht gegenüber Russland verletzt.

Von Anfang an war die Stationierung landgestützter Abfangraketen zur Abwehr ankommender Kurz- und Mittelstreckenraketen dürftig begründet worden. Ursprünglich sollte das vollautomatische Aegis-System Europa vor Raketenbeschuss aus dem Nahen und Mittleren Osten schützen. Einmal abgesehen davon, dass dafür ein Standort in Hinterpommern an der polnischen Ostseeküste kaum in Frage kam, entfiel diese Begründungsunterlage erst Recht mit den Bürgerkriegen in Libyen und Syrien sowie infolge der Rüstungsbegrenzungen für den Iran im Rahmen des Atomabkommens vom Juli 2015. Der amerikanische Raketenschild für Osteuropa konnte sich danach nur noch gegen Russland richten. Gleich ob Moskau finstere Absichten hegt oder nicht, die stationierten Abfangraketen vom Typ SM-3 lassen sich sowohl defensiv wie offensiv verwenden. Im Falle eines US-amerikanischen Angriffs auf russisches Territoriums oder eines Präventivschlages der NATO gegen Russland würde dessen bisherige raketengestützte Gegenwehr praktisch ausgeschaltet.

Dieser nüchterne Befund liegt für jeden Militärstrategen auf der Hand. Wie nachdrücklich die USA auch mit Unschuldsmiene den rein defensiven Charakter ihres Raketensystems betonen.[61] Gegen eine solche strategische Unterlegenheit und Verwundbarkeit würde jeder Staat der Welt seinerseits rüsten, so er nicht mit den USA verbündet ist. Russland antwortet seit 2015 mit der zunächst zeitweisen, dann dauerhaften Aufstellung nuklear bestückbarer Kurzstreckenraketen vom Typ Iskander im ehemaligen Ostpreußen (Kaliningrad) an der Grenze zu Polen. Und dem Test von Marschflugkörpern mittlerer Reichweite.

Im Februar 2018 gab das US-Verteidigungsministerium seine novellierte Nukle-

---

[61] „Die NATO-Raketenabwehr ist nicht gegen russische Fähigkeiten gerichtet und ausgelegt.", ließ auch die deutsche Bundesregierung in ihrer Antwort auf eine Kleine Anfrage der Linksfraktion verlauten. Deutscher Bundestag Drucksache 18/9154 vom 11. Juli 2016, S. 7.

ardoktrin bekannt.[62] Darin wird das Ziel der Vorgängerregierung von 2010 aufgegeben, das
Atomwaffenarsenal der USA zu verringern. Stattdessen kündigt die Trump-Administration an, neben der Modernisierung atomarer Bomben und
Raketen die Zahl taktischer Nuklearwaffen wieder
zu erhöhen.[63] Russland müsse davon abgeschreckt
werden, mit seinem Arsenal regionale Konflikte
entscheiden zu können, weil die USA vor der Zerstörungskraft eines massiven atomaren Gegenschlags zurückscheuten.[64] Große durch kleinere
Sprengköpfe seegestützter ballistischer Raketen zu
ersetzen, würde hingegen die nötige Flexibilität
schaffen.

Für Europa sinkt damit die Einsatzschwelle. Denn
die Absicht „to convince adversaries they have
nothing to gain and everything to loose from the
use of nuclear weapons"[65] verliert ihr Grundlage,
wenn die Sprengkraft begrenzt wird. Atomare
Langstreckenraketen, die im Hiroshima-Format
von bis zu 20 Kilotonnen in Mitteleuropa einschla-

---

[62] U.S. Department of Defense, Nuclear Posture Review,
Washington, D.C. 2018.

[63] Ebd., S. 54.

[64] „Effective U.S. deterrence of Russian nuclear attack …
now requires ensuring that the Russian leadership does not
miscalculate regarding the consequences of limited nuclear
first use". Ebd, S. 30.

[65] US-Verteidigungsminister Jim Mattis in seinem Vorwort.
Ebd., S. II.

gen, löschen weder die USA noch Russland aus. Europäische Großstädte dagegen schon.

Einen Monat nach der nuklearen Kehrtwende der USA stieg Russland endgültig in das neue Wettrüsten mit ein. In seiner jährlichen Rede an die Nation stellte Präsident Putin dem russischen Parlament neue, abwehrresistente Raketensysteme vor: einen Marschflugkörper unbegrenzter Reichweite, einen Unterwassertorpedo und eine 200 Tonnen schwere Interkontinentalrakete mit Mehrfachsprengköpfen.[66] Alle drei Raketentypen können atomar bestückt werden. Was davon technische Einsatzreife erlangt hat oder propagandistischer Inszenierung dient, lässt sich vorerst kaum ausmachen. Den Marschflugkörper nicht mit herkömmlichem Brennstoff, sondern nach den Worten des Kremlchefs mit Nuklearenergie anzutreiben, wäre ein Quantensprung in der Raketentechnologie.

Abgesehen davon würde Russland mit Erprobung und Stationierung nuklearer Kurz- und Mittelstreckenraketen im Reichweitenbereich von 500 bis 5500 Kilometern fraglos gegen den noch geltenden INF-Vertrag von 1987 verstoßen. Das Abkommen ist das einzige Vertragswerk zwischen den USA und Russland als Rechtsnachfolger der Sowjetunion, in dem beide Seiten den vollständigen Verzicht auf nuklearfähige Raketen im Radius des

---

[66] „Putin präsentiert neue Atomwaffen gegen US-Raketenabwehr", in: Die Welt (online) vom 1. März 2018, https:// www.welt.de/174080916.

europäischen Kontinents vereinbart haben. Für die Sicherheit Europas ist der INF-Vertrag ein Eckpfeiler noch bestehender Abrüstung. Ohne ihn würde den europäischen NATO-Mitgliedern nach dem Aushöhlen der NATO-Russland Grundakte und dem hinfälligen Vertrag über konventionelle Streitkräfte in Europa(VKSE) die Rüstungskontrolle vollends entgleiten.[67]

Diese Sorge ist zunehmend berechtigt. Die bevorstehende Betriebsbereitschaft der Raketenabwehr in Polen, die Entwicklung amerikanischer Raketen verwandter Bauart wie die der verbotenen Typen und bewaffnete US-Drohnen mittlerer Reichweite bewertet Russland seinerseits als Verletzungen der INF-Bestimmungen. Der US-Kongress hat sich mit ersten gesetzgeberischen Vorstößen[68] wenig zimperlich gezeigt, in Anbetracht vermeintlicher Vertragsverstöße Russlands den amerikanischen Präsidenten zum Ausstieg aus dem Abkommen zu nötigen und neue Mittelstreckenraketen zu finanzieren.

Damit stünde Deutschland – bar jeder Bedrohung durch Russland, wenn es sich nicht vor den US-Karren in Osteuropa spannen ließe – eine Nachrüs-

---

[67] Vgl. Oliver Meier, Zuspitzung im Streit um den INF-Vertrag, SWP-Aktuell 32 (Mai 2017), S. 3.

[68] Senate 430 – 115th Congress (2017-2018), Intermediate-Range Nuclear Forces (INF) Treaty Preservation Act of 2017, https://www.congress.gov/bill/115th-congress/senate-bill/430/text.

tung mit Pershing-Raketen wie 1983 ins Haus. Eine irrlichternde Wendung könnte das NATO-Militärbündnis für Deutschland auf Geheiß der USA nicht nehmen.

Man soll sich nicht täuschen: Die Trump-Präsidentschaft ist keine vorübergehende Betriebsstörung im transatlantischen Verhältnis. Der US-Kongress stimmte mit überwältigender Mehrheit in Senat und Repräsentantenhaus den verschärften Sanktionen gegen Russland zu. Dieselbe amerikanische Einmütigkeit ist für eine Forcierung der Raketenabwehr und eine Aufkündigung des INF-Vertrags zu erwarten.

Die Mahnung des altersweisen Kissinger, Amerika dürfe „seinen Kompass nicht verlieren" und müsse „eine Weltordnung auf zwei Ebenen anstreben", nämlich „universelle Prinzipien" gepaart mit Respekt für „die historischen Realitäten anderer Regionen und Kulturen"[69], verhallt in Washington ungehört. Dort zeigt die Kompassnadel in eine ganz andere Richtung. Selbst Verbündete werden im Weißen Haus mittlerweile als Konkurrenten angesehen.[70]

---

[69] Henry Kissinger, Weltordnung, 2. Aufl. München 2014, S. 424.

[70] In einem Namensartikel der seinerzeitigen Berater Mc Master (nationale Sicherheit) und Cohn (Direktor des Nationalen Wirtschaftsrates) für das Wall Street Journal hieß es im Frühjahr 2017 u.a: „The world is not a ‚global community' but an arena where nations, nongovernmental actors and businesses engage and compete for advantage." Ame-

Markante wirtschafts- und sicherheitspolitische Gegensätze zwischen den USA und Deutschland werden die atlantische Nostalgie allmählich zum Verschwinden bringen. „Hart im Raume stoßen sich die Sachen", nimmt man jenseits des Atlantiks inzwischen wörtlich. Und Differenz kommt in kleinerem Maßstab auch unter den Mitgliedstaaten der EU wieder ans Tageslicht. Europa war nie ein Monolith und wird es weniger denn je werden.

rica First Doesn't Mean America Alone, in: Wall Street Journal vom 30. Mai 2017, https://www.wsj.com/articles/america-first-doesnt-mean-america-alone-1496187426.

Geplatzte Träume europäischer Einheit

Man musste kein Prophet sein, um die Entzauberung der europäischen Integration mit Gewissheit zu erwarten. Fraglich war nur, ab wann dieses Projekt wider die nationalstaatliche Vielfalt Europas in Bedrängnis geraten würde und ob dies dann allmählich oder ruckartig geschähe. Inzwischen geht beides ineinander über. Der Ausbruch der europäischen Staatsschuldenkrise im Jahr 2010 und der Austrittsentscheid Großbritanniens im Juni 2016 erschütterten die EU ebenso unmittelbar wie sie auf Dauer dem brüchigen Fundament der Einheitsidee zusetzen werden. Der babylonische Turmbau zu Brüssel hat nicht nur Risse bekommen. Er wankt. Weil das Integrationsprojekt nach bescheidenen Anfängen und ohne Rücksicht auf seine begrenzten Möglichkeiten mit Ansprüchen überhöht und überladen wurde, die außerhalb seiner Tragfähigkeit liegen. Insofern erlebt die Vergemeinschaftung ehedem nationalstaatlicher Politiken auch keine vorübergehenden Rückschläge, sondern hat ihren Zenit hinter sich. Will die EU als organisierte Zusammenarbeit der beteiligten Staaten überleben, steht der Rückbau, nicht der Ausbau ihrer Befugnisse an.

Was als überstaatliche Behörde für die Kohle- und Stahlproduktion sechs benachbarter Staaten in den 1950er Jahren begann, zum politischen Erlösungswerk für ganz Europa zu erheben, ist nicht weniger vermessen als die Versuchsanordnung, 19 Volkswirtschaften mit uneinheitlicher Finanzpolitik, großem Wettbewerbsgefälle und sprachraumgebundenen Arbeitskräften einer einzigen Geldpolitik zu unterwerfen. Das konnte und kann nicht gut gehen. Auch wenn der Groschen bei denen, die aus Gewohnheit, Eigeninteresse oder weltanschaulicher Verblendung ein staatliches Paneuropa weiter im Munde führen, noch immer nicht gefallen ist. Ein Plebiszit für die europäische Einheit mit allen ihre Konsequenzen hat es nie gegeben. Es wird in Zukunft erst Recht nicht zustande kommen.

Jede Abstimmung, die das, was die Einheitsverfechter letztlich wollen, zuspitzen und beim Namen nennen würde, nämlich flächendeckende Hoheitsrechte europäischer Instanzen über kastrierte Nationalstaaten, fiele bei den Bürgern krachend durch. Der Unterschied zum Brexit läge nur in der Fragestellung. Wären die Wähler in anderen EU-Ländern danach gefragt worden, ob sie dem Ziel eines europäischen Superstaates zustimmen, hätten sie nicht anders votiert als die Mehrheit der Briten, die dem Giftköder einer Erpressung erlegen sind: Rückenfreiheit für den Premierminister einer zerrissenen Partei oder Stoppsignal gegen weitere Zuwanderung. Der wahre Vorbehalt, demokratische Staatlichkeit mit nationaler Identität nicht durch ein supranationales, bürokratisches Gebilde abzulösen, wäre auch in anderen Teilen der EU mehrheitlich geweckt worden.

Denn die europäische Integration ist immer nur im Nebel des ungefähren und unbestimmten, da umstrittenen Endziels fortgeschritten.[71] Und zwar so lange, wie die Vorteile der Vergemeinschaftung für jeden einzelnen Staat noch spürbar seine Souveränitätseinschränkungen überwogen. Ohne das Motiv, den einzelstaatlichen Nutzen zu erhöhen, wäre die Vereinheitlichung gar nicht in Gang gekommen und vorangetrieben worden. Folglich erreicht die Integration auch dann ihren Endpunkt, wenn der Saldo für die beteiligten Nationalstaaten nicht mehr stimmt bzw. diese um ihren Bestand fürchten müssen. Darin liegt die Finalität des europäischen Einigungsprozesses. Nicht in einem europäischen Bundesstaat oder den Vereinigten Staaten von Europa, wie in diese Einbildungen verrannte Politiker und Wissenschaftler glauben machen wollen.

Schon die Ursprünge der Integration und jeder anschließende Schritt bis hin zu der heutigen Sackgasse öffnen die Augen dafür. Europa besteht aus nationalstaatlichen Feldsteinen. Ein jeder davon hat seinen Standort, sein Gepräge und seine Schwerkraft, ohne dass sie sich deshalb naturgesetzlich überrollen müssen. So wenig wie sie sich

---

[71] Wilfried Loth, Europas Einigung. Eine unvollendete Geschichte, Frankfurt / New York 2014, S. 418.

zu Zement für einen Neubau zertrümmern lassen. Die in jeder europäischen Grundsatzrede beschworene Leuchtkraft der Idee, ein friedliches, geeintes und wohlhabendes Europa zu schaffen, verlieh der supranationalen Methode keineswegs die kräftigsten Impulse. Der europäische Frieden hätte sich auch auf anderen Wegen als durch bürokratische Vergemeinschaftung erreichen lassen. Die ganze schicksalsgeschwängerte „Krieg- oder Frieden-Rhetorik" bedient sich allemal weit mehr einer Legende und einer schwammigen Utopie als dass sie historische Erfahrungen zutreffend deutet und ihrer Vision eine konkrete Gestalt gibt.

Ohne den Ost-West-Konflikt, der Westeuropa durch die NATO zusammenschloss und beschirmte, hätte der Einigungsgedanke kein Dach gehabt. Die Einheit des Kontinents kann nur erträumen, wer die Wirklichkeit der vielen Gegensätze einfach wegwischt. Doch abgesehen davon haben gerade die besonders treibenden Kräfte der Integration – Deutschland und Frankreich – diesen Weg beschritten, um ihre jeweiligen nationalen Ziele zu verwirklichen. Von der Montanunion bis zur Währungsunion. Ausschlaggebend war das Bedürfnis Frankreichs, Alleingänge und Machtvorsprünge Deutschlands zu verhindern. Nicht direkt, sondern indirekt durch europäische Einbindung.

Für die Bundesrepublik wiederum war der begrenzte Souveränitätsverzicht die Brücke, über die sie für die Überwindung der Folgen eines verlorenen Weltkriegs gehen konnte. Bis dahin, auf französisches Unbehagen über die deutsche Wiedervereinigung mit der Preisgabe der eigenen Währung zu reagieren. Und das war der eine Schritt zu viel in dem scheinbar paradoxen Unterfangen, dem eigenen Land durch Europäisierung Vorteile zu verschaffen. Diese Methode hatte vorher leidlich gut funktioniert. Sie ist aber spätestens dann nicht mehr zu gebrauchen, wenn Supranationalisierung gegen elementare Interessen der Beteiligten verstößt, Unvereinbarkeiten ignoriert und in gegenseitige Übervorteilung umschlägt.

Für Bundeskanzler Adenauer bot der Schuman-Plan einer Montanunion von 1950 noch die willkommene Gelegenheit, das Besatzungsstatut für die Ruhr abzuschütteln und mit der deutschen Rückkehr zur vollen Gleichberechtigung unter den westlichen Siegermächten voran zu kommen.[72] Frankreich antwortete auf das US-amerikanische Drängen zur Wiederbewaffnung der Bundesrepublik im aufziehenden Kalten Krieg. Da Paris der direkte Zugriff auf das Ruhrgebiet verwehrt blieb und die USA keine Beschränkung, sondern eine Ausschöpfung des konventionellen Rüstungspotentials Westdeutschlands wünschten, wollte es wenigstens Kontrolle über die Kohle und Stahlproduktion seines rheinischen Nachbarn behalten.

---

[72] Ludolf Herbst, Option für den Westen. Vom Marshallplan bis zum deutsch-französischen Vertrag, München 1989, S. 85 f.

Dazu ergriff es die Initiative für eine sektorale Integration. Eine Übergangslösung, denn mit dem Aufstieg des Energieträgers Öl und den Absatzschwierigkeiten der Schwerindustrie seit Ende der sechziger Jahre ging die Zeit über die Grundlage der Europäischen Gemeinschaft für Kohle und Stahl (EGKS) von 1952 bald hinweg.

Die arbeitete auch nicht für die politische Integration. Lokomotivetheoretikern, die der EGKS als Keimzelle raschen Souveränitätsübergangs auf europäischen Institutionen huldigten, verpasste im Jahr 1954 die Absage der französischen Nationalversammlung an eine Europäische Verteidigungsgemeinschaft einen gehörigen Dämpfer. Alternativ mit den Römischen Verträgen von 1957 die wirtschaftliche Vergemeinschaftung anzugehen, erwies sich als langwierig. Bis auf einen einheitlichen Außenzoll, der Abschaffung nationaler Zollschranken und der Errichtung eines gemeinsamen Agrarmarktes kam man hier zwei Jahrzehnte lang nicht recht weiter. Noch weniger ließ sich daraus ein Vehikel für die politische Einheit machen. Die lange Phase eher schleppender wirtschaftlicher Vereinheitlichung seit der Gründung der EWG im Jahr 1957 bis zur vollen Verwirklichung des Binnenmarktes ab 1993 war kein gutes Omen, danach den Eintritt in eine europäische Währungsunion im Gefolge der deutschen Einheit zu erzwingen.

Für den gemeinsamen Markt hätte ein Gemeinschaftsgeld anstelle beweglicher Wechselkurse nicht eingeführt werden müssen. Für Wachstum und Wohlstand der EG-Staaten wären die vier Freiheiten (Personen, Waren, Dienstleistungen und Kapital) auch ohne Währungsunion wirksam geworden. Ja, sogar um vieles mehr, wenn den wettbewerbsschwächeren Volkswirtschaften die schmerzhaften, bis heute nicht abgeschlossenen preislichen Anpassungen ihrer Arbeitsmärkte unter dem Euroregime erspart geblieben wären. Von 1973, dem Ende des Bretton-Woods-Systems fester Wechselkurse, bis 1998, dem letzten Jahr vor Beginn der Europäischen Währungsunion hatten die Währungen aller Teilnehmerstaaten am europäischen Binnenmarkt gegenüber der D-Mark durchgängig abgewertet. Der französische Franc um über 50 Prozent, die italienische Lira um mehr als 80 Prozent, die spanische Peseta um 75 Prozent, die griechische Drachme und der portugiesische Escudo um über 90 Prozent.[73]

Die beweglichen Devisenkurse hatten wie ein Puffer gewirkt, Produktivitätsunterschiede auszugleichen, indem sie deutsche Erzeugnisse vergleichsweise verteuerten und das Exportangebot seiner Handelspartner verbilligten. Seit Einführung des Euro schlägt das Wettbewerbsgefälle zwischen den Teilnehmerstaaten angesichts relativ unbe-

---

[73] Deutsche Bundesbank, Monatsbericht, 50/12 (Dezember 1998) 12. Statistischer Teil, Abschnitt X: Außenwirtschaft, Tabelle 9: Entwicklung des Außenwerts der D-Mark und fremder Währungen, S. 74.

weglicher Preise voll durch. Deutschland flutet ohne Aufwertungsdruck die Exportmärkte und erzielt hohe Handelsüberschüsse. Dagegen sehen sich die früheren Weichwährungsländer der Option beraubt, Produktivitätsrückstände durch einen nachgebenden Devisenkurs wettzumachen. Im Ergebnis hat ihnen der Euro mehr Arbeitslosigkeit und mehr Schulden eingetragen. Wirtschaftlich war das vorauszusehen.

Jedoch hat ökonomische Vernunft bei dem Schnellschuss der Währungsunion gerade nicht Pate gestanden. Sie ist durch und durch außenpolitisch motiviert gewesen. Seitens Frankreich, um dem vereinten Deutschland Zügel anzulegen. Und auf Seiten der damaligen deutschen Regierung mit der Absicht, die eigene als unheimlich empfundene Nation in Europa quasi zu verstecken. Keines dieser beiden Kalküle ist aufgegangen. Die Realität der EU schockiert mit dem Gegenteil. Der Einfall des sozialistischen Präsidenten Mitterrand[74], die geopolitische Randlage und Wirtschaftsschwäche Frankreichs gegenüber Deutschland dadurch zu

---

[74] Schon vor der Wiedervereinigung trachtete Mitterrand danach, die Wirtschaftsmacht der Bundesrepublik zu brechen. Sein gleichgesinnter Wirtschaftsberater Attali berichtet in seinen Memoiren, der französische Staatspräsident habe vor dem versammelten Ministerrat im September 1987 die D-Mark als „Deutschlands Atombombe" bezeichnet. Jacques Attali Verbatim 2 (1986-1991), Paris 2011, S. 387.

kaschieren, dass man dem Nachbarn seine Währungskrone entwand, war zu kurz gedacht. Denn der deutsche König verlor mit der Krone nicht sein Reich. Vielmehr hinderte ihn die Währungsunion noch weniger daran, seine Wirtschaftsstärken auszuspielen und mit seiner Kapitalkraft alle anderen Mitspieler hinter sich zu lassen. So weit, dass deutsche Bürgschaften und Haftungszusagen das Überleben einzelner Mitglieder in der Währungsunion vorläufig gesichert haben.

Genauso wirklichkeitsfremd war das deutsche, geschichtsgeschuldete Entsagen der eigenen Nation. Das bevölkerungsreichste Land und die größte Volkswirtschaft Europas in kontinentaler Zentrumslage lassen sich in einem europäischen Verbund nicht einfach zum Verschwinden bringen. Allein schon deshalb, weil die anderen Nationen zum Erstaunen deutscher Politiker gar nicht daran denken, ihre Staatlichkeit so bereitwillig zur Disposition zu stellen wie Regierungen in Berlin. Vielmehr dämmert den verantwortlichen Außenpolitikern für das europäische Herzland zwischen Rhein und Oder inzwischen auch, dass man sich einem Geflecht unterschiedlicher Ziele und Einflussnahmen bewegt, deren Ausgangspunkt in der Regel Nationalstaaten sind. Dazu muss auch Deutschland zunehmend eigene Positionen entwickeln, die sich nicht häufiger, sondern seltener auf einen Nenner für 27 verbliebene EU-Staaten bringen lassen.

Kurz: die politisch zweckentfremdete, wirtschaftlich unnötige Währungsunion hat das natürliche Übergewicht eines vereinigten Deutschland in Europa nicht ansatzweise verringert. Entsprechende Hintergedanken, mit der Gemeinschaftswährung den deutschen Machtzuwachs in europäischen Kanälen zum Verschwinden zu bringen, haben sich in ihr Gegenteil verkehrt. Obwohl 19 Staaten an der Eurozone beteiligt sind, erwirtschaftet ein einziges Mitglied, nämlich Deutschland, fast 30 Prozent des gemeinsamen Sozialprodukts.[75] Zögen sich die Deutschen aus dem Euro zurück, wäre das Ende des Experiments sofort besiegelt.

Auf dem Höhepunkt der Solvenzprobleme mehrerer Währungsteilnehmer Mitte 2012 belief sich der mögliche Kreditrahmen für die Rettung Griechenlands, Portugals, Irlands und Spaniens auf rund 1,5 Billionen Euro. Davon entfiel allein ein Drittel als potentielle Haftungssumme auf Deutschland.[76] Am eingezahlten Kapital der EZB und insofern auch an ihren Verlusten hat die Deutsche Bundesbank mit

---

[75] Das nominale Bruttoinlandsprodukt der Eurozone im Jahr 2017 betrug 11,2 Billionen EUR. Davon entfielen 3,3 Billionen EUR auf Deutschland. Zahlen gemäß Statistisches Bundesamt, Bruttoinlandsprodukt 2017 für Deutschland, Wiesbaden 2018, S. 5.

[76] ifo Institut, Der Haftungspegel – die Rettungsmaßnahmen für die Euroländer und die deutsche Haftungssumme (Mai 2015), https://www.cesifo-group.de/de/ifoHome/policy/Haftungspegel.html.

gut 25 Prozent den größten Anteil. Darüber hinaus ist die Bundesbank mit Target2-Salden, d.h. Forderungen in Höhe von bis zu einer Billion Euro – zwischen einem Viertel und einem Drittel des deutschen BIP in 2017 – zum größten Gläubiger anderer nationaler Notenbanken im Europäischen System der Zentralbanken geworden.[77] Ohne die Bonität des deutschen Mitglieds würde die Währungsunion über Nacht auseinanderfallen.

Ihren ursprünglichen Auftrag hat sie ohnehin verfehlt. Die vertraglichen Prinzipien der Währungsunion wurden bis zur Unkenntlichkeit gebeugt. Einstweilen ist es neben Deutschland die EZB, die mit staatlicher Kreditschöpfung den Untergang des Euro in der Schwebe hält. Freilich unter Preisgabe einschlägiger Stabilitätsvoraussetzungen, die für Deutschland einst Bedingung waren, um dem Einheitsgeld überhaupt zuzustimmen.

Seit Mai 2010 betreiben die Europäische Zentralbank und die ihr nachgeordneten Notenbanken der Euroländer monetäre Staatsfinanzierung. D.h. sie kaufen Schuldverschreibungen der teilnehmenden Staaten an der Währungsunion auf dem Sekundärmarkt und gewähren ihnen darüber in

---

[77] Deutsche Bundesbank, Zeitreihe Auslandsposition der Bundesbank seit Beginn der EWU. Forderung innerhalb des Eurosystems Nettoposition aus TARGET2: 976,3 Mrd. EUR (Stand 30. Juni 2018), https://www.bundesbank.de/Navigation/DE/Aufgaben/Unbarer_ Zahlungsverkehr/TARGET2/ TARGET2_Saldo/target2_saldo.html.

letztlich unbegrenztem Umfang Kredit. Diese Geldbeschaffung verstößt zwar nicht gegen den Wortlaut von Art. 123 EU-Vertrag, der den unmittelbaren (primären) Erwerb staatlicher Schuldtitel verbietet, aber eindeutig gegen den Sinn der Vorschrift. Sie sollte verhindern, dass das Finanzgebaren der öffentlichen Haushalte via Notenbankpresse aus dem Ruder läuft, sie die Deckung vernachlässigen und Schuldenberge sowohl die Handlungsfähigkeit der Emittenten wie den langfristigen Wert der umlaufenden Währung aushöhlen. Darüber hat sich die europäische Geldpolitik nicht nur hinweggesetzt, um überschuldete Staaten kurzfristig mit frischem Geld in der Währungsunion zu halten. Mit dem erweiterten Wertpapierkaufprogramm im monatlichen Volumen von 15, 30, 60 oder zwischenzeitlich sogar 80 Mrd. EUR über den Zeitraum März 2015 bis voraussichtlich Dezember 2018 sind die Notenbanken der Eurozone auch zur größten Kreditquelle für die Währungsteilnehmer geworden.

Die offiziellen und inoffiziellen Bestände erworbener Wertpapiere der Eurostaaten nähern sich in 2018 einem Umfang von einem Fünftel der gesamten Staatsverschuldung in der Eurozone. Zur Finanzierung ihrer Budgetdefizite, also der Nettoneuverschuldung kann sich jeder der 19 Euroteilnehmer seit 2015 einzig auf die EZB verlassen. Deren Käufe glichen selbst die Fehlbeträge der Staaten mit dem höchsten Nettokreditbedarf von

2015 bis 2017 wie Frankreich und Spanien noch um das Eineinhalbfache aus.[78] So oder so begünstigt das Kaufprogramm die Schuldenspitzenreiter. Deren Anteile an den gekauften Staatsanleihen übertreffen teilweise deutlich (Spanien, Italien) ihren jeweiligen Beitrag zum Sozialprodukt der Eurozone.[79] Das ist insofern problematisch als dann auch die Ausfallrisiken gemäß Kapitalschlüssel der EZB zumindest für 20 Prozent der Ankäufe, die gemeinschaftlicher Haftung unterliegen, ungleich verteilt werden. Zu Lasten der weniger verschuldeten Staaten wie Deutschland.

Das hat bereits erhebliche Risiken und Kosten durch die geldpolitische Alimentierung der Schuldensünder zu gewärtigen. Sollte die EZB ihre Anleihekäufe wie geplant im Dezember 2018 beenden, zudem der Zins allmählich wieder steigen, stünden den finanzschwachen Euroländern massive Finanzierungsprobleme ins Haus. Allen voran Italien, das als drittgrößte Volkswirtschaft in der Währungsunion eine Schuldenlast von über 130 Prozent seines BIP angehäuft hat. Ohne Notenbankfinanzierung in einem Niedrigzinsumfeld dürfte sie kaum tragbar sein. Wenn Italien zwischen 2008 und 2016 durch rückläufige Zinsen nahe Null

---

[78] Friedrich Heinemann, Die Bedeutung der EZB-Anleihekäufe für die Schuldenfinanzierung der Euro-Staaten, Analyse des Zentrums für Europäische Wirtschaftsforschung (ZEW) Mannheim, Oktober 2017, S. 7,
[79] Ebd., S. 4.

schätzungsweise 10,5 Prozent seines BIP an Schuldendienst eingespart hat,[80] wird jede zinspolitische Gegenbewegung die Schuldenlast dramatisch erhöhen.

Dasselbe steht für den schrittweisen Übergang der Käufe italienischer Staatsanleihen von der EZB auf private Gläubiger zu befürchten, die am Kapitalmarkt kaum vergleichbare günstige Konditionen einräumen werden. Italien müsste sich dann entweder eine noch nie dagewesene Rosskur verordnen, die Währungsunion verlassen oder riesige Finanzhilfen der anderen Eurostaaten aufrufen. Deren Solidarität würde für unabsehbare Zeit eine Größenordnung erfordern, die sämtliche Haftungsgarantien des Europäischen Stabilitätsmechanismus aufzehrten. Nicht zu reden von der politischen Akzeptanz der Geberländer. Italien wie alle Eurostaaten mit einer Gesamtverschuldung oberhalb (Griechenland, Portugal, Belgien) oder nahe 100 Prozent (Frankreich, Spanien) des BIP[81] sind und bleiben Zeitzünder in einem Währungsgebilde, das sich für Deutschland nicht ausgezahlt hat.

Durch die faktische Abschaffung des Zinses zugunsten der Schuldnerländer sind die deutschen

---

[80] Deutsche Bundesbank, Monatsbericht 69/07 (Juli 2017), S. 53.

[81] Eurostat, General Gross Government Debt, http://ec.europa.eu/eurostat/tgm/table.do?tab=table&plugin=1&language=en&pcode=sdg_17_40 (6. August 2018).

Sparer kräftig zur Ader gelassen worden. Verglichen mit den Zinseinkünften im Jahrzehnt von 1998 bis 2008 summierten sich die Zinseinbußen der Privathaushalte in Deutschland von 2010 bis 2017 auf über 400 Mrd. EUR.[82] Im Schnitt 5317 EUR je Bundesbürger. Zeitweilig musste über diese Zeitspanne wegen des Preisanstiegs sogar ein negativer Realzins hingenommen werden, der Wertverluste des angesparten Vermögens mit sich brachte. Selbst wenn die wechselseitige Zinsersparnis bei Krediten eingerechnet wird, haben die Deutschen noch immer mit einer Viertelbillion EUR an entgangenen Zinsen – durchschnittlich 3000 EUR pro Kopf der Bevölkerung – für die ultralockere Geldpolitik der EZB geblutet.

Die eingebrochene Durchschnittsverzinsung von Spareinlagen, Tages-und Festgeldern sowie Rentenpapieren und Lebensversicherungen hat tiefe Lücken in die private Altersvorsorge der eher risikoscheuen Deutschen gerissen, die zu zweit Dritteln auf diese Anlageformen vertrauen. Um 100 000 EUR auf Basis der Umlaufrendite der Deutschen Bundesbank in 15 Jahren anzusparen, genügte im Jahr 2000 ein Startkapital von knapp 50

---

[82] DZ Bank, Research-Publikation vom 22. Mai 2017, Weiter wachsende Zinseinbußen privater Haushalte in Deutschland, S. 1, https://www.dzbank.de/content/dz bank_de/de/home/unser_profil/presse/news-archiv.2017. 22-05-2017-zins-einbussen-privathaushalte.html.

000 EUR. [83] Im Jahr 2016 hätten rund 102 000 EUR eingesetzt werden müssen. Ein Totalausfall an Rendite.

Nicht zuletzt ist der Euro außenwirtschaftlich kein zwingendes Erfordernis für Deutschland. Ein phasenweise hoher Außenwert der D-Mark schadete der deutschen Exportwirtschaft früher nicht. Im Jahrzehnt zwischen 1980 und 1990, als die deutsche Mark gegenüber alle wichtigen Referenzwährungen (US-Dollar, französischer Franc, Lira, Pfund Sterling) teils kräftig aufwertete, erwarb die Bundesrepublik drei Mal den Titel des Exportweltmeisters. In den Jahren 1986, 1988 und 1990 war es jeweils Deutschland, das von allen Staaten den weltweit höchsten Gesamtwert an Waren exportierte. Mit entsprechenden Rekordüberschüssen in der Leistungsbilanz.[84] Für seine Exportstärke ist Deutschland nicht auf nachgebende oder starre Wechselkurse angewiesen. Entscheidend bleibt die Qualität der Produkte, mit der deutsche Unternehmen vor allem im Bereich Fahrzeug- und Maschinenbau auf dem Weltmarkt überzeugen.

---

[83] Deutsche Bank, Europa ohne Zinsen – die neue Normalität, https://www.deutsche-bank.de/pfb/content/anlagestrategien-in-niedrigzinsphase_europa-ohne-zinsen-dieneue-normalitaet.html (21. September 2016).
[84] The World Bank, World Development Indicators, Exports of goods and services, http://databank.worldbank.org/data/reports.aspx?source=2&series=BX.GSR.GNFS.CD&country= (4. März 2018).

Bezeichnenderweise hat der Anteil der Eurozone an den deutschen Exporten durchgängig und sichtbar abgenommen. Führte Deutschland am Anfang des Währungsabenteuers im Jahr 2000 noch über 46 Prozent seiner Waren in die Eurostaaten aus, so hat dieser Absatzmarkt inzwischen erheblich an Gewicht verloren. In 2016 gingen nur noch 36,7 Prozent der deutschen Exporte in den Euroraum.[85] Parallel dazu hat der Exportanteil jener Länder und Ländergruppen zugenommen, die mit Deutschland gerade nicht über eine gemeinsame Währung verbunden sind. Zwischen 2000 und 2016 hat sich der Anteil der deutschen Exporte in die BRICS-Staaten (Brasilien, Russland, Indien, China, Südafrika) mehr als verdoppelt (2000: 4,5 Prozent; 2016: 10,3 Prozent).[86]

Insbesondere China ist als Handelspartner Deutschlands nach vorn gerückt. Die deutschen Exporte nach China haben sich von 2000 bis 2016 von 1,6 Prozent auf 6,3 Prozent aller Ausfuhren fast vervierfacht. Im Jahr 2016 war China damit nach den USA (8,9 Prozent) der zweitwichtigste Absatzmarkt deutscher Exporteure außerhalb Europas. Von den fünf umsatzstärksten Handelspartnern im Außenhandel Deutschlands in 2017 – China, Niederlande, USA, Frankreich und Großbritannien – gehörten drei nicht der Währungsunion an.

---

[85] Bundesministerium für Wirtschaft und Energie, Fakten zum deutschen Außenhandel, Berlin 2017, S. 8.
[86] Ebd., S. 2.

Ihre größten Handelsüberschüsse erzielte die Bundesrepublik in jenem Jahr mit Großbritannien und den USA.[87] Staaten, deren Währung nicht der Euro ist und die keinen Wechselkurs zu ihm fixiert haben. Fast zwei Drittel der deutschen Exportumsätze entfallen mittlerweile auf Länder ohne Mitgliedschaft in der Währungsunion.

Mithin ist die außenwirtschaftliche Bedeutung der Eurozone für Deutschland zu klein, der Nutzen des Einheitsgeldes für den deutschen Export zu gering, um das kostspielige politische Unterfangen seines Fortbestands um jeden Preis zu rechtfertigen. Unter dem Strich hat die Währungsunion in den bald zwanzig Jahren ihrer Existenz keinem teilnehmenden Staat echte Gewinne eingebracht. Vielmehr stürzte der Euro bereits nach zehn Jahren in eine bestandsgefährdende Krise, geriet zur wirtschaftlichen Hypothek und zum politischen Streitobjekt. Leistungsstärkere Mitgliedstaaten wie Deutschland sehen sich mit finanziellen Belastungen und bedenklichen Risiken konfrontiert, die eher nachfrageorientierten Mittelmeerländer harten Wettbewerbsanpassungen ausgesetzt. In dieser Bilanz erscheint der Wegfall von Transaktionskosten und Wechselkursverlusten wie ein Spesenposten.

---

[87] Statistisches Bundesamt, Außenhandel 2017. Rangfolge der Handelspartner im Außenhandel der Bundesrepublik Deutschland, Wiesbaden 2018, S. 2.

Die verkorkste Währungsgemeinschaft dadurch besser in den Griff bekommen zu wollen, dass man die Fiskalpolitik zur Entlastung der Geldpolitik stärker heranzieht, ist entweder akademisch oder zielt auf Umverteilung ab. Über das komplette Versagen des Stabilitäts- und Wachstumpakts von 1997 und 2005 muss hier nicht eingehend berichtet werden. Gegen unsolides Finanzgebaren, krasse Verstöße gegen Defizit- und Schuldenobergrenzen hat er nichts ausgerichtet, weil jede disziplinierende Maßnahme in das politische Ermessen der Euroteilnehmer gestellt ist. Die entscheiden in eigener Sache aber nie gegen sich. Dieselbe Folgenlosigkeit wird deshalb auch dem paktergänzenden Gesetzgebungspaket („Sixpack") von 2011 und dem Fiskalpakt von 2012 beschieden sein.

Am Ende haben kein Überwachungsverfahren und kein potentieller Sanktionsmechanismus genügend Biss, um notorische Schuldenpolitik mit vergleichbaren Konsequenzen zu ahnden wie der Kapitalmarkt: Zinsaufschlägen für den Sünder, sofern dieser auf sich allein gestellt ist. Diesen Risikozusammenhang haben die Geldpolitik der EZB und Haftungszusagen der Währungsgemeinschaft für ihre überschuldeten Mitglieder seit 2010 ausgehebelt. Damit wird das Schuldenmachen aufgefangen, aber nicht eingefangen.

Die nimmermüde Reformdiskussion kreist nun um drei Sammelpunkte. Einmal wird empfohlen, die Entscheidungsfreiheit gewählter Politiker über die Staatsfinanzen einzuschränken und Genehmigungsvorbehalte unabhängiger Instanzen einzuführen.[88] Eine solche technokratische Lösung ist ausgeschlossen. Sie käme einer Abschaffung des Kerns parlamentarischer Demokratie gleich und verkennt im Übrigen die Zudringlichkeit der Politik selbst auf pro forma unabhängige Einrichtungen. In gleicher Weise dürfte jeder Appell, die einzelstaatliche Selbstverantwortung für die Haushaltspolitik in der Eurozone wieder zu erhöhen[89], wirkungslos verhallen. Nebenbei: Dies nur für die zweitbeste Variante zu halten, „um zu einer stabilen Währungsunion zu kommen", solange die Bereitschaft fehle, „Entscheidungs- und Eingriffsrechte auf die europäische Ebene zu übertragen"[90], mutet weltfremd an. Wer kann denn ernsthaft annehmen, dass Politiker in europäischen Ämtern solider haushalten als in ihren Heimatstaaten?

Viel wahrscheinlicher ist der Einstieg in die Transferunion, nachdem die Geldpolitik die Grenze zur Finanzpolitik verwischt hat und mit den Rettungspaketen Ausfallrisiken bereits umverteilt worden

---

[88] Deutsche Bundesbank, Monatsbericht 69/06 (Juni 2017), S. 43.

[89] Bundesbankpräsident Dr. Jens Weidmann, Nationale Souveränität und globale Herausforderungen. Festansprache bei der Verleihung des Karl-Klasen-Journalisten-preises, 30. Januar 2018, S. 8, https://www.bundesbank.de/ Redaktion/DE/Reden/2018/2018_01_30_weidmann.html.

[90] Ebd.

sind. Über den Rubikon gehen zweifellos Vorschläge der EU-Kommission und des französischen Staatspräsidenten. Unter dem Deckmantel der Einheit soll die EU Finanzmittel in die Hand bekommen, die sie analog zu den bestehenden Strukturfonds, jedoch in viel größerem Umfang von solide zu unsolide wirtschaftenden EWU-Mitgliedern verschiebt. Sprich: ein europäischer Länderfinanzausgleich. Ohne allerdings die wirtschafts- und finanzpolitischen Entscheidungsrechte der Einzelstaaten anzutasten. Handeln und Haften ohne viel Federlesens auseinander treten zu lassen, würde zum Prinzip erhoben.

Ein „Fahrplan" der EU-Kommission für die „Vertiefung der Wirtschafts- und Währungsunion Europas" vom Dezember 2017[91] gibt dafür die Richtung vor: So soll bis Mitte 2019 u.a. ein Europäischer Währungsfonds eingerichtet werden, der zusätzlich zum ESM Eurostaaten in finanziellen Nöten zur Seite springt und als Kreditgeber der letzten Zuflucht angeschlagene Banken auffängt. Für den EU-Haushalt wird ein wesentlich größeres Volumen gefordert. Zur Anwendung käme es mit einem Instrumentenkasten, der finanzielle Zuwendungen für bedürftige Währungsteilnehmer und solche, die es werden wollen, in großem Stil verabreichen würde: für Strukturverbesserungen und

---

[91] European Commission, Further steps towards completing Europe's Economic and Monetary Union: A Roadmap, COM (2017) 821 final.

Beitrittsreife, gegen Wirtschaftsschocks und als Rettungspool für die Bankenunion.[92]

Das wäre der Weg in die Vergemeinschaftung von Schulden und Ersparnissen, Risiken und Sicherheiten, Fleiß und Trägheit. Denn ein Europäischer Währungsfonds und ein aufgestockter EU-Etat zur Stützung von Krisenstaaten würden aus Mitteln gespeist, die Geber- und Gläubigerländer zu schultern hätten. Ohne zureichende Kontrolle der supranationalisierten Mittelverwendung und bar jedes Einflusses auf die Politik der überschuldeten Empfänger.

Ganz unverblümt nimmt der französische Staatspräsident die einigermaßen gesunden Mitglieder im Euro Club für jene Kostgänger in die Pflicht, denen regelmäßig das Geld ausgeht, weil sie über ihre Verhältnisse leben oder unter ihren Möglichkeiten bleiben. In einer eilends zum europäischen Aufbruch deklarierten Rede an der Pariser Sorbonne fünf Monate nach seinem Amtsantritt erklärte Emmanuel Macron[93]: „Will man die Unterschiede abbauen und unsere gemeinsamen Güter weiterentwickeln … sind wir uns (sic!) schuldig zu finanzieren. Also brauchen wir mehr Investitionen,

---

[92] European Commission (Anm. 91), S. 8.

[93] Rede von Staatspräsident Macron an der Sorbonne in Paris am 26. September 2017, Initiative für Europa, https://de.ambafrance.org/Initiative-fur-Europa-Die-Rede-von-Staatsprasident-Macron-im-Wortlaut, S. 12 (8. Februar 2018).

wir brauchen Mittel zur Stabilisierung angesichts der Wirtschaftskrisen."

Vorrang für wachstumsstimulierende Marktkräfte in einem verlässlichen Ordnungsrahmen lässt der seinen Karrierehelfern aus der Parti Socialiste entlaufene frühere Wirtschaftsminister als Hausherr im Élysée-Palast nicht erkennen. Der ob seiner programmatischen Rede sogleich mit dem internationalen Karlspreis zu Aachen im Jahr 2018 ausgezeichnete Macron wünscht sich „eine echte europäische Quelle zur Finanzierung gemeinsamer Ausgaben". Und getreu den traditionellen Lenkungsvorstellungen der Elite französischer Verwaltungsbeamter solle die Verteilung über einen zentralen Etat geschehen: „Aus all diesen Gründen brauchen wir einen stärkeren Haushalt im Zentrum Europas, im Zentrum der Eurozone ... mit einer starken politischen Steuerung durch einen gemeinsamen Minister".[94]

Der Pfiff aus Paris ist nicht neu. All das hat man unter den Überschriften Einheit, Solidarität, Zusammenhalt und Gleichklang des gemeinsamen Währungsgebietes schon mehrfach vernommen und wird es von der EU-Kommission weiter hören: „Damit alle Bürgerinnen und Bürger sowie die Unternehmen mehr vom Euro profitieren, muss dieser Kurs mit einer erneuten, nachhaltigen länder-

---

[94] Staatspräsident Macron (Anm. 93).

übergreifenden Konvergenz einhergehen."[95] Die Ausweitung fiskalischer Kapazitäten der EU, um Wirtschaftsunterschiede zwischen den Eurostaaten mittels Haushaltsüberweisungen auszugleichen, würde die angeborene Schieflage der Währungsunion weder beseitigen noch ihr Funktionieren verbessern. Die Behandlung von Symptomen geht an der Wurzel des Problems vorbei. Zyklische Schwankungen und ungleich verteilte Konjunktureinbrüche sind nicht für das Wirtschaftsgefälle unter den Mitgliedern verantwortlich.

Vergleicht man das BIP pro Kopf einzelner EU-Mitgliedstaaten nach Kaufkraftstandards (KKS), wodurch Preisunterschiede zwischen den Ländern bereinigt werden, sind die Abweichungen beträchtlich. Deutschland liegt mit seinem BIP pro Kopf in KKS fast 20 Prozentpunkte über dem Durchschnitt der Eurozone.[96] Wie auch die Niederlande und Österreich. Dagegen bewegt sich Frankreich knapp unter dem Durchschnitt. Italien und Spanien fallen jeweils mit ihrem kaufkraftbereinigten Sozialprodukt pro Kopf der Bevölkerung sogar

---

[95] Europäische Kommission, Reflexionspapier zur Vertiefung der Wirtschafts- und Währungsunion, Brüssel 2017, S. 13,.

[96] Daten gemäß eurostat, Volkswirtschaftliche Gesamtrechnungen und BIP, http://ec.europa.eu/eurostat/statistics-explained/index.php/File:GDP_at_currentmarket_prices_ 2006_and_2014-2016_YB17-de.png (2. November 2017).

um mehr als ein Viertel bzw. fast ein Drittel hinter den deutschen Lebensstandard zurück.

Chronische Wettbewerbs- und Produktivitätsrückstände einzelner Währungsteilnehmer sorgen für Ungleichgewichte in der Eurozone. Denen ist nicht mit einem europäischen Finanzausgleich abzuhelfen, der erwirtschaftete Einkommen höher belastet, um niedrigere Einkommen aufzustocken. Das Gesamtergebnis der Wirtschaftsleistung würde lediglich umverteilt, anstatt größere Beiträge zu seiner Entstehung anzuregen. Im Ergebnis nähern sich alle Beteiligten demselben niedrigeren Durchschnittsniveau an. Denn mit den höheren Abführungen wird auch die Wettbewerbsfähigkeit und Finanzstärke der Zahler ins Rutschen kommen, ohne bei den Empfängern Reformen und Aufholprozesse in Gang gesetzt zu haben. Die Wettbewerbslücke würde mit Einkommenstransfers lediglich überbrückt, anstatt mit Startkapital Produktivitätsfortschritte zu initiieren. Der Effekt wäre, Leistungseinkommen für Übertragungseinkommen abzuschöpfen.

Der Eindruck drängt sich auf, unter dem Etikett europäischer Einheit lediglich den alten Hintergedanken weiter zu verfolgen: Wie kommt die EU an das Geld der Deutschen, das hierzulande üppiger verdient und sparsamer angelegt wird als in anderen Teilen Europas? Bei der im Jahr 2014 begonnenen europäischen Bankenunion liegt dieses Kalkül unabweisbar auf der Hand. Von ihren drei Säulen, der einheitlichen Bankenaufsicht, dem Bankenabwicklungsmechanismus und der gemeinsamen Einlagensicherung, konnte Deutschland bestenfalls der ersten trotz Bedenken noch unbeschadet zustimmen.

Dass die geldzuteilende EZB die größten Kreditinstitute der Eurozone – 119 Banken mit 82 Prozent aller Aktiva in 2017[97] – beaufsichtigt, an deren fortlaufendem Geschäftsbetrieb ihr für die geldpolitische Transmission gelegen sein muss, kann man noch als minderschweren Interessenkonflikt durchgehen lassen. Ebenso ist der Grundgedanke richtig, für die geordnete Schließung von Pleitebanken zuerst und vor allen anderen die jeweiligen Gläubiger heranzuziehen.

Zugleich aber Schlupflöcher in die Bankenabwicklungsrichtlinie einzubauen, um risikoüberwälzenden Instituten wie im Fall dreier italienischer Banken in 2017 dann doch mit milliardenschweren Staatshilfen unter die Arme zu greifen[98], lässt Schlimmes befürchten. Jedenfalls dann, wenn nicht der jeweilige Staat, in dem die Bank ansässig

---

[97] European Central Bank, Banking Supervision. List of supervised entities (5. Dezember 2017), https://www.bankingsupervison.europa.eu/ecb/pub/pdf/ssm.list_of_supervised_entities_201712.en.pdf.

[98] Hans-Jürgen Schlamp, Italiens Banken beben – und die Bürger zahlen, in: Spiegel Online vom 27. Juni 2017, http://www.spiegel.de/wirtschaft/soziales/italien-die-banken-beben-und-die-buerger-zahlen-a-1154685.html.

ist, für Verluste gerade steht, sondern diese von der Staatengemeinschaft zu tragen sind.

Auf eine solche Risikoteilung und Gemeinschaftshaftung läuft die europäische Einlagensicherung hinaus. Sie ist für Deutschlands Kreditinstitute völlig überflüssig. Deutsche Privatbanken – die öffentlich-rechtlichen und die genossenschaftlichen Kreditinstitute sowieso – boten ihren Kunden seit Mitte der 1970er Jahre einen belastbaren, umfangreichen und vergleichsweise hohen Schutz ihrer Einlagen. Der Einlagensicherungsfonds des Bundesverbandes Deutscher Banken garantierte den privaten Kapitalanlegern Ersparnisse, sprich: Konsumverzicht und Altersvorsorge bis zur Höhe von 30 Prozent des haftenden Eigenkapitals der jeweiligen Bank.[99]

Mit der einheitlichen Begrenzung der gesetzlichen Mindestsicherung auf 100 000 EUR je Konto und Kunde in der EU seit 2014 stehen sich die deutschen Verbraucher bereits schlechter, sofern ihnen ihre jeweilige Bank nicht freiwillig eine zusätzliche Absicherung bietet. Die beträgt bei den privaten Banken in Deutschland derzeit noch bis zu 20 Prozent des haftenden Eigenkapitals und schmilzt ab 2020 auf 15 Prozent, nach 2025 auf 8,75 Prozent ab.[100] Also bei mindestens fünf Milli-

---

[99] https://tagesgeld.de/geschichte-der-einlagensicherung.html. (6. August 2018).
[100] Bundesverband Deutscher Banken e.V., Statut des Einlagensicherungsfonds, Berlin 2014, S. 17.

onen Euro Eigenkapital, die eine Bank in Deutschland aufweisen muss, sind je Kunde zunächst noch mindestens 1 Million Euro, danach 750 000 und schließlich 437 500 EUR abgesichert. Immerhin besteht weiter eine Institutssicherung der deutschen Sparkassen, Volks- und Raiffeisenbanken in unbegrenzter Höhe.

Anders sieht es für die Bankkunden der heimischen Institute im südlichen Europa aus. So es dort bislang überhaupt Sicherungssysteme gab, würde eine europaweite Einlagensicherung den Schutz der Sparguthaben in den Peripherieländern substantiell verbessern. Schon die vereinheitlichte Entschädigung von maximal 100 000 EUR für schutzwürdige Einlagen garantiert, was zuvor im Club Méditerranée in vielen Fällen von Totalverlust bedroht war. Aber wer finanziert das? Höchst fraglich bleibt, ob mit der gesetzlichen Mindestsicherung auch die laxe Bonitätsprüfung der dortigen Institute bei der Kreditvergabe aufhört. Mit dem im November 2015 lancierten Plan der EU-Kommission, ab 2024 die nationalen Einlagensicherungssystem zu einer risikoteilenden Vollversicherung aller mitwirkenden Staaten zusammenzulegen[101], dürften eher faule mit gesunden Äpfeln in einen Korb geworfen werden. Am Ende verderben alle.

---

[101] European Commission, Proposal for a European Deposit Insurance Scheme, COM (2015) 586.

In Italien sitzen die Banken auf einem Berg schlecht oder gar nicht bedienter Kredite. Ein Sechstel aller inländischen Darlehen war dort im Jahr 2017 ausfallgefährdet.[102] An der Gesamtheit der notleidenden Kredite in der Währungsunion hatten italienische Institute im selben Jahr den größten Anteil: ein Drittel. Und finanzieren durch Anleihekäufe den überschuldeten italienischen Staat. Ein „European Deposit Insurance Scheme", das Entschädigungskosten für die Kunden insolventer Institute vergemeinschaftet, wäre dann ein Bakterienfänger mit Ansteckungsgefahr.[103] Dass deutsche Sparkassen demnächst für betrogene Sparer italienischer Volksbanken eintreten müssen und darüber selbst ins Straucheln geraten, ist kein unwahrscheinliches Krisenszenario.

Mehr als der Binnenmarkt war an wirtschaftlicher Integration für die EU-Staaten eigentlich nie drin. Zumindest wenn sich für alle Beteiligten mehr Vor- als Nachteile mit der Vereinheitlichung verbinden sollten. So wie die politische Einheit der EU nur begrenzt über intergouvernementale Zusammenarbeit hinausreichen kann, ohne Demokratie durch Bürokratie und Fremdbestimmung zu unterlaufen. Die Schwierigkeiten und Unvereinbarkeiten, nationale durch europäische Staatlichkeit abzustrei-

---

[102] European Commission, Country Report Italy 2017, SWD (2017) 77, S. 2.
[103] Vgl. Deutsche Bundesbank, Monatsbericht 77/12 (Dezember 2015), S. 64.

fen, haben in der EU einen kritischen, kaum noch zu überwindenden Punkt erreicht. Mit der Währungsunion verhält es sich wie mit der gemeinsamen Außengrenze: Prestigeprojekte europäischen Ehrgeizes, die im Praxistest nicht überzeugen. Die „Ersatznation" Europa entpuppt sich endgültig als eine deutsche Autosuggestion. Und man befindet sich untrüglich auf dem Holzweg, mit der Umgehungsstrategie sektoraler Teilintegration doch noch die politische Einheit erzwingen zu können.

In dieser Hinsicht schießen derzeit auch Illusionen über eine Europäische Verteidigungsgemeinschaft aus der Saat. Aufgeschreckt durch Ankündigungen Donald Trumps im Präsidentschaftswahlkampf 2016, den europäischen NATO-Mitgliedern mehr Verantwortung und Kosten für ihre Sicherheit zuzuschieben, tastet sich die EU nach etlichen versandeten Vorstößen erneut an eine Sicherheits- und Verteidigungsunion heran. Die zunächst für einen bloßen Papiertiger gehaltene Globalstrategie der EU vom Juni 2016 hat dadurch eine ungeahnte Brisanz gewonnen.

Denn sie gibt das Ziel der „strategische Autonomie" aus.[104] Was genau damit gemeint ist, bleibt ungenannt, aber wörtlich genommen würde es eine selbständige Verteidigungspolitik der EU-

---

[104] High Representative for Foreign Affairs and Security Policy, Shared Vision, Common Action: A Stronger Europe. A Global Strategy for the European Union's Foreign And Security Policy, Bruxelles 2016, S. 4.

Mitgliedstaaten außerhalb der atlantischen Allianz bedeuten. Dass nicht alle, nämlich nur 23 von noch 28 EU-Staaten zugleich der NATO angehören, also immerhin fünf (Finnland, Österreich, Schweden, Malta, Zypern) nicht mit den USA verbündet sind und sieben – mit dem EU-Abgänger Großbritannien acht – der 29 NATO-Staaten keine EU-Länder sind, wäre dann von Belang.

Unterdessen meiden die Unionsmitglieder jeden Beiklang, sich mit ihren neuen Initiativen gemeinsamer Sicherheits- und Verteidigungspolitik von dem atlantischen Bündnis abzusetzen, es überflüssig oder ihm Konkurrenz machen zu wollen. Eingedenk der Schranken, dass erstens ein Konsens der EU-Staaten über große Verteidigungszwecke unerreichbar ist, zweitens die USA Europa nicht von der NATO-Angel lassen und drittens auch nur ein teilweiser Übergang nationaler Hoheitsrechte in der Landesverteidigung auf supranationale EU-Organe die Gemeinschaft abgrundtief spalten würde. Was man deshalb auf den Weg gebracht hat, ist die Bündelung von Ressourcen. Unterhalb der Schwelle geopolitischer und geostrategischer Zielbestimmung.

Jede Konkretisierung in zentralen Fragen europäischer Sicherheit, gegen wen und was sich die EU mit welchen politischen Zielen und militärischen Mitteln zu verteidigen gedenkt, liefe an den Interessengegensätzen der Mitgliedstaaten auf. Insofern wird aus Verlegenheit der zweite vor dem ersten Schritt gemacht. Es werden vorsichtig Mittel bereitgestellt, ohne das heiße Eisen grundverschiedener Bedrohungslagen, Militärpolitiken und Sicherheitsbedürfnisse der europäischen Teilnehmer anzufassen. Trotzdem Einheitsphantasien zu wecken und Sachzwängen zuzuarbeiten, ist eine Verschleierungstaktik.

Ende November 2016 stieß die EU-Kommission mit einem Verteidigungs-Aktionsplan die Einrichtung eines Europäischen Verteidigungsfonds (EVF) an. Erstmals sollen aus dem EU-Haushalt Forschung und Entwicklung gemeinsamer Rüstungsgüter finanziert werden. Für Unternehmen, die grenzüberschreitend militärische Ausrüstung beschaffen und in Verteidigungstechnologie investieren, ist finanzielle Unterstützung vorgesehen.[105] Im Gesamtumfang von bis zu 1,5 Mrd. EUR ab 2020. Angesichts eines deutschen Verteidigungshaushalts von knapp 40 Mrd. EUR in 2018 und Militärausgaben der EU-27 im Gesamtumfang von rund 200 Mrd. EUR[106] ist das kaum der Rede wert. Den Startschuss, auf mehr gemeinsame Projekte der europäischen Verteidigungsindustrie hinzuwirken, hat die Kommission seit Juni 2017 dennoch gegeben. Mit dem Beigeschmack, trotz geringer Hebel-

---

[105] Europäische Kommission, Europäischer Verteidigungs-Aktionsplan, COM (2016) 950 final, S. 6.
[106] Ebd., S. 4.

kraft frühzeitig behördliche Zuständigkeiten zu reklamieren.[107]

Im Juni 2017 beschloss zudem der Europäische Rat eine „Military planning and conduct capability" (MPCC) zu schaffen.[108] Um den für Großbritannien, Polen und neutrale Staaten kritischen Eindruck zu vermeiden, ein Hauptquartier oder Oberkommando wie das der NATO aus der Taufe zu heben, verfiel man auf die sperrige Bezeichnung „Militärischer Planungs- und Durchführungsstab". Sie soll militärische Auslandseinsätze der EU-Staaten ohne Kampfauftrag wie die laufenden Ausbildungsmissionen in Mali, der Zentralafrikanischen Republik und Somalia planen und führen.

Mit einer Befehlsgewalt über europäische Streitkräfte hat das bei weitem noch nichts zu tun. Die EU-Staaten bleiben die Herren über ihre Streitkräfte und entscheiden selbständig darüber, ob und in welchem Umfang sie Truppen und Gerät für EU-Einsätze unter einem gemeinsamen Kommando abstellen. Seit 2007 bestehende multinationale EU-Kampfgruppen („Battlegroups") sind als Krisen-

---

[107] Dies., Europäischer Verteidigungsfonds finanziert neue europaweite Forschungsprojekte, Pressemitteilung vom 16. Februar 2018, http://europa.eu/rapid/press-release_IP-18-763_de.htm.
[108] Rat der Europäischen Union, Beschluss vom 8. Juni 2017, http://www.consilium.europa.eu/de/press/press-releases/2017/06/08/military-mpcc-planning-conduct-capability.

reaktionskräfte im Übrigen noch nie zum Einsatz gekommen und wären diesbezüglich an einstimmige Beschlüsse des Europäischen Rates gebunden.

Mit Ausnahme Dänemarks, Maltas und Großbritanniens verständigten sich die Außen- und Verteidigungsminister aller EU-Staaten im November/Dezember 2017 schließlich darauf, in eine „Permanent Structured Cooperation" (Pesco) einzutreten.[109] Gemäß Art. 42 und Art. 46 EU-Vertrag vereinbarten sie eine Ständige Strukturierte Zusammenarbeit in der Sicherheits- und Verteidigungspolitik. Mit dem Grundsatzdokument unterwerfen sich die Unterzeichner einer Reihe von Verpflichtungen wie der fortlaufenden Erhöhung ihrer Verteidigungsausgaben, zusätzlichen Rüstungsinvestitionen sowie Truppen- und Materiallieferungen für Auslandseinsätze. Gegenstand der vertieften Zusammenarbeit sollen sodann gemeinsame Projekte in den Bereichen Ausbildung, Einsatzfähigkeit, Krisenreaktion, medizinische Versorgung, Logistik und Rüstungsmaterial sein. Davon versprechen sich die Teilnehmer Kosteneinsparungen und eine Steigerung ihrer gemeinsamen mili-

---

[109] European Council, Defence cooperation: Council establishes Permanent Structured Cooperation (PESCO), with 25 member states participating, http://www.consilium.europa.eu/en/press/press-releases/2017/12/11/defence-cooperation-pesco-25-member-states-participating.

tärischen Handlungsfähigkeit im EU-Rahmen, ohne deshalb die NATO ausmanövrieren zu wollen.

Den europäischen Wink mit dem Zaunpfahl hat die Trump-Administration in den USA gleichwohl verstanden. US-Verteidigungsminister Mattis machte sich Mitte Februar 2018 eilends auf den Weg nach Brüssel, um bei einem Treffen mit seinen NATO-Kollegen in Brüssel unmissverständliche Treue der EU-Staaten zur Allianz einzufordern. Wohl auch mit Seitenblick auf ungehinderten Marktzugang amerikanischer Rüstungskonzerne erwartet der Pentagonchef von den EU-Staaten eine schriftliche (!) Versicherung, dass die kollektive Verteidigung ausschließlich Sache der NATO bleibt.[110]

Es ist die allseits bekannte, schon von Trumps Amtsvorgängern angestimmte Melodie aus Washington: mehr Lastenübernahme Europas für eine Allianz, in der unvermindert die USA das Sagen haben. Keinesfalls sollen sich die europäischen NATO-Mitglieder sicherheitspolitisch von den USA emanzipieren. Mitnichten geht die Trump-Administration so weit, die Westhälfte Eurasiens sich selbst zu überlassen und die größte militärische Flächenpräsenz der USA aufzugeben. Was Washington will, sind höhere Tribute der europäi-

---

[110] „USA fordern Bekenntnis der EU zur NATO", in: Die Zeit (online) vom 15. Februar 2018, http://www.zeit.de/politik/ausland/2018-02/james-mattis-verteidigungsminister-usa-eu-bekenntnis-nato.

schen Lehnsmänner. Ohne die Geschäftsgrundlage anzutasten, für nuklear untermauerten Beistand geopolitisch an der Seite der USA gegen Russland und China zu stehen.

US-Amerikanischer Einspruch ist nicht die einzige Schwachstelle der Pesco, die vorschnell zum „Meilenstein"[111] einer Europäischen Verteidigungsunion ausgerufen wurde. Zu mehr als Versatzstücken europäischer Einheit wird es auch hier am Ende nicht reichen. Und selbst das ist nicht sicher. Sinnbildlich waren von den insgesamt 17 Auslandseinsätzen, die unter dem Dach der Gemeinsamen Sicherheits- und Verteidigungspolitik der EU in 2017 stattfanden, nur sechs überhaupt militärischer Art.[112] Nur einer davon lag in Europa: die „Operation Althea" zur Gewaltverhütung in Bosnien-Herzegowina. Die fünf anderen entfielen auf afrikanische Bürgerkriegsländer: Mali (2), Zentralafrikanische Republik und Somalia (2). Diese Missionen mit höchstens vierstelliger Personalstärke dienen Ausbildungszwecken und der Konfliktprävention.

---

[111] Bundesministerium der Verteidigung, Aktuelles vom 13. November 2017, PESCO: Ein Meilenstein auf dem Weg zur Verteidigungsunion, https://www.bmvg.de/de/aktuelles/pesco--ein-meilenstein-auf-dem-weg-zur-verteidigungsunion-19806.

[112] EU Missions and Operations, Fact Sheet, https://eeas.europa.eu/sites/eeas/files/ csdp_missions_and_operations_factsheet.pdf (13. November 2017).

Mit europäischer Verteidigungspolitik im eigentlichen Sinn haben sie nichts zu tun. Ohne wirklichen Bezug zu ihrer eigenen Sicherheit engagiert sich die EU halbmilitärisch auf einem anderen als dem eigenen Kontinent. Größer kann der Abstand zu einer europäischen Verteidigungsunion, die dem Schutz der Staatsgebiete ihrer Mitgliedstaaten dienen müsste, nicht sein. Wie sollte sie auch bewerkstelligt werden?

Nach dem Ausscheiden Großbritanniens aus der EU ist Frankreich die einzige Nuklearmacht der Gemeinschaft. Abgesehen davon, dass die französische „Force de frappe" viel zu klein ist, ein Gebiet von Gibraltar bis zum estnischen Peipussee zu beschirmen, wird auch kein französischer Staatspräsident in eine europäische Verfügungsgewalt über seine atomaren Prärogative einwilligen.

Eine „Revue Stratégique" vom Oktober 2017, die Eckpunkte der französischen Sicherheitspolitik unter Präsident Macron bis 2022 beschreibt, hält unmissverständlich an dem Nuklearprivileg Frankreichs fest.[113] Mehr noch: Damit seine Entscheidungs- und Handlungsfreiheit in Verteidigungsangelegenheiten gewahrt bleibe, will Paris die nukleare Abschreckung sogar erneuern („doit se pour-

---

[113] „La dissuasion nucléaire demeure la clé de voûte de notre stratégie de défense… Elle préserve en toute circonstance notre liberté d'action et de décision." Revue Stratégique de Défense et de Sécurité Nationale, Paris 2017, S. 72.

suivre"). Auf mehr als ein paar europäische Canapés am Tisch französischer Generäle dürfen die EU-Länder nicht hoffen.

Die Idee einer Europäischen Verteidigungsgemeinschaft, die Frankreich als Führungsmacht auf den Schild hebt und die USA verdrängt, schmeichelt französischer Eitelkeit. Aber nur bis zu dem Punkt, darüber die eigenen verteidigungspolitische Souveränität nicht zu verlieren.[114] Auch ein Zweibund mit Deutschland, dem sich in einer Union abgestufter Integration dann weitere zu verstärkter Zusammenarbeit bereite Mitglieder anschließen könnten, wäre nie eine gleichberechtigt Partnerschaft. Zusätzlich oder anstelle der NATO das deutsche Militär europäischen Organen zu unterwerfen, träfe in Paris immer auf offene Ohren. Ohne sich allerdings selbst in gleiche Weise die Hände binden zu wollen. Frankreich wird immer deutsche Alleingänge oder Vormachttendenzen seines rheinischen Nachbarn verhindern wollen. Seine eigene Größe und Privilegierung als Nuklearmacht und eines von fünf ständigen Mitgliedern im Weltsicherheitsrat darf darunter aber nicht leiden.

So verstellt eine gemeinsame Verteidigungspolitik für Europa daher erscheint, Frankreich wird umso mehr die treibende Kraft sein, die EU in Schwarzaf-

---

[114] „La France doit conserver sa capacité à décider et à agir seule pour défendre ses intérêts." Revue Stratégique (Anm. 113), S. 57.

rika zu engagieren. Dort hat es als ehemalige Kolonialmacht unzählige Male interveniert. Missionen der EU, die Regime für französische Rohstoffinteressen und postkoloniale Netzwerke stürzen oder stützen, sind Paris hochwillkommen, um den Blutzoll, die Kosten und den schlechten Ruf seiner Françafrique auf europäische Schultern zu verteilen.

In der alles überragenden Schlüsselfrage europäischer Sicherheit geht ohnehin ein tiefer Riss durch die Union. Wie hält es Europa mit Russland? Den baltischen Staaten und Polen gelten die stärksten Militärmächte der Gemeinschaft – Frankreich und Deutschland – als unsichere Kantonisten. Sie verlassen sich zuerst und zuletzt auf die NATO, wohlwissend als geopolitischer Vorposten der USA zu figurieren. Die EU ist gerade für Polen von großem, finanziellem Nutzen, den Warschau gerne abgreift. Aber sicherheitspolitisch ist sie nicht einmal zweite Wahl. Ohne Zögern ging Polen im Dezember 2017 einen Verteidigungspakt mit Großbritannien ein.[115]
Aus der berechtigten Sorge, nach dem Brexit noch mehr in eine europäische Randlage zu geraten und als bloßes Anhängsel der USA von rüstungspolitischen Abkommen der EU-Mitglieder

---

[115] „Polen und Großbritannien schließen Verteidigungspakt", in: Frankfurter Allgemeine Zeitung (online) vom 22. Dezember 2017, http://www.faz.net/aktuell/politik/ausland/trotz-brexit-polen-und-grossbritannien-schliessen-verteidigungspakt-15354370.html.

ausgeschlossen zu werden, verlegt sich London auf bilaterale Verträge. Das bereits über die NATO bestehende Bündnis mit Polen wird mit dem Dezemberpakt um gemeinsame Manöver und Rüstungsprojekte erweitert. Ganz im Sinne der polnischen Regierung, die jeden Aufwuchs an Waffenbrüderschaft gegen Russland begrüßt. Ferner kann es – unausgesprochen – für Warschau gar nicht genug Partner zur Einschüchterung des stets beargwöhnten, mächtigen Nachbarn Deutschland geben.

Die Furcht, dass Paris, Berlin oder beide mit Moskau anbandeln, macht die meisten der osteuropäischen Beitrittsländer zu eingeschworenen und anspruchsvollen Mitgliedern der NATO. Sie geben den USA die willkommene Rückendeckung, die Altmitglieder mit Nachrüstungsforderungen zu überziehen. Durch die osteuropäischen Doppelmitgliedschaften in NATO und EU bleibt jede eigenständige europäische Sicherheitspolitik im Ansatz stecken. Denn die EU ist damit in eine parallele Frontstellung gegenüber Russland geraten, die sie fesselt, den USA und den konfrontativen russischen Anrainerstaaten aber nur Recht ist. An dieser Selbstblockade der EU scheitert jede Verteidigungsunion. Was Europa für sich, also ohne atlantische Vormundschaft eigentlich leisten müsste, kommt durch die Auskreisung seiner östlichen Flügelmacht und die osteuropäischen Sprengsätze nicht zustande: eine eigene europäische Sicherheitsordnung.

Der luxemburgische EU-Kommissionspräsident bindet der Öffentlichkeit einen Bären auf, wenn er fabuliert, die Europäische Union müsse „weltpolitikfähig werden".[116] In der Verteidigungspolitik ist die EU nicht einmal europatauglich. Ohne alternative Strategie verharrt die EU im Fahrwasser der NATO. Dabei wäre die Gelegenheit günstig, dass zumindest die beiden Kontinentalmächte Frankreich und Deutschland mit der Dritten – Russland – in ein hinreichendes Benehmen kämen. Wenn sie den Spieß gegenüber Washington umdrehten, Vorhaltungen mit ihren geographischen Vorsprüngen konterten und gegenüber fremder Vorteilsname nicht die eigenen Bedürfnisse zurückstellten. Möglichkeiten dazu über ein Vierteljahrhundert lang versäumt zu haben, ist nicht allein die Schuld Russlands gewesen. Den Schock über die scharfe russische Gegenwehr seit 2014 hat man sich auch selbst zuzuschreiben. Alarmierende Vorzeichen gab es früh genug.

---

[116] Rede von Präsident Jean-Claude Juncker anlässlich der 54. Münchner Sicherheitskonferenz am 17. Februar 2018, im Wortlaut unter http://europa.eu/rapid/press-release _SPEECH-18-841_de.htm.

Der Prankenhieb des russischen Bären

Am 7. Februar 2007 hielt der russische Präsident Wladmir Putin auf der Münchner Sicherheitskonferenz eine Rede, die einen Wendepunkt im Verhältnis Russlands zu den USA und ihren europäischen Verbündeten markierte.[117] Gut eineinhalb Jahrzehnte hatte sich Moskau den Tendenzen einer unipolaren Weltordnung gefügt, westlicher Politik das Feld in Osteuropa überlassen und der NATO erlaubt, dem einstigen Systemgegner mit Raumgewinnen bis vor die Tore St. Petersburgs nachzusetzen. Jetzt hatte sich die russische Duldsamkeit – für unparteiische Beobachter nicht überraschend – erschöpft.

Der Bär fuhr zunächst in Worten seine Krallen aus. Gegen die USA („overstepped its borders in every way") und für eine „reasonable balance between the interests of all participants in the international dialogue." Gegen die vorgeschobene Frontlinie der NATO („a serious provocation that reduces the level of mutual trust") und für die Zusammenarbeit mit „responsible and independent partners … in constructing a fair and democratic

---

[117] President of Russia, Speech and the Following Discussion at the Munich Conference on Security Policy, http://en.kremlin.ru/events/president/transcripts/24034 (28. Februar 2018).

world order that would ensure security and prosperity not only for a select few, but for all."[118]

Der warnende Unterton des russischen Präsidenten und sein Angebot zum Einlenken verhallten bei den europäisch-atlantischen Adressaten ungehört. Ein Jahr später erging auf dem NATO-Gipfel von Bukarest im April 2008 die Zusage an die Ukraine und Georgien, in die Allianz – wenn auch ohne zeitliche Festlegung – aufgenommen zu werden.[119] Zehn nord- und mittelosteuropäische Staaten hatte das Bündnis bereits in den Jahren 1999 bzw. 2004 eingegliedert.

Ebenso schritt die EU mit ihrer östlichen Assoziierungspolitik unter Ausgrenzung Russlands voran. Wenig Mühe verwandte Brüssel darauf, die schleppenden Verhandlungen über eine Fortschreibung des 2007 ausgelaufenen Partnerschafts- und Kooperationsabkommens mit Moskau zum Erfolg zu führen. Stattdessen verlegte sich die EU darauf, mit ihrer östlichen Nachbarschaftspolitik weitere Länder aus dem Glacis Russlands herauszulösen und handelspolitisch zu begünstigen.

Zu der Gruppe sechs ausgewählter, mit einer Ausnahme russischer Nachbarstaaten in Osteuro-

---

[118] President of Russia (Anm. 117), S. 5.

[119] Bucharest Summit Declaration on 03 April 2008, 23.:„NATO welcomes Ukraine's and Georgia's Euro-Atlantic aspirations for membership in NATO. We agreed today that these countries will become members of NATO.", https://www.nato.int/cps/ua/natohq/official_texts_8443.htm.

pa und im Südkaukasus, gehören: Armenien, Aserbaidschan, Belarus, Georgien, die Republik Moldau und die Ukraine. Auf den Georgienkrieg im August 2008, den nachweislich der damalige georgische Staatspräsident Saakaschwili mit einem Angriff georgischer Armeeeinheiten auf prorussische Milizen in der abtrünnigen Provinz Südossetien entzündet hatte, reagierte die EU nicht mit einem Überdenken ihrer Partnerschaftsofferten. Vielmehr forcierte sie ihre Bemühungen, die ehemaligen Sowjetrepubliken politisch und wirtschaftlich an die Brüsseler Gemeinschaft zu binden.[120]

Die 2005 vereinbarte strategische Partnerschaft der EU mit Russland in den Bereichen Wirtschaft, Sicherheit und Bildung, die innergemeinschaftlich immer zwischen osteuropäischen Gegnern und westeuropäischen Pragmatikern umstritten war, kam darüber zum Erliegen. Ein letztes, vergebliches Mal warb Putin um Einbeziehung seines Landes in die europäische Politik, als er im November 2010 eine weitgehend zollfreie Wirtschaftszone von Lissabon bis Wladiwostok vorschlug.[121] Doch die EU hatte da schon auf Konfliktkurs geschaltet.

---

[120] Rat der Europäischen Union, Schlussfolgerungen der außerordentlichen Tagung am 1. September 2008, 12594/ 2/08 REV 2.

[121] Gastbeitrag von Wladimir Putin, Von Lissabon bis Wladiwostok, in: Süddeutsche Zeitung vom 25. November 2010, http://www.sueddeutsche.de/wirtschaft/putin-plaedoyer-fuer-wirtschaftsgemeinschaft-von-lissabon-bis-wladiwostok-1.1027908.

In der zweiten Jahreshälfte 2013 war ihre Assoziierungspolitik gegenüber der Ukraine, Georgien und der Moldau so weit gediehen, dass umfassende Freihandelsabkommen unterschriftsreif auf dem Tisch lagen. Die „Deep and Comprehensive Free Trade Agreements" (DCFTA) mussten Russland auf den Plan rufen und nahmen seinen Widerstand gegen unbestreitbare Wettbewerbsnachteile für russische Unternehmen wissentlich in Kauf. Das Gefühl der Diskriminierung und Bedrohung gipfelte für den Kreml, als proeuropäische Kräfte in der Ukraine die Regierungsgewalt im Februar 2014 an sich brachten. Zuvor hatte der Russland gewogene ukrainische Präsident Janukowytsch die Unterzeichnung des Abkommens mit der EU verweigert und seit November 2013 Massenproteste („Euromaidan") in Kiew ausgelöst.[122]

Nach dem Sturz Janukowytsch und seiner Flucht nach Russland uferte der innerukrainische Konflikt zwischen Gegnern und Anhängern eines Bruchs mit Moskau zu einer geopolitischen Machtprobe der USA und der EU mit Russland aus. Ohne Deeskalationsstrategie des Westens. Im Gegenteil. Die Positionen verhärteten sich bis zur unüberbrückbaren Kluft. Keinem der Beteiligten konnte die Dimension verborgen bleiben, dass die Ukraine ein geostrategisches Schwergewicht auf der eurasi-

---

[122] Zur Chronologie der Ereignisse, Timothy Ash et al., The Struggle for Ukraine. Chatham House Report, London 2017, S. 7 ff.

schen Wippe bildet und ihr volles Gewicht in westlicher Waagschale Russlands Verwundbarkeit extrem steigerte. Dabei zerfällt das zweitgrößte Staatsgebiet in Europa zwischen Dnjepr und Schwarzem Meer selbst in eine ukrainische Bevölkerungsmehrheit und etliche Minderheiten, unter denen Russen die größte Volksgruppe ausmachen. Weder wirtschaftlich noch militärisch ist die Ukraine auf sich allein gestellt überhaupt lebensfähig.

Im Tauziehen um ihre exklusive geopolitische Zugehörigkeit zur russischen oder europäisch-atlantischen Einflusssphäre schufen beide Seiten von 2014 bis 2016 kurzerhand Fakten. Vor die Wahl gestellt, seinen einzigen eisfreien Flottenstützpunkt an ein potentielles NATO-Mitglied zu verlieren oder für Stationierungsrechte mit hohen Pachtzahlungen und subventionierten Erdgaslieferungen erpresst zu werden, entwand Moskau der Ukraine im März 2014 die Halbinsel Krim. Gestützt auf ein zustimmendes Referendum der überwiegend russischen Wohnbevölkerung wurde die Republik Krim der Russischen Föderation eingegliedert.

An moralischer Empörung, politischer Verurteilung und wirtschaftlicher Vergeltung ob dieser Annexion hat es der Westen, sprich die USA und die EU, danach nicht fehlen lassen. Wohlfeil und mit doppelten Standards. Über die in der Regel willkürlichen, nicht vom Völkerrecht gedeckten Militärinterventionen der USA muss man hier keine wei-

teren Worte verlieren. Und die Widersprüchlich-
keit der meisten EU-Mitglieder, einerseits Serbien
die territoriale Integrität abzusprechen, indem die
abtrünnige Provinz Kosovo als Staat anerkannt
wird[123], andererseits die Abspaltung der Krim als
völkerrechtswidrig zu brandmarken[124] und eine
mögliche Sezession Kataloniens von Spanien zu
hintertreiben, straft jeder Glaubwürdigkeit Lügen.
Wer insonderheit das grundlegende Sicherheits-
bedürfnis einer Großmacht wirklichkeitsfremd un-
terschätzt oder grob missachtet, muss mit Gegenwehr rechnen.

Von Russland durfte unmöglich erwartet werden,
sich an einer Achillesferse seiner Südflanke sicherheitspolitisch zu entblößen. Dermaßen, dass die
Ein- und Auslaufrechte seiner Schwarzmeerflotte
dem Gutdünken einer ihm übel gesonnenen Zentralregierung in Kiew unterworfen wären. Genauso
wenig konnte Moskau einer Ukraine in permanen-
ten Zahlungsschwierigkeiten die Krim als Faust-
pfand überlassen. Dafür, Tiefstpreise für russische

---

[123] Am 17. Februar 2008 proklamierte die serbische Provinz Kosovo ihre Unabhängigkeit. Ohne Zustimmung der
serbischen Regierung, die den Kosovo als abtrünnigen Teil
ihres Staates ansieht. Gleichwohl haben inzwischen 22 der
27 EU-Staaten die ehemalige serbische Provinz Kosovo als
eigenständigen Staat anerkannt.
[124] Schlussfolgerungen des Europäischen Rates vom 20./
21. März 2014, http://www.consilium.europa.eu/me-
dia/29180/141777.pdf.

Energieexporte und Höchstpreise für den Gastransit nach Mitteleuropa zu erzwingen. Kurz: Russland tat, was es als Großmacht angesichts dieser Zudringlichkeiten tun musste. Es schützte seiner Interessen. Daran ist nichts ehrenrührig.

In Verruf brachten Russland ein Blickwinkel und Maßstab der westlichen Wertegemeinschaft, die selbstverliebt jedes Balancegefühl verloren hatte und geopolitische Realitäten unterbelichtete, die sie dann umso unverrückbarer einholten. Entwöhnt von klassischer Großmachtpolitik gab sich die offizielle EU im Namen Europas der eigenen Selbstgerechtigkeit hin. Unbekümmert davon, selbst zum Friedensstörer geworden zu sein. Moskau wurde verwehrt, was der europäisch-atlantische Staatenreigen in ihm genehmen Fällen ad hoc, global und ohne Völkerrechtsmandat billigt: Regime stürzen, Länder besetzen, Grenzen verschieben.

Nach der Krim-Annexion trieben die EU, der ihr zugetane Oligarch Poroschenko als neuer ukrainischer Präsident und ein ihm folgendes Parlament die Abnabelung der Ukraine von Russland voran. Das Assoziierungsabkommen unterzeichneten die ukrainische Regierung und die Vertreter der EU-Staaten bis Juni 2014. Der politische Teil des Abkommens, der nicht zuletzt die Beteiligung der Ukraine an militärischen Komponenten der Gemeinsamen Sicherheits- und Verteidigungspolitik in Aussicht stellt, trat im November 2014 – vorbehaltlich der Ratifizierung in allen Vertragsstaaten – in Kraft.[125] Die eigentliche Drohkulisse für Russland ging von den handels- und wirtschaftspolitischen Bestimmungen aus.

Dieser, fast 90 Prozent aller Vertragsartikel umfassende Teil des Assoziierungsabkommens kollidierte mit dem zollfreien Warenaustausch, den die Ukraine mit Russland, Weißrussland und Kasachstan seit Anfang der 1990er bilateral und multilateral vereinbart hatte. Moskau musste befürchten, nach dem Eintritt der Ukraine in den europäischen Binnenmarkt mit zollfreien EU-Gütern überschwemmt zu werden. Einer solchen Konkurrenz würden russische Anbieter weder preislich noch qualitätsmäßig gewachsen sein.

Sowohl die EU-Kommission wie der Kreml hatten der Ukraine bedeutet, sich handelspolitisch für einen von beiden entscheiden zu müssen. Die Tür zu einer seit 2011 bestehenden Zollunion mit Russland, Weißrussland und Kasachstan blieb für den ukrainischen Außenhandel nur offen, wenn die Zollschranken gegen EU-Importe nicht fielen. Umgekehrt war das Freihandelsabkommen mit der EU kaum mit Außenzöllen zu vereinbaren, die Dritte für die Ukraine festlegten.

---

[125] European Union External Action, Fact Sheet: EU-Ukraine Relations, Brüssel 2017,https://eeas.europa.eu/sites/eeas/files/eu_ukraine_relations_factsheet_6_november_2017.pdf.

Um weniger Kiew und Brüssel als Moskau Zeit zum Einlenken zu geben, verständigten sich die drei Parteien im September 2014 darauf, den noch vorläufigen zollfreien Handelsverkehr der Ukraine mit den EU-Staaten bis Ende 2015 nur einseitig anzuwenden, d.h. nur die Tarife für ukrainische Exporte fallen zu lassen.[126] Die Fronten lockerte das nicht auf. Russland zog zum 1. Januar 2015 das Konkurrenzmodell einer Eurasischen Wirtschaftsunion auf, das seine Zollunion zum Binnenmarkt mit fünf Staaten erweiterte (Russland, Weißrussland, Armenien, Kasachstan, Kirgistan). Bevor das Assoziierungsabkommen zwischen der EU und der Ukraine am 1. Januar 2016 in allen Teilen angewandt wurde, stellte Russland, zuvor wichtigster Einzelexportmarkt und Energielieferant für seinen benachbarten Streitmacher, per Dekret den Freihandel mit ihm im Dezember 2015 ein.[127]

Infolge des proeuropäischen Umsturzes in der Hauptstadt Kiew 2013/14 ging auch der zerbrechliche multiethnische Zusammenhalt in der Ostuk-

---

[126] Alois Berger, Die Ukraine, die EU und Russland. Zwischen Abhängigkeit und Perspektive, Deutschlandfunk vom 29. August 2015, https://www.deutschlandfunk.de/die-ukraine-die-eu-und-russland-zwischen-abhaengigkeit-und.724.de.html?dram:article_id=329545.

[127] „Putin macht Ernst und setzt Freihandel mit der Ukraine aus", in: Frankfurter Allgemeine Zeitung (online) vom 17. Dezember 2015, http://www.faz.net/aktuell/wirtschaft/wirtschaftspolitik/russland-putin-macht-ernst-und-setzt-freihandel-mit-ukraine-aus-13970744.html.

raine an der Grenze zu Russland verloren. Vor allem in den Oblasten Donezk und Luhansk befürchteten – nicht zu Unrecht – große russische Minderheiten von fast 40 Prozent der Gesamtbevölkerung, Opfer einer scharfen antirussischen Abgrenzungspolitik der mit ausländischer Hilfe ins Amt gelangten neuen Zentralregierung der Ukraine zu werden. Politische Forderungen nach mehr Autonomierechten für den Donbass und gegen Auflagen zur obligatorischen Verwendung der ukrainischen anstelle der russischen Sprache hoben an.[128] Im Frühjahr 2014 schlugen Demonstrationen in bewaffnete Überfälle auf ukrainische Verwaltungseinrichtungen und Armeeinheiten um. Die dafür verantwortlichen Milizen unterstützte Russland.

Mit der Ausrufung der selbständigen Republiken Donezk und Luhansk im April 2014 gingen die prorussischen Separatisten zum offenen Abspaltungskrieg über. Das Ziel der Loslösung von Kiew soll ohne oder mit Anschluss an Russland erreicht werden, das seinen bedrängten Landsleuten im „grenznahen Ausland" dafür militärische Rückendeckung gibt. Kompromissbereit zeigt sich keine der beiden Konfliktparteien. Zwei unter Vermittlung Deutschland und Frankreichs geschlossene Abkommen über einen Waffenstillstand (Minsk I –

---

[128] Gerhard Simon, Sprachenpolitik in der Ukraine, in: Ukraine-Analysen Nr. 192 vom 29. November 2017, S. 3.

2014), Entwaffnung, Autonomierechte und Regionalwahlen (Minsk II – 2015) blieben unerfüllt. Die ukrainische Regierung pocht auf Erhalt aller Hoheitsrechte, die Aufständischen wollen ihre Waffen nicht vor der Wahl einer autonomen Vertretung abgeben. Russland hält den Konflikt am Köcheln, um ein Exempel gegen weitere Einflussverluste in Osteuropa zu statuieren.[129] Die USA und die EU haben sich darauf festgelegt, Moskau in die Schranken zu weisen. Deshalb haben sie für die Hardliner in Kiew Partei ergriffen, leisten Wirtschaftshilfe an die Ukraine und liefern ihrer Armee vor allem seitens der USA auch Waffen.[130]

Im Ergebnis hat Europa wieder ein folgenschweres Sicherheitsproblem, das sämtliche konventionellen und nuklearen Abrüstungsvereinbarungen für den Kontinent seit den 1980er Jahren zu zersetzen droht. Europa ist entlang einer nach Osten verschobenen Demarkationslinie abermals geteilt: Politisch, wirtschaftlich und militärisch, weil zwei Blöcke um Verbündete für ihre jeweilige Vorherr-

---

[129] „The West's stance aimed at countering integration processes and creating seats of tension in the Eurasian region is exerting a negative influence on the realization of Russian national interests." Russian National Security Strategy, December 2015 – Full-text Translation, S. 4.

[130] „USA schicken Waffen an das Militär in Kiew", in: Handelsblatt (online) vom 23. Dezember 2017, http://www. Handelsblatt.com/politik/international/ukraine-usa-schicken-waffen-an-das-militaer-in-kiew/20788354. html.

schaft rivalisieren. Der Rückzug Russlands auf seine eigenen Grenzen und die Entlassung des sowjetischen Orbits in die Freiheit hat der Westen kurzzeitig mit seinem ausgestreckten kleinen Finger, aber nie mit gleichberechtigter Partnerschaft und Anerkennung russischer Sicherheitsinteressen honoriert.

Inzwischen stehen antirussische Reflexe gegen die vermeintliche Heimstatt allen Übels in Osteuropa wieder hoch im Kurs.[131] Nachbarschaftsunverträgliche, auf historische Revanche trachtende Frontstaaten diktieren der NATO und der EU die moralische Pflicht, sich für sie gegen Russland ins Zeug zu legen. Die USA erwarten von ihren europäischen Verbündeten, den russischen wie alle anderen Widersacher gegen amerikanisches Vorwalten in der Welt einzuschnüren.

Selbstverschuldet ist Europa in die Falle eines geopolitischen Kräftemessens geraten. Mitnichten hat sich die überhebliche Erwartung erfüllt, mit dem Vorschieben der Vertragsgebiete der EU und der NATO bis an die russische Westgrenze den Boden für stabile, marktwirtschaftliche und außenpolitische gemäßigte Demokratien zu bereiten. Polen verlangt von seinen westlichen Bundesgenossen freie Hand für eine autokratische Politik nach in-

---

[131] Gabriele Krone-Schmalz, Eiszeit: Wie Russland dämonisiert wird und warum das so gefährlich ist, München 2018.

nen und volle Risikoteilung für eine gegen Russland gerichtete äußere Politik.[132]

Die EU stützt eine ukrainische Regierung von zweifelhafter Legitimation und Amtsführung. Das Staatsoberhaupt der Ukraine verhindert Gewaltenteilung und unabhängige Rechtsprechung. Grassierende Korruption untergräbt unverändert das Vertrauen der Bürger in die staatlichen Institutionen.[133] Mit Schmiergeldern werden politische Mehrheiten gekauft und einflussreiche Positionen besetzt. Der ukrainische Staat dient einer politischen Klasse auch nach der zweiten Farbenrevolution binnen eines Jahrzehnts als Beute. Die EU muss sich den Vorwurf gefallen lassen, der Ukraine finanziell die Unerbittlichkeit in einem Krieg zu ermöglichen, den sie sich eigentlich gar nicht leisten kann. Der Bereitschaft Kiews, zu einem modus vivendi mit den russischen Minderheiten und Moskau zu gelangen, ist das nicht zuträglich.

Was sich die europäisch-atlantische Vertragsgemeinschaft in Osteuropa einverleibt hat, sind wirt-

---

[132] In den derben Worten des polnischen Ministerpräsidenten Morawiecki auf der 54. Münchner Sicherheitskonferenz im Februar 2018: „Wir brauchen mehr Kampfpanzer und weniger Denkfabriken. Von denen haben wir genug." https://www.security-conference.de/mediathek/munich-security-conference-2018/image/mateusz-mora-wiecki.

[133] Susan Stewart, Die Stimmungslage in der Ukraine. Die politische und gesellschaftliche Instabilität wächst, SWP-Aktuell 6 (Januar 2018), S. 3.

schafts- und sicherheitspolitische Nutznießer. Sie nötigen die Allianz zum Nachrüsten und tragen ihr nicht mehr, sondern weniger Sicherheit ein. Sie übervorteilen die EU für ihren nationalen Eigensinn und Eigennutz, ohne demokratische Standards einzuhalten. Beiden Organisationen begingen den Kardinalfehler, sich um große Räume und egozentrische Staaten in Zwischeneuropa zu erweitern, ohne vorher das Verhältnis zu Russland auf eine tragfähige Grundlage gestellt zu haben.

Eine von beiden Seiten garantierte Neutralitätszone wäre der gesamteuropäischen Sicherheit förderlicher gewesen als der jetzige Spannungszustand, der die NATO zu aufreizender Militärpräsenz an ihrer Ostflanke nötigt und russische Einkreisungsängste nährt. Mit einer schrittweisen Liberalisierung der Handelsbeziehungen zur EU wäre die Ukraine gut bedient gewesen. Unter Einschluss Russlands und weiterer GUS-Staaten, mit denen sie in komplementärem, ergiebigem und zollfreiem Warenverkehr stand. Diesen Handelsaustausch nahezu vollständig verloren zu haben, ist ein hoher Preis für ein Freihandelsabkommen mit der EU, das ukrainische Getreideexporte nunmehr auf einen übersättigten, preis- und wettbewerbsintensiven europäischen Markt umlenkt.[134] Aus politischen Gründen.

---

[134] Kateryna Zelenska, Aktuelle Trends im ukrainischen Agrarhandel, in: Ukraine- Analysen Nr. 168 vom 11. Mai 2016, S. 4.

Dass die EU mit ihrer östlichen Partnerschaftspolitik darauf aus war, Russland zu isolieren und auf diesem Weg handzahm zu machen, ist nicht zu übersehen. Denn zeitgleich als Brüssel dazu überging, von den sechs auf dem EU-Gipfel in Prag im Mai 2009 bestimmten östlichen Partnerschaftsländern Armenien, Aserbaidschan, Weißrussland, Georgien, Moldau und Ukraine die letzten drei besonders zu hofieren, schob es die Erneuerung des Partnerschafs- und Kooperationsabkommen mit Moskau auf die lange Bank.

Russland sollte vorgeführt werden. Um ihm deutlich zu machen, dass die EU die Bedingungen einer Annäherung bestimmt: „Take it or leave it". In einem Wettlauf um Raum, Zeit und Prestige drückte die EU-Kommission in der Assoziierungspolitik aufs Tempo. Im Verlauf des Jahres 2014 traten die Freihandelsabkommen mit Georgien, der Moldau und der Ukraine vorläufig in Kraft. Bis 2017 befreite die EU die Staatsangehörigen dieses Ländertrios von der Visumpflicht.[135]

Gerade die Visapolitik der EU musste dem Kreml als gezielt und sachfremd gegen Russland gerichteter Stachel erscheinen. Seit den 1990er Jahren waren russische Wünsche zum auflagenfreien Reisen

---

[135] European Commission, Migration and Home Affairs, Visa liberalisation with Moldova, Ukraine and Georgia, https://ec.europa.eu/home-affairs/what-we-do/policies/international-affairs/eastern-partnership/visa-liberalisation-moldova-ukraine-and-georgia_en (5. März 2018).

in die EU stets mit Verweis auf Sicherheitsgefahren abschlägig beschieden worden. Dass nun ausgerechnet die Ukraine und Georgien – Hochburgen der organisierten Kriminalität in Osteuropa – plötzlich Voraussetzungen erfüllten, an denen es Russland mangelte, mochte glauben wer will. Die politisch motivierte Begünstigung der assoziierten Staaten und die entsprechende Ungleichbehandlung Russlands sind offensichtlich.

Der Visaaffront fügt sich nur in das Gesamtbild einer europäischen Politik, die ein Russland zwingen will, das sich nicht zwingen lässt. Indem ihm die EU Nachbarn abspenstig macht und ihm bedeutet, keinen Platz im europäischen Haus zu haben, sofern es nicht nach ihren Regeln spielt. Für Russland besteht darin eine krasse Geringschätzung seiner Anliegen. Wo es auf Gleichberechtigung und Privilegien einer Großmacht dringt, begegnet ihm die EU, in der die Kleinen das große Wort führen, mit Zurückweisung und Demütigung. Gleich der atlantischen Bündnispolitik in Osteuropa, durch die sich Moskau im NATO-Russland-Rat kaltgestellt und um alle Rüstungsbeschränkungen der Grundakte von 1997 gebracht sieht.

Die Beziehungen Deutschlands zu Russland, die Moskau mit seiner Zustimmung zur deutschen Einheit gründlich bereinigt hatte, werden dadurch wieder unvernünftig belastet. Das gewaltige Energiepotential deutsch-russischer Partnerschaft ist auf den Brennwert eines glimmenden Streichholzes abgesunken. Die überkommene, so unselbständige multilaterale Einbindung und Gefangennahme Deutschlands hat es gegenüber Russland in ein eklatantes Missverhältnis zu seiner eigene Lage und seinen eigenen Bedürfnissen gebracht: Weder muss Deutschland eine russischen Bedrohung gewärtigen noch ist ihm damit gedient, einen verlässlichen Rohstofflieferanten zurückzusetzen und einen schier unerschöpflichen Markt für Premiumsparten seiner Exportindustrie zu boykottieren. Im Gegenteil. In der Summe nimmt Deutschland gewaltige Lasten für Nullgewinne in puncto Sicherheit und Stabilität auf seine Schultern.

Dies trifft in größeren Zusammenhang nicht nur auf den russischen, sondern auch auf die beiden anderen Wirklichkeitsschocks zu, die Deutschland in den 2010er Jahren eingeholt haben: Dass die USA ihre Sicherheitsgarantie nur zu überhöhten Prämien samt größerer Risikobeteiligung zusagen und dass sich in der EU ein Billionengrab für Deutschland auftut. All das müsste gar nicht sein.

Deutschland ist nicht darauf angewiesen, für seine Sicherheit den waffenstarrenden Nebengänger der USA abzugeben. Die deutsche Wirtschaft käme ohne den Euro eher ins Gleichgeweicht als mit ihm. Und Berlin täte besser daran nicht gegen, sondern mit Russland die zwischen ihnen liegende Kontinentalplatte sicherheitspolitisch zu überwölben. Wenn Deutschland entgegen seiner Stärken

und Schwächen politisch nicht falsch aufgestellt
wäre.

3. Realitätscheck Deutschland: Politische Selbstfindung eines Wirtschaftschampions

Was die Deutschen am besten können und wofür sie in der Welt am meisten geschätzt werden, hat auf den ersten Blick wenig mit Politik zu tun: Handelswaren „Made in Germany". Allen voran Kraftfahrzeuge, Maschinen, Pharmaprodukte. Nach einer Befragung unter über 43 000 Verbrauchern aus 52 Ländern rangierte Deutschland in einem „Made-in-Country-Index 2017" auf dem ersten Platz.[136] Die Erzeugnisse keiner anderen Volkswirtschaft sind in annähernd so vielen Ländern gleichermaßen gefragt wie die deutschen Exportprodukte. Die Mühen politischer Selbstvergewisserung, die Deutschland im Innern und nach außen an den Tag legt, haften seinen Premiumprodukten nicht an. Deren Quali-

---

[136] Statista, Made-in-Country-Index 2017. Country Brands im weltweiten Vergleich, März 2017, https://de.statista.com/statistik/studie/id/42300/dokument/made-in-country-index-mici-2017.

tät spricht für sich selbst, genießt vorbehaltloses Ansehen und setzt sich im Wettbewerb auf den Weltmärkten durch.

Diese herausragende Eigenschaft eines Landes, dessen Einwohner gerade einmal ein Prozent der Weltbevölkerung ausmachen und das kaum mehr als zwei Hundertstel der Landfläche der Erde bedeckt, kommt nicht von ungefähr. Die in ihrer nationalen Identität, also ihrem staatlichen und gesellschaftlichen Gemeinschaftsgefühl eher befangenen, weil vorbelasteten Deutschen haben aus dieser Not eine Tugend gemacht. Eine repräsentative, tiefenpsychologische Studie stellte dazu vor rund zehn Jahren fest:

Dem „empfundenen Vakuum begegnen die Deutschen mit einem alltagspragmatischen Talent von Identität ... mit einem konsequenten Tatendrang. Im Tun und Machen, im Werkeln und Tüfteln fühlen sich die Deutschen wohl, hier wird deutsche Identität lebendig.“[137] In dieser Hinsicht zeigte sich zwei Jahrzehnte nach dem Mauerfall das Selbstbild der Deutschen nahezu geschlossen. Für über 90 Prozent der damals Befragten ist der „typische Deutsche pflichtbewusst und leistungsorientiert“.[138]

---

[137] Identity Foundation, Studie „Deutsch-Sein im Alltag“, Presseinformation vom 26. September 2007, S. 3.

[138] Dies., Deutsch-Sein – Ein neuer Stolz auf die Nation im Einklang mit dem Herzen, Berlin 2009, S. 14.

Mit ihrem Fleiß erreichen die Deutschen viel. Und noch mehr, seitdem sie ihre widernatürliche Teilung überwunden haben. Allein die Politik lässt bislang wenige Anstalten und Anstrengungen erkennen, die wirtschaftliche Potenz Deutschlands mit seinen äußeren Beziehungen in gebührenden Einklang zu bringen. Sein Heil in bloßer Anpassung des Bestehenden an gewandelte Umstände zu suchen, trägt nicht weit, wenn dabei die eigenen Bedürfnisse und Möglichkeiten vernachlässigt werden. Multilaterale Traditionen der alten Bundesrepublik lassen sich kaum mehr über die Zeit retten.

Weder die Machtenthaltung des freien deutschen Teilstaates noch seine bedingungslose Einordnung in die westliche Hälfte einer bipolaren Staatenwelt sind für das vereinte Deutschland passend. Sein Status als hinter China und den USA drittgrößter Exportnation der Welt[139], als mit Abstand stärkster Volkswirtschaft in Europa und seine Rückkehr in die geopolitische Zentrumslage legen sicherlich etwas anderes nahe als in sicherheitspolitischer Abhängigkeit von den USA zu verharren, die eigene Nation in einem europäischen Gebilde verste-

------

[139] Im Jahr 2017 betrug der Anteil deutscher Waren und Dienstleistungen am weltweiten Exportvolumen 7,8 Prozent. Lediglich übertroffen von China und den USA, die gleichauf lagen (je 10,7 Prozent). International Monetary Fund, World Economic Outlook, Seeking Sustainable Growth: Short-Term Recovery, Long-Term Challenges, Washington , D.C 2017, S. 221.

cken zu wollen und in einen neuen Kalten Krieg gegen Russland einzusteigen.

Durch ihre Tüchtigkeit, ihr technisches Know-how und ihre Fortschrittsfreude gehören die Deutschen seit Jahrzehnten zur Champions League der Weltwirtschaft. Mit ungebrochenem, sich nach schwächeren Phasen stetig erneuerndem Erfolg. Unter den größten Volkswirtschaften der Welt ist Deutschland bis auf weiteres als Nr. 4 gesetzt. Mit einem Anteil von 4,4 Prozent am Weltsozialprodukt im Jahr 2017. Hinter den USA (24,4 Prozent), China (15 Prozent) und Japan (6,2 Prozent), aber deutlich vor Frankreich, Großbritannien (je 3,2 Prozent) und dem aufsteigenden Indien (3,1 Prozent).[140] Wiederholt hat Deutschland mit der Trophäe geglänzt, die weltweit höchsten Leistungsbilanzüberschüsse („Exportweltmeister") zu erzielen. Zuletzt 2016.[141]

Ginge es allein nach den Erfordernissen und dem Appetit der sehr offenen deutschen Volkswirtschaft, die fast die Hälfte ihres Sozialprodukts im Export erwirtschaftet und knapp 40 Prozent ihres BIP für Importe aufwendet[142], dann wäre der Auf-

---

[140] World Bank DataBank, Gross Domestic Product 2017, https://databank.worldbank.org/data/download/GDP.pdf.
[141] ifo Institut München, Deutschland 2016 Weltmeister beim Kapitalexport - USA beim Kapitalimport, Pressmitteilung vom 20. Januar 2017.
[142] Bundesministerium für Wirtschaft und Energie (Anm. 85), S. 2.

trag an die Politik eindeutig: Freier, friedlicher Handel mit allen Teilen der Welt. Ohne Ansehen der jeweiligen politischen Verhältnisse in den Ziel- und Herkunftsländern des Güteraustausches.

So einfach macht es die Politik der Wirtschaft natürlich nicht. Weil sie eigene Absichten verfolgt und Beschränkungen unterliegt, die ihrer ausschließlichen Indienstnahme für wirtschaftliche Zwecke entgegenstehen. Andererseits verlangt die hohe Verwundbarkeit Deutschlands für außenwirtschaftliche Schocks der Politik auch eine Menge ab, den deutschen Industriestandort vor internationalen Verwerfungen zu bewahren. So sie dazu willens und fähig ist. Den richtigen politischen Reim auf den zunehmenden Globalisierungsgrad der deutschen Wirtschaft und die Lage des Landes im Herzen des eurasischen Kontinents hat sich indessen noch keine Regierung in Berlin gemacht.

Über Grenzen und Möglichkeiten des eigenen Einflusses, vor- und nachrangige Interessen, überkommene Glaubenssätze und neue Chancen bestehen nach wie vor keine klaren, geschweige denn überzeugenden Vorstellungen. Ja, eine zeitgemäße Definition der Rolle Deutschlands in der Welt steht ebenso aus wie die Festlegung realistischer Ziele und das Abstecken einer daran orientierten Strategie. Einstweilen stimmen nicht einmal die Prioritäten.

Liegt es noch im deutschen Interesse die äußere Sicherheit ausschließlich auf eine Verteidigungsallianz zu gründen, die zum Schutz der Landesgrenzen vor Invasoren entbehrlich geworden ist, Deutschland aber zunehmend entlegene Risiken und Bedrohungen Dritter einträgt? Entfällt sodann nicht immer sichtbarer die Rechtfertigung, für eine übervorteilende europäische Vergemeinschaftung Erfolgsvoraussetzungen des deutschen Wirtschaftsmodells zu opfern? Ist schließlich der wirtschafts- und sicherheitspolitische Schaden für Deutschland nicht viel größer als der Nutzen, wenn es sich für westliche Konfliktpolitiken gegen Russland und China vereinnahmen lässt?

In dieser Weise hat bislang keine deutsche Regierung ihre Außenpolitik hinterfragt. Ungeachtet davon, dass der Boden für die gewohnten Standpunkte schwankt. Für festeren Grund wird man sich davon wegbewegen müssen. Dazu gehört, sich von traditionellen Selbstverpflichtungen zu lösen und nicht länger die Augen davor zu verschließen, dass eine andere Zeit auch andere Antworten verlangt. Hinter den Nebelwänden einer abgeleierten politischen Rhetorik und unentschiedener Erwägungen kann sich Deutschland nicht mehr lange verstecken. Es muss – will es nicht zwischen allen Stühlen sitzen – reinen Tisch machen. Mit den eigenen Bedürfnissen und in Abkehr von dem bisherigen Denkfehler, die Erwartungen anderer mit den Interessen Deutschlands in eins zu setzen.

Das Versäumnis, in den bald drei Jahrzehnten deutscher Einheit keine selbstbestimmte Auffassung über die veränderte internationale Rolle Deutschlands entwickelt zu haben, ist offensichtlich. Wieder Großmacht in der Mitte Europas zu sein, löste eher Fluchtreflexe für noch mehr Einbindung und Selbstverleugnung aus, als die unabweisbare Lage zum Anlass zu nehmen, daran zu wachsen, Positionen neu zu justieren und den konzeptionellen Rahmen durchgreifend zu verändern. Diese Aufgabe duldet keinen längeren Aufschub. Denn die bisherige politische Konsequenz, das gewachsene Gewicht Deutschlands in den Dienst und übergeordneter Zwecke zu stellen, erweist sich endgültig als Trugschluss. Zusammenschlüsse wie die NATO und die EU werden dadurch nicht tragfähiger.

Die Bedrohungssituation für Deutschland und 28 weitere Mitglieder der atlantischen Allianz ist nicht dieselbe. Vielmehr haben sie, mitunter durch eigenes Verschulden, sehr verschiedene Sicherheitsrisiken zu gewärtigen, für die uneingeschränkter Beistand nicht länger zu erwarten und zu verantworten ist. Dem Ausstieg aus dem Nationalstaat redet in der EU außerhalb Deutschlands niemand mehr das Wort. Immer sichtbarer endet die europäische Integrationsbereitschaft an den Punkten, an denen der einzelstaatliche Nutzen nicht mehr überwiegt. Und den Deutschen selbst ist es immer weniger zu vermitteln, dass ihre Regierungen die

Anliegen des eigenen Landes im Zweifel zurückstellen. Für Bündnispflichten und Solidarleistungen, hinter denen sich doch nur die Eigeninteressen der jeweiligen Empfänger verbergen.

Geschäftsgrundlage für die strikte außenpolitische Verankerung der alten Bundesrepublik im Westen war dreierlei: 1. ihre unmittelbare Bedrohung durch die Militärpräsenz des kommunistischen Weltfeindes östlich der Elbe. 2. die deutsche Teilung sowie 3. die Verweigerung und Abtretung jeglicher sicherheitspolitischer Selbständigkeit. Nach dem Koreakrieg drängten die USA in den 1950er Jahren auf einen westdeutschen Verteidigungsbeitrag. Die junge Bundesrepublik sollte ihren Teil zur Abwehrbereitschaft Westeuropas leisten. Honoriert wurde ihr das mit der Gewährung teilstaatlicher Souveränität und dem nuklearen Schutzschirm der USA ab Mitte der 1950er Jahre.

Der Preis dafür war kein geringer, aber unter den damaligen Gegebenheiten wohl unvermeidbar. Der unbedingte Vorrang, den Bundeskanzler Adenauer und die Westalliierten der Eingliederung der Bundesrepublik in das transatlantische Bündnis gaben, verfestige die Teilung Deutschlands an der Nahtstelle des Ost-West-Konflikts. Solange, wie die Sowjetunion nicht klein beigab und ihre osteuropäischen Satelliten einschließlich der DDR nicht in die Freiheit entließ.

Unausgesprochen blieb dabei immer eine dritte, gravierende Einschränkung deutscher Selbstverantwortung: die militärische Sicherheitsvorsorge für das eigene Land nie eigenständig zu konzipieren, zu organisieren und zu praktizieren. Selbst über die Wiedervereinigung und die Rückkehr zur gesamtstaatlichen Souveränität hinaus.

Dem Rheinländer Adenauer war das in seiner tiefsitzenden Abneigung gegen östliche Versuchungen und Verlockungen der Deutschen nur recht gewesen. Die Westmächte ließen die Wiederaufrüstung der Bundesrepublik einzig unter dem starken Vorbehalt gegen den Weltkriegsanstifter von ehedem zu, sich strategisch und operativ nicht verselbständigen zu können. Dadurch verfügte die Bonner Republik sicherheitspolitisch über fast keinen Spielraum für eine Verständigung mit der Sowjetunion. Auf Gedeih und Verderb kettete sich die Bundesrepublik an das Schutzversprechen der NATO-Verbündeten unter Führung der USA.

Die sozialliberale Ostpolitik unter Willy Brandt verfestigte diese Hilflosigkeit noch. Die Anerkennung des status quo in Osteuropa und Ostdeutschland milderte die Polarität der Bundesrepublik zum sowjetischen Imperium zwar zeitweilig ab. Sie bot angesichts der bündnispolitischen Mauern aber keiner Seite die Aussicht auf eine „große" Lösung, d.h. sich in Sicherheitsfragen so ins Benehmen zu setzen, dass Moskau die DDR risikolos hätte abstoßen können.

Die Marionettenregime von Ulbricht bis Honecker gab die sowjetische Führung erst auf, als Moskau im letzten Jahrzehnt des 20. Jahrhunderts politisch und wirtschaftlich mit dem Rücken zur Wand stand. Unbestritten hat die Bundesregierung Kohl-Genscher 1989/90 die Gelegenheit zur Einheit beherzt ergriffen und der Sowjetunion bzw. Russland danach auch Wohlwollen angedeihen lassen. Doch der entscheidende Schritt, die sicherheitspolitische Vormundschaft und Einvernahme durch ein überholtes westliches Militärbündnis zu beenden, wurde nicht getan. Inzwischen ist ein Schuh daraus geworden.

Die Weitsicht, was sich das vereinte Deutschland auf Dauer damit antut, in selbstgewählter Abhängigkeit auf Schutzzusagen der USA zu bauen und die eigene Sicherheit mit der von fast dreißig NATO-Staaten in eins zu setzen, brachte damals kein deutscher Regierungspolitiker auf. Trotz erschütternder Erfahrungen sieht es drei Jahrzehnte später noch immer nicht besser aus. Die Doktrin der Westbindung und die Absage an jede nationale Sicherheitspolitik scheinen unumstößlich. Gleich, ob ein US-Präsident Deutschland mittlerweile wie einen abgabepflichtigen Grundhörigen behandelt und die Daseinsverlängerung der NATO neue Sprengfallen in Osteuropa gelegt hat.

Mitnichten ist es der Weisheit letzter Schluss, das vereinte Deutschland außenpolitisch einzig und allein im Westen einzuschließen. Hat man nicht Jahrzehnte, sondern Jahrhunderte im Blick, dann dürfte sich „Der lange Weg nach Westen", den man der politischen Verortung der Bundesrepublik wie eine Erlösungsgeschichte angedichtet hat[143], als der eigentliche Sonderweg der deutschen Geschichte erweisen. Innen- und gesellschaftspolitisch ist es sicherlich zutreffend, mit der Etablierung einer freiheitlich-demokratischen Grundordnung in Deutschland nach 1945 verspätet, aber dann endgültig zu den westlichen Demokratien aufgeschlossen zu haben. Geopolitisch konnte allerdings nur der westdeutsche Teilstaat ausschließlich dem Westen zugeschlagen werden.

Für das vereinte Deutschland war der Maßstab von Anfang an falsch gewählt, es in gleicher Weise im atlantisch-westeuropäischen Bündnissystem zu platzieren wie die alte Bundesrepublik. Deren sicherheitspolitische Westverschiebung schuldete sich zwei Faktoren, die im 21. Jahrhundert nicht mehr zutreffen: der Abtrennung fast eines Drittels der deutschen Gebietsfläche zwischen Rhein und Oder durch sowjetische Besatzung und der Stilllegung einer ungeteilten nationalstaatlichen Existenz.

Inzwischen sorgt die natürliche, Jahrhunderte überdauernde geopolitische Schwerkraft dafür, Deutschland wieder in die Mitte Europas zu rücken. Umgeben von anderen Nationalstaaten und bestenfalls eingebettet in eine Ost-West Balance.

---

[143] Heinrich August Winkler, Der lange Weg nach Westen, Bd.2: Deutsche Geschichte vom 'Dritten Reich' bis zur Wiedervereinigung, München 2014.

Ohne Schieflage nach der nach der einen oder anderen Seite.

Von den 3757 Kilometern Grenzlänge des vereinten Deutschland liegen mehr als die Hälfte im Osten und Südosten. Seine längsten Grenzabschnitte teilt Deutschland mit Österreich (815 Kilometer) und Tschechien (811 Kilometer). Die deutsche Grenze zu Polen (442 Kilometer) ist genauso lang wie die zu Frankreich (448 Kilometer). Das weißrussische Minsk befindet sich in derselben Entfernung zu Berlin wie London. Paris erreicht man von der deutschen Hauptstadt nach gut 1000 Kilometern Wegstrecke. Nach Warschau ist es nur halb so weit. Selbst Königsberg in der russischen Enklave Kaliningrad liegt noch mehr als ein Drittel näher zu Berlin als die Stadt der Liebe. Von der Berliner Spree bis zum Rhein bei Köln beträgt die Distanz fast 600 Kilometer. Bis zur Weichselmündung östlich von Danzig sind es weniger als 500 Kilometer. Moskau liegt von Berlin zweieinhalb Flugstunden entfernt. Wie Mallorca, wenn es per Linienflug von Tegel angesteuert wird. Nach New York muss der Hauptstädter dagegen eine Tagesreise von neun Flugstunden einkalkulieren.

Zu diesen geographischen, weitaus kontinentaleren als westeuropäisch-atlantischen Koordinaten des wiedervereinigten Deutschland hat die Regierungspolitik bis heute kein angemessenes, geschweige denn ungezwungenes Verhältnis gefunden. Wenn 55 Prozent der deutschen Grenze im

Osten verlaufen, dann wirkt es auch ohne raumpolitisches Vorurteil verzerrt, die westlichen Bezugspunkte Deutschlands politisch in jeder Hinsicht höher zu gewichten als seine Berührungen mit dem Osten. Für die deutsche Wirtschaft ist eine solche Vorfestlegung – wie immer – kein Thema gewesen. Selbst zu Zeiten der Blockkonfrontation unterhielten Unternehmen aus der Bundesrepublik einen einträglichen Osthandel. Nach der Wiedervereinigung taten sich noch viel größere Perspektiven auf, die sich für Osteuropa inzwischen auch erfüllt haben, gegenüber Russland aber durch politische Blockaden immer wieder durchkreuzt worden sind.[144]

Die deutsche Außenpolitik tut sich bis heute schwer, ja verweigert den Auftrag, Deutschland als unleugbare Großmacht im Einklang mit seiner geographischen Lage zukunftsweisend zu positionieren. Als Bindeglied zwischen Ost- und Westeuropa, zwischen Frankreich und Russland. Denn das ist die Situation. Beängstigend für Bedenkenträger,

---

[144] Unter den umsatzstärksten Handelspartnern Deutschlands belegte Polen im Jahr 2017 Platz 7, gefolgt von der Tschechischen Republik (10), Russland (13) und Ungarn (14). Das deutsche Handelsvolumen allein mit diesen vier osteuropäischen Staaten entsprach damit fast der Hälfte der Handelsumsätze mir den vier größten (westlichen) Partnern Niederlande, Vereinigte Staaten, Frankreich und Großbritannien. Zahlen gemäß Statistisches Bundesamt (Anm. 87), S. 2.

aussichtsvoller für politische und wirtschaftliche Macher. Immer krasser tritt der Fehlschluss zutage, mit der NATO als dominierendem Militärbündnis eine stabile Sicherheitsarchitektur für Europa erreichen zu können. Eine atlantische Allianz, die Russland ächtet und isoliert, löst für Deutschland kein Sicherheitsproblem im Osten des Kontinents, sondern trägt ihm ein neues ein.

Alle, denen die Zugehörigkeit auch des vereinten Deutschlands zur NATO als sakrosankt gilt, haben zwei Stolperfallen nicht bedacht. Einmal anzunehmen, dass sich nach der Niederlage im Kalten Krieg der Sicherheitsbedarf Russlands in Luft auflösen würde und man die Segnungen des Westens buchstäblich bis nach Moskau tragen könne. Die Osterweiterung der NATO mit russischen Sicherheitsinteressen zu harmonisieren, war von vornherein unmöglich, indessen ein Selbstbetrug sämtlicher deutscher Bundesregierungen. Nur in einer Phase der Schwäche und Orientierungslosigkeit ließ sich Moskau auftischen, das Vorschieben des Ostflügels der Allianz bis hart an die russischen Kernlande geschehe doch nur zu seinem Besten. Über das wahre Begehren der Neumitglieder, die NATO für eine unnachgiebige Außenpolitik gegenüber Russland künftig in der Hinterhand zu haben, ließ sich nur mit wohlfeilen Worten – nicht zuletzt von deutscher Seite – hinwegtäuschen.

Dennoch wird in Berlin der Scheinglaube gepflegt, Russland werde aus Resignation oder Bekehrung schlussendlich doch nach den Regeln des Westens spielen. Dass der in dieser Hinsicht gänzlich anders aufgelegte Wladimir Putin inzwischen in seiner vierten, sechsjährigen Amtszeit steht, sollte allmählich zum Umdenken nötigen. Wie der Ereignisgang, mit deutschen Panzern an der russisch-estnischen Grenze Aufstellung zu nehmen und sich unbewiesene Schuldzuweisungen für einen Giftanschlag auf einen früheren Doppelagenten in Großbritannien zu eigen zu machen.[145] Der damit erreichte Tiefstand im deutsch-russischen Verhältnis

---

[145] Ohne genaue Aufarbeitung der Geschehnisse vor Ort, stichhaltige Beweise und das Vorliegen eines Untersuchungsberichts schloss sich die Bundesregierung elf Tage nach der Attacke vom 4. März 2018 loyalitätsbeflissen einer gemeinsamen Erklärung der USA, Frankreichs und Großbritanniens an. Darin hieß es „dass Russland mit hoher Wahrscheinlichkeit die Verantwortung für diesen Anschlag trägt. Wir teilen die Einschätzung des Vereinigten Königreichs, dass es keine plausible alternative Erklärung gibt." Presse- und Informationsamt der Bundesregierung, Pressemitteilung Nr. 66 vom 15. März 2018. So leichtgläubig und voreingenommen für die britischen Anschuldigungen zeigten sich etliche EU-Staaten nicht. 12 der 28 EU-Staaten – darunter Österreich, Griechenland und Bulgarien – beteiligten sich nicht an der Ausweisung russischer Diplomaten. Diese scharfe Reaktion hatte der nicht minder vorgefasste polnische EU-Ratspräsident Tusk am 22. März 2018 verkündet. http://www.consilium.europa.eu/de/press/press-releases/2018/03/26/statement-by-president-donald-tusk-on-follow-up-to-the-european-council-meeting-of-22-march-2018-regarding-salisbury.

seit der Wiedervereinigung ist so widersinnig wie fremdbestimmt.

Denn in letzter Konsequenz wird keine deutsche Regierung eine ungezügelte Eskalationspolitik osteuropäischer, britischer und US-amerikanischer NATO-Scharfmacher gegen Russland mitmachen. Doch diese Haltung müsste mit einer Vorwärtsstrategie adressiert werden anstatt sich hin und her zu winden. Will heißen: Deutschland lässt sich um Polen, der baltischen Staaten, Rumänien und der Ukraine willen genauso wenig in einen Krieg gegen Russland hineinziehen wie für vorverurteilende Vergeltungsschläge eines westlichen NATO-Mitglieds. Als zentrale Macht in Europa kann ihm überhaupt nicht daran gelegen sein, unnötigerweise in politischem Permafrost oder tödlicher Konfrontation mit Russland zu liegen. So viel sollten „die beiden Giganten des Kontinents"[146] aus ihrer schicksalsschweren Geschichte gelernt haben. Rivalität trägt keinem von ihnen irgendwelche Früchte ein.

Schon aufgrund seiner geopolitischen Stellung – nicht zu reden von handfesten wirtschaftlichen Interessen – müsste Deutschland offen einräumen, dass seine NATO-Beistandspflicht für Osteuropa nur auf dem Papier steht. Wer politisch das

---

[146] Henry Kissinger, Die Vernunft der Nationen. Über das Wesen der Außenpolitik, Berlin 1994, S. 913.

Gegenteil beteuert, führt entweder Fahrlässigkeit oder eine Lebenslüge im Munde.

Zum anderen steht seit der deutschen Einheit und dem Ende der Potsdamer Nachkriegsordnung das offene, ehrliche und direkte Eingeständnis aus, US-amerikanische Weltpolitik und deutsche Sicherheitsvorstellungen in der NATO nicht mehr ohne weiteres miteinander vereinbaren zu können. Mit dem Abzug der sowjetischen Streitkräfte aus der früheren DDR und dann auch aus den ehemaligen Warschauer-Pakt-Staaten verlor Deutschland seinen Charakter als Frontstaat. Damit ließ die zwingende Bedeutung militärischer Bundesgenossenschaft sowohl für die USA wie für die Bundesrepublik deutlich nach. Für Washington schwand die jahrzehntelange Gefahr, Deutschland könne wie ein großer, entscheidender Dominostein in die sowjetisch-kommunistische Welthälfte umkippen. Eben das zu verhindern, verlangt heute keinen sicherheitspolitischen Aufwand mehr. Für Deutschland wiederum ist die Notwendigkeit entfallen, eine unmittelbare Aggression gegen sein Staatsgebiet mit massiver Abschreckung durch eigene konventionelle Streitkräfte und nuklearen US-Beistand zu verhindern.

Selbst der Fehdehandschuh, den Moskau der NATO nach den Zumutungen ihrer Osterweiterung schließlich wieder hingeworfen hat, ändert nichts an dem Umstand, dass Deutschland einen russischen Angriff auf seine Grenzen an sich nicht zu befürchten hat. So wenig wie von atomwaffenfähigen Staaten im Mittleren und Fernen Osten. Freilich unter der wesentlichen Voraussetzung, sich gerade nicht mit weltpolitischen Maßnahmen und Zielen der USA gemein zu machen. Diese Identifikation wird Washington indessen umso mehr einfordern, je unselbständiger Deutschland weiterhin auf die amerikanische Wehrkraft gegen Restrisiken vertraut.

Jede US-Administration hat seit 1990 den deutschen Verbündeten bedrängt, höhere Bündnislasten zu schultern, wenn er sich den Schutz und das Wohlwollens seines sicherheitspolitischen Gottvaters auf Dauer erhalten will. Unter Präsident Trump ist die selbstgestellte Falle für die Deutschen nun endgültig zugeschnappt: Beweist mir mit höherer Rüstung und größerer Bereitschaft zu Militäreinsätzen, dass ihr der sicherheitspolitischen Partnerschaft überhaupt würdig seid.

Gibt Deutschland solchen Zudringlichkeiten nach, entfernt es sich immer weiter von sich selbst. Den USA als Parteigänger auf allen internationalen Wegen zu folgen und ihnen in bewaffneten Konflikten Schützenhilfe zu leisten, trägt eher zur Verschlechterung als zur Verbesserung der deutschen Sicherheit bei. Deutschland zieht sich Bedrohungen zu, die es sonst nicht hätte. Weder betrachtet es Russland und China als Rivalen der USA im Kampf um die Machtverteilung in der Welt noch gießt Deutschland Öl in das Feuer des Nahen Ostens oder strebt eine harte Gangart gegenüber dem Iran an. Die Ausweitung und Verlängerung der Bundeswehreinsätze in Afghanistan und im Irak haben bereits weit mehr damit zu tun, eine Abschlagszahlung auf US-amerikanische Bündnisforderungen zu leisten, als die Region nachhaltig zu befrieden und Deutschland vor Gefährdungen zu schützen.[147]

Im weltpolitischen Gefolge der USA wird sich die deutsche Sicherheitsvorsorge von einem kontrollierbaren mitteleuropäischen Zentrum in eine unbeherrschbare Peripherie verschieben. Und Deutschland macht sich erpressbar, wenn es sich – inzwischen ohne Not – dem Führungsanspruch der USA in der NATO unterwirft. Hingegen die eigene Handlungsfreiheit in der Sicherheitspolitik objektiv zu erkennen und selbstbewusst zu entwickeln, ist noch keiner Bundesregierung in den Sinn gekommen. Das aktuelle Weißbuch liest sich in seinen

---

[147] Zustimmung zu dem Antrag der Bundesregierung: Einsatz bewaffneter deutscher Streitkräfte zur nachhaltigen Bekämpfung des IS-Terrors und zur umfassenden Stabilisierung Iraks, Drucksachen 19/1093, 19/1300. Deutscher Bundestag, Stenografischer Bericht. Plenarprotokoll 19/23 vom 22. März 2018, S. 2074. Zustimmung zu dem Antrag der Bundesregierung: Fortsetzung der Beteiligung bewaffneter deutscher Streitkräfte am NATO-geführten Einsatz Resolute Support für die Ausbildung, Beratung und Unterstützung der afghanischen nationalen Verteidigungs- und Sicherheitskräfte in Afghanistan Drucksachen 19/1094, 19/1301, in: ebd., S. 2085.

Kernaussagen wie ein Aufguss aus den 1980er Jahren: „ Nur gemeinsam mit den USA kann sich Europa wirkungsvoll gegen die Bedrohungen des 21. Jahrhunderts verteidigen und glaubwürdige Abschreckung gewährleisten. Deutschland, das sich im Kalten Krieg über fast 40 Jahre auf die Solidarität und Einsatzbereitschaft der Bündnispartner verlassen konnte, sieht sich in der Pflicht und Verantwortung, zur solidarischen und kollektiven Verteidigung beizutragen.“[148] Als gelte es, Deutschland in einem Kalten Krieg 2.0 in Stellung zu bringen. Der Feind steht wieder im Osten und dem amerikanischen Schutzpatron wird unverbrüchliche Treue in selbstgewählter Abhängigkeit geschworen.

In Wahrheit wird die Grundlage für eine Sicherheitspartnerschaft Deutschlands mit den USA nicht nur global, sondern gerade auch in den europäischen Bezügen zunehmend dünner. Die viertgrößte Volkswirtschaft mit einem Verteidigungsetat unter den Top 10 der Welt[149] muss sich bar jeder direkten Bedrohung seiner Grenzen aus Washington nicht vorhalten lassen, zu wenig für Verteidigungsaufgaben auszugeben. Über 3000 Bundeswehrsoldaten auf drei Kontinente und in zwei Weltmeere ohne ersichtlichen Erfolg tragfähiger Konfliktlösungen zu entsenden, verlangt nicht

---

[148] Bundesministerium der Verteidigung (Anm. 5), S. 49.
[149] SIPRI Fact Sheet (Anm. 26), S. 2.

nach zusätzlichen Kontingenten, sondern einer
anderen politischen Strategie.

Deutschland sollte auf Verteidigungszwecke und
Entspannungsmöglichkeiten insistieren, die zu seiner Lage und seinen Bedürfnissen passen.[150] Es
besteht überhaupt kein Anlass, sich auf Fingerzeig

---

[150] Als Retourkutsche das atomare Abschreckungspotenti-
al der USA zu verlieren, muss kein Nachteil sein. Im Gegenteil. Europäische Atommächte, die Deutschland unter nuklearen Beschuss nehmen könnten, sind Frankreich, Großbritannien und Russland. Von den Erstgenannten geht eine
solche Bedrohlichkeit nach menschlichem Ermessen nicht
aus. Die russische Gefahr verringert sich drastisch, wenn
die deutsche Politik in Osteuropa nicht mit dem Feuer
spielt. Eine deutsch-russische Sicherheitsverschreibung
wechselseitiger Friedfertigkeit, die Ansprüche Dritter ab-
weist, würde das atomare Sicherheitsloch Deutschlands
noch besser schließen. Siehe Wolfgang Klages, Zeitwende.
Strategie und Ziele deutscher Auenpolitik im 21. Jahrhundert, Baden-Baden 2017, S. 416 ff. Ein uneingeschränktes
vertragliches Gewaltverbot zwischen Deutschland und
Russland wäre deutlich weniger riskant als das bisherige
Abschreckungsmodell. Auf Befehl des US-Präsidenten Frei-
fallbomben im Hiroshima-Format aus deutschen Tornado-
Jagdbombern über russischem Gebiet ausklinken zu müssen, schürt das Misstrauen Moskau und macht Deutschland weiter zur Kernwaffengeisel der USA. Jene „nukleare
Teilhabe", die Washington der Bundesrepublik seit Ende
der 1950er Jahre zugesteht, suggeriert eine Entschei-
dungsmitsprache, die es letztlich nicht gibt. Vgl. Wolfgang
Richter, Erneuerung der nuklearen Abschreckung . Die USA
wollen nukleare Einsatzoptionen und globale Eskalations-
dominanz stärken, SWP-Aktuell 15 (März 2018), S. 5.

der USA zum Getriebenen machen zu lassen. Ihr Schlachten müssen die USA selbst schlagen. Deutschland ist ihnen dafür nicht mit Subsidien tributpflichtig.

Dazu nimmt die deutsche Außenpolitik weiterhin keine klare Position ein. Deutschlands Mitgliedschaft in der NATO hätte längst auf den Grundsatz abgestuft werden müssen, nur solche Bündnisleistungen zu erbringen, die zu seiner eigenen Sicherheit beitragen, ihm aber keine vorsätzlichen Risiken aufbürden. Die kollektive Bündnisverteidigung endet dort, wo die Allianz selbst oder in Teilen zur Provokation schreitet oder in Drohgebärden verfällt. Und deutsche Militäreinsätze außerhalb des NATO-Vertragsgebiets sind auf die wenigen Fälle einer ultima ratio zu beschränken. Dann nämlich, wenn ohne Truppenverlegung solche Gefahrenherde auf Deutschland übergreifen würden, politische Lösungen ohne bewaffnete Maßnahmen verstellt sind und die Bevölkerung in ihrer Breite entsprechende Missionen unterstützt.

Die Profilierung Deutschlands lässt nach wie vor auf sich warten, die eigene Sicherheit im Einklang mit seiner Lage und seinen politischen Präferenzen oben an zu stellen. Bezeichnenderweise gibt es bis heute keine nationale Sicherheitsstrategie Deutschlands. Wider jüngerer Erfahrungen und besseren Wissens hält man an der Realitätsverleugnung fest, die NATO bilde eine Verteidigungseinheit. Die deutsche Politik müsste der Allianz unmissverständlich die Schranke setzen, keiner Bündnisforderung die Unversehrtheit und Entscheidungsfreiheit Deutschlands zu opfern. Per definitionem und eindeutiger Wortwahl.

Mit dem bisherigen Schlingerkurs ist es nicht getan: Bis zur letzten Minute wie im Falle des Irakkrieges 2003 und der Libyen-Intervention im Jahr 2011 zu lavieren, um sich dann unter Drückerbergervorwürfen davon zu stehlen; mit Alibieinsätzen wie in Afghanistan und im Irak seit 2018 die USA zu besänftigen; Luftschläge der USA, Frankreichs und Großbritanniens gegen mutmaßliche Chemiewaffeneinsätze in Syrien im April 2018 als „erforderlich und angemessen" zu bezeichnen[151] und zugleich jede deutsche Beteiligung auszuschließen; also militärischen Selbstermächtigungen der Verbündeten bar jeder Völkerrechts- und Beweisgrundlage liebedienerisch deutsche Persilscheine auszustellen, auch wenn man allen Grund hat, nicht dabei zu sein; oder einerseits als geostrategische Drehscheibe in Deutschland Truppenstationierungen und NATO-Befehlszentralen für Aufmarschfähigkeiten gen Osteuropa zu beherbergen und gleichzeitig Russland Dialogbereitschaft zu signalisieren.

---

[151] Bundeskanzlerin Merkel zu den Militärschlägen der USA, Großbritanniens und Frankreichs in Syrien, in: Presse- und Informationsamt der Bundesregierung (Hrsg.), Pressemitteilung vom 14. April 2018.

Das ist halbe, unglaubwürdige Politik. Weder Fisch noch Fleisch. Allen Wohl und am Ende sich selber weh. Jeder deutsche Außenpolitiker gerät gegenwärtig ins Schleudern, wenn ihm die Frage vorgelegt wird: Wo steht Deutschland? Politisch im Westen, aber wirtschaftlich zunehmend im Osten? An der Seite der USA? Im Konflikt und zugleich im Gespräch mit Russland? Der Standort Deutschlands – so viel ist offensichtlich – liegt irgendwo dazwischen, aber niemand weiß und traut sich, ihn genau zu bestimmen. Man hat auch kein historisches Vorbild dafür. Jede Anknüpfung an den ersten deutschen Nationalstaat von 1871 bis 1945 erscheint wie verboten. Selbst wenn die Parallelen zur Mittellage immer sichtbarer hervortreten. Doch wer wollte es wagen, außenpolitisch eher die Kontinuität zu Bismarck als zu Adenauer zu sehen?

Das meinte man doch alles längst überwunden zu haben und muss nun erleben, dass zumindest eine Schnittmenge aus beiden Strängen unweigerlich entsteht. Für eine Bundesrepublik, die bis heute nicht weiß was sie ist, die kein oder nur ein gestörtes nationales Selbstverständnis hat. In einem Jahrhundert, das inzwischen die Renaissance des Nationalstaates erlebt. Noch unvermeidbarer als in der NATO müsste Deutschland in der EU zu sich selbst finden. Weil dort die Überwindung der Nationalstaatlichkeit zu einer Idee von gestern geworden ist. Was die zweite Hälfte des 20. Jahrhunderts den Nationen in Europa an Bedeutung genommen hat, könnte ihnen in der ersten Hälfte des 21. Jahrhunderts wieder zuwachsen.

Die Literatur zur deutschen „Nation, die keine sein will"[152] und sein soll, ist Legion. Darin herrscht die Deutung vor, die Mitte des 19. Jahrhunderts erstmals erreichte nationale Einheit sei Deutschland im 20. Jahrhundert alles andere als gut bekommen. Der deutsche Nationalstaat wird in einen ursächlichen Zusammenhang mit zwei verheerenden Weltkriegen gesetzt. Das Deutsche Reich sei mit seiner Macht, seiner Größe und seinen national übersteigerten Ansprüchen für Europa unverträglich gewesen. Ein geborener Störenfried, dessen offenes oder unterschwelliges Dominanzstreben den Widerstand der anderen Nationen herausforderte.

Nach dem Zweiten Weltkrieg verlegten sich Sieger und Besiegte auf zwei vermeintliche Auswege aus diesem Dilemma: zunächst die Teilung Deutschlands. Unmenschlich, widernatürlich und freiheitsberaubend wie sie war, konnte ihr keine Dauer und Berechtigung beschieden sein. Sie bildete allerdings die Vorstufe zur Lösung von 1990, die nationale Einheit Deutschlands nur mit starken europäischen Beschränkungen seiner Souveränität zuzulassen. Auf dass sich ein national getöntes

---

[152] Christian Meier, Die Nation, die keine sein will, München 1991.

164

Überlegenheitsgefühl der Deutschen nie mehr verselbständigen könne. Von Gründungskanzler Adenauer in den 1950er Jahren bis EU-Kommissionspräsident Juncker sechzig Jahre später galt den Aposteln der europäischen Integration der Nationalismus als Wurzel allen Übels, dem einzig mit supranationaler Verflechtung der Staaten Europas beizukommen sei.[153]

Unterschlagen wurde dabei regelmäßig, dass der nationale Einheitsgedanke in allen europäischen Ländern und auch in Deutschland während des 19. Jahrhunderts mit einer Demokratie- und Freiheitsbewegung Hand in Hand ging. Die kleindeutsche, preußische Reichseinigung von oben, zu der es in Deutschland zwischen 1866 und 1871 kam, entwertet nicht die emanzipatorischen nationalen Erfahrungen in anderen Teilen Europas. Zudem war für das Bismarckreich keineswegs ausgemacht, dass durch den Vorrang, den die liberalen

---

[153] Adenauer warb für die Annahme des Schuman-Plans u.a. mit den Worten, „dass damit ... der Nationalismus, der Krebsschaden Europas, einen tödlichen Stoß bekommen wird." Deutscher Bundestag, Stenografischer Bericht, Plenarprotokoll 1/161 vom 12. Juli 1951, S. 6501. Juncker meinte in seiner Laudatio zur Karls-Preis-Verleihung an den deutschen Finanzminister Schäuble im Mai 2012: „Nur mit Europa können wir noch Staat machen, und Zukunft machen." Vollständiger Redetext unter https://www.bundesfinanzministerium.de/Content/DE/Reden/2012/2012-05-17-laudatio-juncker.html.

Kräfte zunächst der staatlichen Einheit gaben, die Demokratisierung bis 1918 blockiert würde.

Heute stimmen Deutschlands Nachbarn vielleicht noch darin überein, dass ein deutscher Nationalstaat im Herzen Europas auch eine Nordseite hat, er steht für sie als Faktum aber ebenso wenig zur Disposition wie die eigene nationalstaatliche Existenz. Entgegen aller Erwartung stirbt der nationale Flächenstaat im Fortgang des 21. Jahrhunderts nämlich nicht ab, sondern beweist gerade in Europa seine Bestandskraft, ja tritt mit neuer Vitalität hervor. Auf zweifache Weise.

Für die osteuropäischen EU-Mitglieder gehört es zur Befreiungsgeschichte von 1989, ihre wiedergewonnene Nationalstaatlichkeit nicht für ein übergeordnetes Ganzes aufzugeben. Und sei es noch so gut gemeint. Supranationale Mehrheitsentscheidungen überschreiten für sie die Grenze zur politischen Fremdbestimmung. Nachdem die Staaten an Düna, Weichsel, Moldau und Donau über sieben Jahrzehnte im vorigen Jahrhundert unterdrückt worden sind, zählt ihre nationale Selbstbestimmung zur großen Errungenschaft im 21. Jahrhundert.

Wohl nimmt man Beistand und Beihilfe aus den Verbundsystemen NATO und EU gerne an, aber nicht für den Preis, europäischer Rechtsetzung und Rechtsprechung gehorchen zu müssen. Schon gar nicht, wenn ihnen fremder Wille gegen den eigenen Vorteil auferlegt wird. Sei es eine Verordnung der Kommission aus Brüssel, ein Urteil des Europäischen Gerichtshofes aus Straßburg oder ein Mehrheitsbeschluss im Ministerrat, mit dem sie überstimmt werden. Ihre nationale Entscheidungsfreiheit und ihren Ungehorsam gegen Gemeinschaftspolitiken, die ihnen nicht gefallen, lassen sich die osteuropäischen Staaten nicht nehmen.

Dazu gesellt sich das intakte, nie geschwundene und zunehmend EU-kritische Selbstwertgefühl solcher Nationen wie Frankreich, Spanien, Italien und dem Aussteiger Großbritannien, die europäische Politik immer mit ihren nationalen Interessen abgeglichen haben und Integrationsschritte nie um der Einheit selbst willen mitgegangen sind. Unvorstellbar, dass sich die UN-Sicherheitsratsmitglieder Frankreich und Großbritannien der nationalen Verfügungsgewalt über ihre Streitkräfte entledigen. Genauso abwegig wird es anderen Nettozahlern und erst recht den Nettoempfängern in der EU erscheinen, sich wie Deutschland subaltern in die Sielen zu begeben und großzügig die Spendierhosen für die Union anzuziehen.[154]

---

[154] Auf das Ausscheiden Großbritanniens als bislang zweitgrößter Nettozahler für den EU-Haushalt reagierte die dritte große Koalition unter Angela Merkel mit der wunderlichen Zusage, Deutschland künftig noch stärker als Zahlmeister in die Pflicht zu nehmen: „Wir sind zu höheren Beiträgen Deutschlands zum EU-Haushalt bereit", kündigten die Koalitionäre an. Für ein Projekt, das unverkennbar im Abstieg begriffen ist und – ginge es nach dem Willen der Bevölkerungsmehrheit in etlichen Mitgliedstaaten – eher

Weil die EU in anderen europäischen Hauptstädten als Mittel für nationale Zwecke angesehen wird. Keinem französischen Staatspräsidenten dürfte es je über die Lippen kommen, wie „unendlich viel" Frankreich „Europa zu verdanken" habe.[155] Eher umgekehrt wird die Grande Nation für sich in Anspruch nehmen, wie sehr Europa von französischen Einflüssen profitiert habe.

In diesem Kreis auferstandener und altehrwürdiger Nationen bewegt sich Deutschland auch drei Jahrzehnte nach der Rückkehr zu seiner nationalstaatlichen Normalität befangen und unsicher. Zur unleugbaren Existenz Deutschlands als großer, starker und mächtiger Nation im Europa des 21. Jahrhunderts finden deutsche Politiker bislang keinen vernünftigen, geschweige denn vorbehaltlosen Zugang. „Wachstumsmotor und Stabilitätsanker" war das äußerste, was sich der in dieser Hinsicht extrem wortscheuen Bundeskanzlerin entlocken ließ, als sie die Rolle ihres Landes in einer krisengeschüttelten EU zu umreißen suchte.[156]

---

zurückgebaut werden sollte. Ein neuer Aufbruch für Europa. Eine neue Dynamik für Deutschland. Ein neuer Zusammenhalt für unser Land. Koalitionsvertrag zwischen CDU, CSU und SPD, Berlin 12. März 2018, S. 9. https://www.cdu.de/system/tdf/media/dokumente/koalitionsvertrag_2018.pdf?file=1.

[155] Ebd., S. 6.

[156] Deutscher Bundestag, Stenografischer Bericht, Plenarprotokoll 18/69 vom 26. November 2014, S. 6504.

Deutschland leistet seinen Dienst für andere. Dahinter kann sich trefflich verschanzen, wer Eigenschaften, Bedürfnisse, ja Interessen, sein Wollen und Können nicht offen ausspricht. Ein positives Selbstbild, ein Bekenntnis zu unverwechselbaren Merkmalen der eigenen Nation zeigt sich darin nicht. Europapolitisch nimmt noch jeder deutsche Politiker Zuflucht vor dem Gewicht Deutschlands, indem er ihm die Verantwortung aufträgt, was es sein und tun soll, anstatt erst einmal festzustellen, was es ist. Das wirtschafts- und finanzpolitische Vorwalten Deutschlands in Europa hält man allerorten für eine ausgemachte Sache. Nur nicht im Berliner Regierungsviertel. Dort gibt man sich weiterhin der Illusion hin, dem eigenen Profil und dem notwendigen Bekenntnis zu eigenen Anliegen ließe sich dadurch entkommen, dass europäische Vereinheitlichung alle nationalstaatlichen Ecken und Kanten auf Dauer abschleife.

Dieses Kalkül hat bereits die Währungsunion schlagend widerlegt. Die D-Mark als Inbegriff der eigenen, hart erarbeiteten und überlegenen Wirtschaftskraft einem Gemeinschaftsgeld zu opfern, mündete in eine Entwicklung wider die vordergründige Erwartung. Weder hat der Euro die deutsche Macht verflüchtigt noch dem eingebrachten Stabilitätsstandard der Bundesbank standgehalten. Jeder weitere törichte Versuch, das eigene Schwergewicht und die eigenen Prioritäten via

Vergemeinschaftung zu verleugnen, wird kläglich scheitern.

Es hilft nichts: Deutschland muss zu sich selbst kommen. In einem Umfeld, indem seine Nachbarn mit sich und ihren jeweiligen Eigenheiten längst im Reinen sind. Sicher, einem Staat, der zwei Weltkriege verloren und einen angezettelt hat, fällt das schwerer als anderen. Doch von dem Zuschnitt der alten Bundesrepublik, für die „eingeschränkte Souveränität stets einkalkuliertes Element ihrer Staatsräson"[157] war, muss sich Deutschland im Fortgang des 21. Jahrhunderts verabschieden. Weil kein anderes Land in Europa, schon gar nicht in der Welt, es ihm gleichtun wird, sich seiner Hoheitsrechte noch mehr zu entäußern. „Nationalstaaten werden auch weiterhin die Bausteine der Weltordnung sein."[158]

Eine allen beteiligten Staaten wohlgefällige, alle Besonderheiten einebnende, alle Konflikte überwindende europäische Einheit kann es nicht geben. Sie wäre auch nicht erstrebenswert, sondern bürgerfern, bürokratisch, entfremdend. Schlimmstenfalls doktrinär und totalitär. Die Tatsache, dass die Bürger ihre politische Selbstbestimmung in Europa zuerst und zuletzt in nationalstaatlich verfassten Gemeinwesen ausüben, verlangt eine andere

---

[157] Gregor Schöllgen, Die Macht in der Mitte Europas. Stationen deutscher Außenpolitik von Friedrich dem Großen bis zur Gegenwart, München 1992, S. 327.
[158] Zbigniew Brzezinski (Anm. 9), S. 62.

Antwort als diese Teileinheiten überstaatlichen Institutionen zu unterwerfen. Instinktiv sind die Regierten den Regierenden in dieser Erkenntnis um Jahre voraus. „Das Bekenntnis zur Nation ist für eine Mehrheit der Deutschen kein Auslaufmodell, sondern aktueller denn je"[159], ermittelte eine Untersuchung aus dem Jahr 2009. Fast 70 Prozent der Bevölkerung lehnten damals die Ansicht ab, Deutschland habe gegenüber den Belangen Europas und der Völkergemeinschaft zurückzustehen.

Das eigene Sein und das Sein anderer in einem komplexen nachbarschaftlichem Ganzen anzunehmen, darauf käme es in der deutschen Europapolitik also an. Und zwar weniger in Rückschau auf die Vergangenheit als in Bezug auf Kommendes. Eine deutsche Gesellschaft, die bald zu einem Viertel aus Menschen mit Migrationshintergrund besteht und in der die Zahl der nach der Jahrtausendwende Geborenen in den nächsten zehn Jahren auf fast 30 Prozent ansteigt[160], wird ein anderes politisches Selbstverständnis ausbilden als ihr Außenminister Maas. Der erklärte in seiner Antrittsrede[161] „wegen Auschwitz in die Politik ge-

---

[159] Identity Foundation (Anm. 138), S. 14.

[160] Statistisches Bundesamt, Bevölkerung Deutschlands bis 2060, Wiesbaden 2015, S. 20.

[161] Rede des Bundesministers des Auswärtigen, Heiko Maas, zum Amtsantritt am 14. März 2018 in Berlin, https://www.bundesregierung.de/Content/DE/Bulletin/2018/03/30-1-bmaa-antrittsrede.html.

gangen" zu sein. Ein solcher monomoralischer Antrieb, der sich aus der Erschütterung über das ableitet, was vor drei Generationen geschah und einer vergleichbaren Wiederholung gar nicht zugänglich ist, fällt aus der Zeit und den Verhältnissen.

Hellsichtiger als manch bekannter Zeitgenosse dreißig Jahre später trug ein kluger deutscher Historiker seinen Landsleuten schon unmittelbar nach dem Mauerfall die Notwendigkeit einer viel natürlicheren Selbstfindung auf: „Identität meint doch die besondere, Profil und Konturen zeichnende Gestalt unseres Daseins, durch die wir im Wechselverhältnis zu anderen und in der Abgrenzung von ihnen im Wortsinne feststellen, wer wir sind. Ohne diese Identität kein Selbstbewusstsein, ohne Selbst- und damit auch Fremdbewusstsein keine Identität."[162]

Für Deutschland anno 2018 lautet die unerfüllte Aufgabe in der Außenpolitik, zu bestimmen, was ihm im Einklang mit seiner Identität wichtig ist. Dazu gehört, die eigene geopolitischen Lage zu übersehen. An der Schnittstelle zwischen West- und Osteuropa zu liegen, führt weniger zu einem transatlantischen als zu einem kontinentalen Sicherheitsdenken. Die Abhängigkeiten und Möglichkeiten des europäischen Wirtschaftschampions

---

[162] Christian Graf v. Krockow, Die Deutschen in ihrem Jahrhundert 1890-1990, Hamburg 1990, S. 326 f.

begrenzen sinnvollerweise seine internationale Konflikt- und Risikobereitschaft.

Wenn Deutschland wollte, könnte es alle europäischen Staaten in puncto Rüstung genauso übertreffen wie mit seiner Wirtschaftsleistung. Nicht vorherrschend, aber mit einem Vorsprung. Doch wozu? Deutschland hat auf unabsehbare Zeit keine Bedrohung seiner Grenzen, schon gar nicht von zwei Seiten zu gewärtigen. Die eigene Wehrkraft einzig und allein für fragwürdige Absichten atlantischer Bundesgenossenschaft zu steigern, trägt Deutschland mehr Schaden als Nutzen ein. Dagegen ist der in der Weltliga spielende Handelsstaat mit seinen globalen, auf wechselseitige Vorteile bedachten Wirtschaftsbeziehungen viel besser aufgestellt. Vorausgesetzt, Deutschland lässt sich von seinen Präferenzen leiten und nicht von seinen Vorzügen abbringen.

4. Deutsche Realitätspolitik im 21. Jahrhundert

Politik verwirklicht sich darin, die allgemeinen Lebensbedingungen der Menschen zu gestalten. Innerstaatlich, zwischenstaatlich und staatenübergreifend. Dazu gehört zunächst einmal, die Wirklichkeit zutreffend zu erfassen, bevor politisch in sie eingegriffen wird. Bewahrend oder verändernd; idealerweise nach Maßgabe des allgemeinen Besten. Schwierig wird es, wenn eine gewohnte Wirklichkeit unwiederbringlich untergeht, ein Umbruch staatfindet und die Politik – ob auslösendes Moment oder nicht – zur Neuordnung der Verhältnisse schreiten muss. Was gibt ihr dann Orientierung? Tradition, Improvisation oder Vision?

Mit dem Sinn für gewandelte Realitäten hat die deutsche Außenpolitik bereits ihre Last, mit einer Wegweisung für den Übergang in eine neue Zeit tut sie sich noch schwerer. Zwar nimmt man im Berliner Regierungsviertel tiefgreifende Veränderungen und erhebliche Gewichtsverlagerungen, ja Verwerfungen des Üblichen zur Kenntnis, zeigt sich aber erschreckend passiv, darauf anders als mit Schadensbegrenzung zu reagieren. Die Wirklichkeit wird nicht unbedingt geleugnet, jedoch ungenügend verarbeitet. Außenpolitische Ansätze, die Entstehung neuer Gegebenheiten und Konstellationen beherzt zugunsten Deutschlands zu nutzen und zu beeinflussen, sind nicht auszumachen. Stattdessen zieht sich der im Scheitern begriffene Versuch in die Länge, Eckpfeiler – um nicht zu sagen Zwänge und Notwendigkeiten – in den auswärtigen Beziehungen der alten Bundesrepublik aus der zweiten Hälfte des 20. Jahrhunderts in das 21. Jahrhundert endlos hinüber zu retten.

In dieser ebenso bedrängten wie unbefriedigenden Lage schlägt die Stunde der Wissenschaft und der Politikwissenschaft im Besonderen. Mit ihrer Fähigkeit, aus den überkommenen Bahnen herauszuführen. Sachverständig, weitblickend, Anstöße gebend. Ein italienischer Physiker schreibt: „Zu versuchen, in größere Ferne zu blicken, stürzt uns häufig in Verwirrung: Wir sind dies nicht gewohnt. Dennoch versuchen wir es. So funktioniert Wissenschaft. Wissenschaftliches Denken erkundet die Welt, gestaltet sie neu und bietet uns ein immer wirklichkeitsnäheres Bild von ihr.“[163] Dem Politikwissenschaftler, der danach fragt, wie sich Deutschland in seinen äußeren Beziehungen unverfälschter und zeitgerechter aufstellen kann, fal-

---

[163] Carlo Rovelli, Die Wirklichkeit, die nicht so ist, wie sie scheint: Eine Reise in die Welt der Quantengravitation, Reinbek bei Hamburg 2016, S. 9.

len besonders drei Umschwünge in der Weltwirklichkeit im ersten Viertel des 21. Jahrhunderts ins Auge:

Definitiv gelangt das amerikanische Jahrhundert in Europa an sein Ende. So es das überhaupt gegeben hat und der Welt zum Guten gereichte. Ob Zufall oder nicht, exakt hundert Jahre nach dem Eintritt der USA in den Ersten Weltkrieg (1917), hat die Wahl Donald Trumps zum 13. US-Präsidenten der Nachkriegszeit den Rückzug der gescheiterten Weltmacht auf sich selbst unwiderruflich beschleunigt. Das 20. Jahrhundert als „America's first century as a dominant power in the world"[164] ist zugleich sein letztes. Auch jenseits des ruppigen Quereinsteigers im Weißen Haus, der eher wie ein Lautsprecher einer schon viel länger gärenden und viel tiefer reichenden Stimmungslage wirkt, zieht die US-Außenpolitik überfällige Konsequenzen.

Den Vereinigten Staaten ist es nicht gelungen, eine „pax americana" nach ihren Vorstellungen durchzusetzen. Und schon gar nicht eine regelgebundene Weltordnung, die zugleich die eigenen nationalen Interessen vollumfänglich bedient. Im Zweifel setzt sich Washington selbst über alle Regeln hinweg und befeuert die Anarchie in der internationalen Politik.

---

[164] Henry Luce, The American Century, in: Life Magazine 10 (February 17, 1941). Abdruck in: Diplomatic History 23, No. 2 (1999), S. 167.

Geostrategisch sind die USA allenfalls darin erfolgreich gewesen, über Verteidigungsbündnisse, allen voran der NATO, amerikanische „hard power" auf Teilregionen auszuüben. So am nachdrücklichsten in Westeuropa zwischen 1945 und 1990. Allerdings zu hohen eigenen Kosten und dem Preis für Europa und Deutschland, zur erstarrten Frontlinie zweier Militärblöcke entstellt zu werden. Der Welt haben die USA nicht nur in diesem Fall auch ein anderes Gesicht gezeigt als das des guten Samariters. Die messianische Rhetorik, am vorherrschenden Einfluss der „greatest nation on earth" werde die ganze Welt genesen, eilte der Realität immer weit voraus und bemäntelte eigene Abgründe.

Anspruch und Wirklichkeit des säkularen Heilsversprechens der USA haben nie zueinander gepasst. Das „powerhouse of the ideals of Freedom and Justice"[165] ließ den Berliner Mauerbau ebenso geschehen, wie es der willkürlichen Besetzung Palästinas und der Teilung Koreas zugestimmt hat, einen erbarmungslosen Stellvertreterkrieg in Vietnam austrug, mit zwei Feldzügen gegen den Irak Chaos und Staatszerfall im Mittleren Osten anrichtete und Europa mit der Osterweiterung der transatlantischen Militärallianz einen neuen Konflikt mit Russland aufgebürdet hat. Endlich nach all diesen Fallgruben mit der Parole „America first"

---

[165] Henry Luce (Anm. 164), S. 171.

ausschließlich Selbstinteressen zu verfolgen, überrascht nicht.

Im Grunde unternehmen die USA jetzt den Schritt, den gerade Europa nach dem Epochenwechsel von 1990 längst hätte selbst gehen müssen: eigenverantwortlich die europäische Sicherheit zu organisieren, weil die USA dafür entbehrlich geworden sind. Denn auch sie haben den Kalten Krieg verloren. Gewonnen hat einzig Europa, das seine Freiheit aus eigener Kraft wiederlangte, den Ost-West-Konflikt friedlich überwand und für seine Sicherheit nicht länger auf die nordamerikanische Vormundschaft angewiesen ist. Doch aus seinen ordnungspolitischen Handlungsmöglichkeiten hat der Kontinent bislang nichts gemacht. Wie ein Dackel laufen die europäischen NATO-Mitglieder weiterhin an der Leine ihres launisch-fordernden Herrn aus Übersee. Noch immer blind dafür, damit die geopolitische Präsenz der USA als Fremdkörper und Störfaktor in Europa unnötig zu verlängern.

In den hundert Jahren ihrer massiven Einmischung in die europäischen Belange hat die US-Politik bei drei großen Gelegenheiten jedes Mal versagt, eine stabile Friedensordnung für Europa zu verwirklichen. Nach beiden Weltkriegen und dem Kalten Krieg. Nichts spricht dafür, sich den USA weiter anzuvertrauen, aber viel dafür, ihnen in Europa nach einem verlorenen Jahrhundert endgültig die Tür zu weisen. Zumal dann, wenn ein missgestimmter US-Präsident mit seinen europäischen Verbündeten willfährt als seien es Vasallen, deren Tributpflichten er nach Belieben in die Höhe schrauben kann.

Dagegen hat Europa, als es sich noch für sich selbst verantwortlich zeichnete, in dreihundert Jahren neuzeitlicher Geschichte gleich zwei epochale Friedenswerke hervorgebracht: den Westfälischen Frieden von 1648 und die Wiener Schlussakte von 1815. Beide verhinderten für jeweils hundert Jahre einen großen europäischen Krieg, ohne den Kontinent zu spalten. Beide beruhten in Maßen auf einem Gleichgewicht aller beteiligten Mächte, ohne eine von ihnen auszuschließen. Beide suchten die Interessen der vertragschließenden Staaten auszugleichen, ohne sich dem Weltmachtgebaren eines von ihnen zu unterwerfen.

Hier griffen Staatskunst und Balancegefühl Europas in einer Weise ineinander, wie sie den USA mit all ihrer Überheblichkeit, Selbstgefälligkeit und säkularen Heilsbotschaft, ihrem ganzen Katechismus, die Menschheit mit amerikanischen Werten zu erlösen und der Staatenwelt wie ein mal strenger, mal milder Patriarch vorzustehen, immer fremd bleiben werden. Eben deshalb läuft das amerikanische Zeitalter in Europa ab.

Was Europa vom 17. bis zum 19. Jahrhundert gelang, sollte ihm gerade im 21. Jahrhundert wieder möglich sein: unter Einbeziehung aller relevanten europäischen Mächte eine Sicherheitsarchitektur zu verwirklichen, die einen neuen kontinentalen Schwerpunkt hat und nicht dem alten, nordatlantischen Konfrontationsschema anheimfällt. Die an die Adresse amerikanischer Kongressmitglieder gerichtete Argumentation eines liberal-konservativen think-tanks in den USA, sicherheitspolitisch einem antiquierten Gefüge verhaftet zu sein, ist auf beiden Seiten des Atlantiks folgerichtig: „Change is an ongoing process. Today's Europe is at least as different from the Europe of 1949 as that Europe was from pre-World War II Europe. Yet the institutional centerpiece, NATO, and much of the substance of U.S. policy remain the same."[166]

Ausschlaggebende Bedeutung für eine Abkehr von der überholten europäisch-atlantischen Formgebung des 20. Jahrhunderts hat Deutschland. Seine unumstößliche Lage im Herzen des Kontinents verlangt immer drängender danach, in eine entsprechende Politik umgesetzt zu werden. Denn die Rolle als „Zentralmacht Europas"[167] kristallisiert sich – zweite Umbruchserscheinung – weit mehr als Vorteil und Gelegenheit denn als Bürde und Risiko heraus. Gefährlich und belastend ist es, sich um transatlantischer Dienstbarkeit willen ein Sicherheitsproblem mit Russland einzuhandeln.

---

[166] Cato Handbook for Policymakers, 8th Edition, Washington, D.C. 2017, S. 708.
[167] Hans-Peter Schwarz, Die Zentralmacht Europas. Deutschlands Rückkehr auf die Weltbühne, Berlin 1994.

Ohne die feilgebotene NATO-Mitgliedschaft osteuropäischer Staaten wären die USA für Europa bereits überflüssig geworden. Denn ein neutrales Zwischeneuropa hätte russische Sicherheitsinteressen gleichermaßen befriedigt wie Reste deutscher und französischer Schutzbedürfnisse gegenüber territorialen Übergriffen von Osten.

Ohne den Keil, den die Osterweiterung der NATO zwischen Russland und die westeuropäischen Altmitglieder der Allianz geschoben hat, ständen die USA längst vor dem Aus in Europa. Doch selbst unter den jetzt obwaltenden Umständen einer Bündnisgrenze von der estnischen Narva bis zum rumänischen Mamaia hätte Washington in Europa geopolitisch ausgespielt, sollten sich die drei Kontinentalmächte Frankreich, Deutschland und Russland sicherheitspolitisch in ein gütliches Benehmen setzen. Deutschland ist für die USA das entscheidende sicherheitspolitische Standbein auf dem europäischen Festland und sein Spielbein für alle amerikanischen Ambitionen in Eurasien. Ohne Zugriff auf deutsche Standorte, Flug- und Seehäfen für Truppen, Logistik, Transport und Nachschub wären die USA in Europa bereits militärisch ziemlich außen vor.

Politisch würde sich das Blatt noch viel dramatischer wenden, wenn denn „Deutschlands neue geopolitische Lage auch zu einer neuen Politik führen wird", was ein Militärhistoriker Anfang der 1990er Jahre als „offene Frage" ausmachte und mit der Aufforderung versah: „Die Chance besteht!"[168] Ein Vierteljahrhundert später ist sie noch immer nicht genutzt worden. Vielmehr hat Deutschland erst einmal daneben gegriffen. Anstatt sich geografisch korrekt als zweite Großmacht zu begreifen, die zusammen mit der östlichen Flügelmacht Russland „Zwischeneuropa" von Westen her einfasst, hat man durch die Ostverschiebung der NATO den Ballast auf dem nicht mehr standfesten europäisch-atlantischen Sicherheitspfeiler nochmals erhöht. Mit dem Ergebnis eines gestörten Gleichgewichts, einer Schieflage und anhaltender Einsturzgefahr. Genauer: Deutschland hat seine raumpolitische Aufgabe bis heute nicht begriffen.

Wider die eigenen Interessen in europäischer Zentrumslage mit in Zukunft mindestens so großer wirtschaftlicher Spannweite nach Osten wie nach Westen, lässt es sich für eine geopolitische Konfliktpolitik der USA und osteuropäischer Anrainerstaaten gegen Russland einspannen. Mit Beistandspflichten gegenüber den Neumitgliedern macht sich Deutschland innerhalb des Bündnisses erpressbar und beteiligt sich an einer Konfrontationsspirale. Ohne irgendetwas zu gewinnen, aber viel zu verlieren. Die Belastungen, Störungen und Eskalationsgefahren im deutsch-russischen Ver-

---

[168] Heinz Brill, Geopolitik heute. Deutschlands Chance?, Frankfurt a.M. 1994, S. 15.

hältnis wiegt ja kein einziger Vorteil auf. Osteuropäische NATO-Verbündete bedeuten für Deutschland nicht mehr, sondern weniger Sicherheit. Zu höheren Kosten und begleitet von unberechenbaren innenpolitischen Verwerfungen, die für eine vertrauensvolle Partnerschaft disqualifizieren. Bei steigenden Ansprüchen, ohne je von dem deutschen Lastesel zufrieden gestellt zu werden. Denn die NATO-Mitgliedschaft verleiht Polen und den baltischen Staaten den entscheidenden Hebel, jegliche Solidaritätsforderungen an Deutschland zu stellen und – zu überziehen.

Der Fallstrick aus überkommener atlantischer Strategie in wiederhergestellter kontinentaler Mittellage hat seinen wirkungsmächtigen Grund. Er schuldet sich dem Umstand, die reichlich und künstlich nach Westen verschobenen Koordinaten der alten Bundesrepublik für das vereinte Deutschland einfach übernommen zu haben. Weil man bis heute wähnt, mit politischer Theologie die reale Geografie überlisten zu können. Unweigerlich führt eine Navigation, die sich nicht an Tatbeständen, sondern an Glaubensbekenntnissen orientiert, in die Irre. Die schlichte Wahrheit, dass „für die außenpolitischen Prioritäten eines Nationalstaates ... nach wie vor die geografische Lage bestimmend"[169] ist, lässt sich auch für Deutschland nicht außer Kraft setzen.

---

[169] Zbigniew Brzezinski (Anm. 9), S. 62.

Dagegen kommt selbst der Nachkriegsmythos der Bundesrepublik nicht an, den all jene als alternativlos beschwören, die noch immer dem Credo einer zunehmend aus Zeit und Wirklichkeit fallenden deutschen Westverpflichtung anhängen: „Jede Abkehr von dieser transatlantischen Bindung beschwört die Gefahr eines deutschen Sonderwegs, stärkt linke und rechte Nationalisten und gefährdet die europäische Friedensordnung."[170] Auf lange Sicht nimmt sich eher die teilungsbedingte Aussetzung der geopolitischen Zentrumslage und Großmachtexistenz Deutschlands als der eigentliche „Sonderweg" aus.

Als geeinte Nation fließt der deutsche Staat – mit östlichen Gebietsabstrichen – jedenfalls unverkennbar wieder in jenes breitere Flussbett zurück, das er nach der ersten Einheit von 1871 bis 1945 eingenommen hatte. Über einen Zeitraum von eineinhalb Jahrhunderten deutscher Staatlichkeit nimmt sich die vierzigjährige Trennung in zwei gleichermaßen unselbständige Hälften unter alliiertem Vorbehalt (Bundesrepublik) und sowjetischer Besatzung (DDR) wie eine Episode aus. Samt der daraus abgeleiteten Selbstvergessenheit und moralischen Auflage, nur im goldenen Käfig des Westens überhaupt nationalstaatsberechtigt zu sein.

---

[170] Sylke Tempel et al., Trotz alledem: Amerika. Ein transatlantisches Manifest in Zeiten von Donald Trump, in: Internationale Politik, November/Dezember 2017, S. 14.

Dass westliche Schlagseite und ein atlantisch festgeklemmtes Ruderblatt die deutsche Außenpolitik im 21. Jahrhundert auch zum Kentern bringen können, dürfte allmählich auch zum Vorschein kommen. Dass zwei deutsche Staaten „Sonderwege" einschlugen: „die DDR einen internationalistischen, die Bundesrepublik einen postnationalen"[171] war eine zeitweilige Umleitung, bis sich Deutschland in seiner naturgegebenen Mittellage im Herzen Europas wiederfand. Eine Zwangspause oder Platzsperre des zweimaligen Weltkriegsverlierers, aber nicht sein Ankommen in dem ihm eigenen Dasein. Dessen raumpolitische Beziehungen sind Richtung Osten allemal größere als die der alten Bundesrepublik mit ihrem frontstaatlichen Handtuchcharakter. Über zwanzig Jahre vor einem Politologen, der im Jahr 2015 einen Buchtitel von 1992 für seine Einlassungen zur deutschen Außenpolitik plagiierte[172], hatte bereits ein Historiker Deutschland an ein unwandelbares Spezifikum erinnert: „Die Macht in der Mitte Europas."[173]

Seltsam genug, dass die glühendsten Verfechter der deutschen Westbindung, dem eigenen Land dabei mit keinerlei Zutrauen begegnen, aus den vielversprechenden Perspektiven der neuen

---

[171] Heinrich August Winkler (Anm. 143), S. 652.

[172] Herfried Münkler, Macht in der Mitte: Die neuen Aufgaben Deutschlands in Europa, Hamburg 2015.

[173] Gregor Schöllgen, Die Macht in der Mitte Europas (Anm. 157).

Zentrallage auch eine zielführendere Politik zu entwickeln. Als ob die Vergangenheit auf immer unsere Zukunft sei. Markant und wesentlich tritt doch ein Unterschied hervor. Geografisch deckt Deutschland ohne die verlorenen Ostgebiete zwar denselben Raum ab wie vor 1945, aber außenpolitisch ist die Situation ein vollständig andere. Die Todesgefahr feindlicher Koalitionen, die Deutschland einkreisten, hat eine unvergleichliche Komfortzone abgelöst. Das Land mit den meisten Nachbarstaaten in Europa ist mit jedem von diesen entweder befreundet oder verbündet. Von den neben ihm größten Kontinentalmächten Frankreich und Russland hat es keinen Angriff auf sein Staatsgebiet zu befürchten.

Daraus lässt sich gewiss mehr machen als einer antirussischen Provokationspolitik selbstsüchtiger Staaten in Osteuropa deutschen Beistand zuzusichern. Mit der verdrehten Begründung, durch Aufstellung deutscher Kampfverbände am Finnischen Meerbusen – in vierstelliger Entfernung zu den deutschen Grenzen – einen notwenigen Beitrag zur Landesverteidigung Deutschlands zu leisten. Damit baltische Zwergstaaten ihrem Übermut gegen ein Russland frönen, das sich seit der deutschen Einheit um nichts anderes als gute Beziehungen zu Deutschland bemüht hat. Berlin müsste mit geopolitischer Blindheit geschlagen sein, sich der immensen Schwungkraft des deutsch-russischen Verhältnisses um Dritter willen dauerhaft zu entsagen.

Für die gesamteuropäische Sicherheit im 21. Jahrhundert ist eine deutsche Verteidigungsallianz mit osteuropäischen „free-ridern" genauso fruchtlos wie mit den USA. Deutschland erlitte keinen Sicherheitsverlust, sondern würde seine Sicherheitsrisiken verringern, wenn es die gegen Russland gerichteten NATO-Sprengsätze in Osteuropa mit Bündnispflichten nicht länger scharfmachte. Umgekehrt bedarf Deutschland des militärischen Beistands der USA weniger denn je. Letztlich hat die zwiespältige amerikanische Schutzzusage für die Bundesrepublik nur das Vakuum gefüllt, das durch die von den USA mitverschuldete deutsche Teilung entstanden war. Ein verteidigungspolitisch voll handlungsfähiges Deutschland einschließlich Nuklearstatus – die Hypothese sei einmal erlaubt – dürfte zusammen mit Frankreich unschwer über genügend Abschreckung verfügen, um Russland von einem Überfall auf Zentraleuropa abzuhalten.

Besser noch: ohne transatlantisches Sperrfeuer würden Berlin und Moskau sehr bald zu einer Schnittmenge gemeinsamer vitaler Interessen in Osteuropa gelangen. Nämlich den zwischen ihnen liegenden Raum wirtschaftlich zu durchbluten. Mit Maschinen aus Deutschland und Brennstoffen aus Russland. Darüber hinaus würden sie labile Staatengebilde einrahmen, deren Nationalgefühl und territorialer Besitzstand weit über den eigenen

Ressourcen für eine in sich ruhende Souveränität liegt. Ein deutsch-russisches Einvernehmen über Sicherheitsfragen in Osteuropa trüge Sorge, dort Unruheherde einzuhegen und ihnen vorzubeugen.

Kurzum: im Verhältnis Deutschlands zu Russland liegen für mindestens das nächste halbe Jahrhundert Perspektiven, die den deutsch-amerikanischen Beziehungen gänzlich abhanden gekommen sind. Der deutsche Industrietitan und der russische Rohstoffriese könnten wirtschaftlich kongenial ineinandergreifen. Ohne bilateralen Sicherheitskonflikt, der ihnen jetzt durch Fremdinteressen aufgebürdet wird. Für den russischen Präsidenten Putin „besteht keine Notwendigkeit, die Beziehungen zwischen der Russischen Föderation und der Bundesrepublik Deutschland in einen Zusammenhang mit unseren Beziehungen zu Drittstaaten zu setzen."[174] Dieses Licht ist den Koalitionären in Berlin noch nicht aufgegangen.

Sonst würde man die durchsichtigen US-amerikanischen und osteuropäischen Anläufe, Nord Stream II doch noch zu verhindern, links liegen lassen. Energiepolitisch kann niemand den Nutzen einer Verdoppelung der bisherigen Durchleitungskapazität der Ostseepipeline auf 110 Mrd.

---

[174] Wortprotokoll der Pressekonferenz von Bundeskanzlerin Merkel und dem russischen Präsidenten Wladimir Putin in Sotschi am 18. Mai 2018, https://www.bundesregierung.de/Content/DE/Mitschrift/Pressekonferenzen/2018/05/2018-05-18-pk-merkel-putin-sotschi.html.

Kubikmeter bestreiten. Damit würde der Jahresverbrauch an Erdgas in Deutschland mehr als gedeckt. Und zwar durch einen Energieproduzenten, der seine preisgerechten Lieferungen noch nie schuldig geblieben ist, jedoch aus der Erfahrungen mit räuberischen ukrainischen Transitunterbrechungen auf dem Landweg seine Konsequenzen zieht. Mit welchem Ziel? Für eine Minimierung der Transportrisiken durch eine Unterwasserleitung und ein hohes Maß an Versorgungssicherheit für die Endverbraucher. Darauf von deutscher Seite mit niederländischen, französischen und österreichischen Partnern zur Erhöhung der europäischen Energiesicherheit nicht einzugehen, wäre glatte Selbstbeschädigung. Die ist bereits weit genug gediehen. Weil Mut und Einsicht auf sich warten lassen, Flagge zu zeigen.

Mit der Folge, dass sich Deutschland in zutiefst widersprüchliche Sanktionsregime verstrickt hat: Einerseits wegen des ukrainischen Nachbarschaftskonflikts mit Russland die deutsch-russischen Wirtschaftsbeziehungen auf Sparflamme zu halten und andererseits wegen der Beteiligung an Nord Stream II Aussperrungen deutscher Konzerne vom amerikanischen Markt befürchten zu müssen. Damit nicht genug. Über all dem hängt inzwischen auch das Damoklesschwert des russischen Gesetzgebers, sanktionskonformen Unternehmen aus Deutschland die Geschäftstätigkeit in

Russland zu beschränken.[175] So mit sich umspringen zu lassen, um den europäischen Energiemarkt exklusiv für teure Schwelgasimporte aus den USA zu öffnen und osteuropäische Kostgänger zu alimentieren, lässt sich bei genauerem Hinsehen nicht mehr verantworten.

Was immer offensichtlicher fehlt, ist ein ausgewogener Maßstab, der die geopolitische Position Deutschlands mit der Anlage seiner Außenpolitik in Übereinstimmung bringt. Zumal die Verhältnisse schon von sich aus eine deutsche Annäherung an Russland und Entfremdung von den USA vorantreiben, die eine bange Politik nur mehr verzögern kann. Weil ihr die Mittellage Deutschlands aus komplexbeladener Scham verpönt ist und sie einer westlichen Wohngemeinschaft huldigt, die der amerikanische Hausherr mit explodierenden Mietforderungen sprengt.

Dass die Welt für Deutschland eine andere sein wird, als Wille und Vorstellung der deutschen Außenpolitik bislang zu erkennen geben, gilt endlich auch für die Zukunft der europäischen Integration. Am 10. Mai 2018 hielt Bundeskanzlerin Merkel in Aachen eine Laudatio auf den französischen Staatspräsidenten Macron. Anlässlich der Verleihung des Karls-Preises der Stadt an den jungen Mann, der – gerade einmal ein Jahr im Amt – mit

---

[175] Nikolaus Doll, Deutsche Firmen in Russland geraten in Panik, in: Die Welt (online) vom 16. Mai 2018, https://www.welt.de/176396809.

einigen Reden für ein Wiedererstarken der EU zwar etwas Flugsand ausgestreut,[176] aber bis dato weder französischen noch europäischen Boden mit Weizen bestellt hatte. Egal, in Zeiten um sich greifender Ernüchterung über das Integrationsprojekt, reicht jedwede „Initiative für Europa“ aus, sich als Preisträger für das zelebrierte Hochamt europäischer Einheitsbefürworter in der einstigen Kaiserpfalz im deutschen Grenzgebiet zu Belgien und den Niederlanden zu qualifizieren.

Selbst wenn die Forderungen des Franzosen nach mehr Umverteilung von Geld und Flüchtlingen, nach steuerlicher, sozialer und digitaler Regulierung noch so umstritten und unausgegoren sind. Die Lobpreisung des verleihenden Direktoriums, Macron habe „Europa neu inspiriert und der Debatte über eine vertiefte Einigung unseres Kontinents neuen Schwung und eine neue Dynamik gegeben“,[177] kommt wie das Pfeifen im Wald daher.

---

[176] Z.B. in seiner Rede vor dem Europäischen Parlament am 20. April 2018: „Wir dürfen unsere Ambitionen bei bereits bestehenden Politiken in keiner Weise herabschrauben; aber wir müssen unsere neuen Ambitionen noch hinzufügen.“ http://www.elysee.fr/declarations/article/die-rede-des-franzosischen-staatsprasidenten-vor-dem-europaischen-parlament-im-wortlaut.

[177] Begründung des Direktoriums der Gesellschaft für die Verleihung des Internationalen Karlspreises zu Aachen an den Präsidenten der Französischen Republik, https://www.karlspreis.de/de/aktuelles/karlspreis-2018 (26. Mai 2018).

Denn die Zeichen stehen anders. Das hinderte indessen auch Kanzlerin Merkel nicht daran, beim Festakt im Krönungssaal des Aachener Rathauses die ziemlich abgeleierte Melodie aus dem vorigen Jahrhundert anzustimmen.[178] Als schriebe man nicht das Jahr 2018, sondern 1918 ließ Merkel mit Blick auf Amiens, die Geburtsstadt des Geehrten, den alten Schwarz-Weiß-Film anlaufen:

„Wer vor den Gräbern der vielen jungen Menschen steht, die um ihr Leben betrogen wurden, weil nationale Engstirnigkeit und Verblendung unseren Kontinent an den Abgrund geführt haben, weiß um den Wert der europäischen Einigung. Sie hat uns Frieden und Freiheit, Demokratie und Rechtsstaatlichkeit gebracht. Nur die europäische Einigkeit ist es, die uns diese Errungenschaften auch für die Zukunft sichert." Ein Mythos, der nie stimmte und inzwischen in seiner Wirkung auch verblasst.

Wer will den ernsthaft behaupten, die Befriedung Europas nach dem Zweiten Weltkrieg verdanke sich in erster Linie den drei Europäischen Gemeinschaften Montanunion, Euratom und EWG von 1952 bzw. 1957. Denn damit fing ja alles an. Und dabei blieb es bis zum Mauerfall. Schon Mitte der 1960er Jahre hatte die Europäische Gemeinschaft

---

[178] Rede von Bundeskanzlerin Angela Merkel anlässlich der Verleihung des Karlspreises am 10. Mai in Aachen, https://www.bundeskanzlerin.de/Content/DE/Rede/2018/05/2018-05-10-rede-merkel-karlspreis.html, S. 1.

für Kohle und Stahl deutlich an Bedeutung verloren, da Öl zum importierten Energieträger Nr. 1 aufrückte. Euratom führte immer ein Schattendasein abseits der einzelstaatlichen Energiepolitik. Und der gemeinsame Markt der Europäischen Wirtschaftsgemeinschaft dümpelte mit Ausnahme der Agrarpolitik bis Ende der 1980er vor sich hin.

Dass Westeuropa in der zweiten Hälfte des 20. Jahrhunderts seine kriegerischen Konflikte aus der ersten Hälfte überwand, verdankte sich schon der NATO. Der gemeinsamen, von den USA angeführten Militärallianz gegen ein weiteres Vordringen des Sowjetkommunismus war es doch von vornherein mitgegeben, die freiheitlichen Demokratien zusammenzuschließen und zu schützen. Inklusive des besiegten, befreiten und unter Bewährung stehenden Westdeutschland. Undenkbar, dass unter den Gegebenheiten des Kalten Krieges Frankreich, Großbritannien und die Bundesrepublik als Verbündete einander überfallen hätten.

Unter dem Dach des Bündnisses musste zudem die wirtschaftliche Verflechtung voranschreiten. Eine bloße Zollunion hätte bis zum Mauerfall mutmaßlich dieselben handelsfördernden Effekte gezeitigt wie die supranationalen Regelwerke einer Brüsseler Behörde. Die Politische Union, Zugmaschine für einen europäischen Bundesstaat oder die Vereinigten Staaten von Europa kommt nicht vom Fleck, seitdem man sich daran versucht. Sie neben der Währungsunion 1992 in Maastricht aufs Gleis zu setzen, blieb ein frommer deutscher Wunsch. Die Vertragsrevisionen von Amsterdam (1997), Nizza (2002) und Lissabon (2007) gerieten allesamt zum Stückwerk.

Inzwischen bröckelt mit dem Ausstieg Großbritanniens, dem innergemeinschaftlichen Zerwürfnis in der Asylpolitik, osteuropäischen Verstößen gegen Demokratiestandards und dem Wiederaufleben nationaler Grenzkontrollen auch dieser Torso. Seine Baugeschichte und sein Zustand eignen sich zum wenigsten, ihn zum non-plus-ultra für ein friedliches Zusammenleben der Völker in Europa zu erklären. Auch wenn die eingewurzelte Politik und deren publizistische Fürsprache ihr Evangelium europäischer Integration in Endlosschleife herunterbeten.[179] Scheinbar unfähig und unwillig, ein wackliges Gedankengebäude aufzugeben.

Doch sehr sich die Vergangenheit mit einer Legende stilisieren lässt, die Zukunft ist damit nicht

---

[179] Typisch ein statement der derzeitigen Direktorin der Deutschen Gesellschaft für Auswärtige Politik (DGAP), der größten staatlich und privatwirtschaftlich finanzierten Denkfabrik für deutsche Außenpolitik: „Deutschland muss sich dabei vor Augen halten, dass es in seinem ureigenen Interesse ist, sich für die Stabilität der Europäischen Union und der Eurozone einzusetzen. Dies rechtfertigt höhere Investitionen in die EU – sowohl politisch als auch finanziell." Daniela Schwarzer, Der Status quo ist keine Option. Wie Berlin und Paris die EU zusammenhalten und voranbringen können, in: Internationale Politik Mai/Juni 2018, S. 13.

mehr zu manipulieren. Betrachtungen über die ungeklärte Finalität der europäischen Einigung kann man sich mittlerweile schenken. Sie ist erreicht. Von nun an geht es nur noch rückwärts oder getrennt weiter. Und Deutschland muss sich fragen, wie viel es sich das Ausharren auf einem sinkenden Schiff kosten lassen will, bevor ein Neubau vom Stapel läuft.

Der elitäre Traum, die Nationalstaaten würden im Europa des 21. Jahrhunderts wie Butter in der Sonne dahin schmelzen, ist aus. Die Mehrheit der Menschen in der EU und nahezu alle Regierungen der Mitgliedstaaten lassen sich davon nicht mehr die Sinne benebeln. Denn sie wissen, dass nur der Nationalstaat zureichende demokratische Verantwortlichkeit verbürgt, Identität bewahrt und vor Fremdbestimmung schützt.

Jenseits der freiwilligen Zusammenarbeit souveräner Einzelstaaten hat die EU nie den Beweis erbracht, als supranationales Gebilde reibungsloser zu funktionieren und bessere Ergebnisse zu liefern als die Nationalstaaten. Nicht beim Geld, nicht in der Verteidigung, nicht als Demokratie. Über dieses Manko kann noch so viel proeuropäisches Pathos nicht mehr hinwegtäuschen. Was die EU einstweilen noch zusammenhält, ist die Angst, ohne sie unbekanntes Terrain zu betreten und der Kitt, aus der vorhandenen Struktur noch wechselseitige Vorteile herauszuschlagen. Doch zunehmend unüberbrückbare Unterschiede führen an die Weggabelung heran, den Streit in der Kutsche zu beenden, den Mehrspänner auszuschirren und in guter Kameradschaft das jeweils eigene Pferd zu reiten.

Ein französischer Präsident, der nachfragepolitische Transfers aus einem gesonderten Budget der Eurozone und einen europäischen Finanzminister im Sinn hat, fing sich postwendend das Protestschreiben eines Teils der Angesprochenen ein. Unter Stimmführung der Niederlande macht ein „nordisches Bündnis" aus sieben weiteren Euro- und Nicht-Eurostaaten (Finnland, Irland, die baltischen Staaten sowie Schweden und Dänemark) Front gegen Macrons Reformpläne.[180] Die dürften sich auch für Deutschland als Mogelpackung entblättern, je mehr die Absicht zu Tage tritt, mit deutschem Steuergeld Wettbewerbsschwächen anderer Eurostaaten auszugleichen.

In der Migrationspolitik und dem nationalen Souveränitätsverständnis scheiden sich die Geister zwischen der tradierten Europapolitik im Westen und den osteuropäischen Neumitgliedern. Die krude polnische Dreistigkeit, jährlich am tiefsten in die EU-Kasse zu greifen und gleichzeitig mit der

---

[180] Finish Government, Ministry of Finance, European finance ministers' joint statement on the development of the Economic and Monetary Union, http://vm.fi/en/article/-/asset_publisher/valtiovarainministerien-yhteiskannanotto-euroopan-talous-ja-rahaliiton-kehittamisesta (6. März 2018).

Installierung eines Ein-Parteien-Staates aller rechtstaatlichen Grundsätze der Gemeinschaft Hohn zu spotten, gibt die Bindung der EU-Mitgliedschaft an Rechte und Pflichten der Lächerlichkeit preis. Ein ungarischer Ministerpräsident, der – in der Sache richtig oder falsch – gemeinschaftliche Beschlüsse zur Verteilung von Flüchtlingen offen boykottiert, dürfte genauso wenig Profite der EU einstreichen.[181]

Italien, das aufgrund seiner ausgeprägten Binnenwirtschaft mit kleinen, produktivitätsschwachen Familienbetrieben und wenigen weltmarktfähigen Unternehmen den Sparzwängen der Währungsunion nicht mehr genügen kann, ist über kurz oder lang genötigt, die Eurozone zu verlassen.[182] Mit der klaren Botschaft an alle ähnlich strukturierten Südländer, ihm folgen zu müssen, wenn die

---

[181] Boris Kálnoky, Orbán in Polen. Gemeinsam gegen den Rest der EU, in: Die Welt (online) vom 14. Mai 2018, https://www.welt.de/176347522.

[182] Ende Mai 2018 lehnte der italienische Staatspräsident Mattarella die Ernennung eines Kabinetts der EU-kritischen Wahlsieger vom März zunächst ab, weil sich namentlich der designierte Finanzminister Savona die Option für einen Rückzug Italiens aus der Währungsunion offen hielt. Angesichts einer unaufhaltsam steigenden Staatsverschuldung von über 130 Prozent des BIP und öffentlichen Schuldverschreibungen, die bereits zu einem Drittel in den Händen der EZB liegen, stemmte sich das italienische Staatsoberhaupt nur mehr verzögernd gegen den Gang des Unvermeidlichen.

Disparitäten zwischen Haushaltspolitik und Wirtschaftsleistung geldpolitisch nicht mehr zu verschleiern sind. All das wird das politische Handeln in nationalstaatlicher Verantwortung wieder erhöhen, den Verfall der EU ausleuchten. Mit ihrer Überdehnung hat sich zwangsläufig die Zerrissenheit der Union erhöht. Gegen allen Realismus trotzdem mit der Integration fortschreiten zu wollen, würde der EU ein noch schnelleres Ende bereiten und fiele bei den Wählern durch.

Ein Umdenken stößt in der deutschen Europapolitik allerdings auf die größten Schwierigkeiten. Strategisch ist man in keiner Weise auf die Fortexistenz, ja Wiedergeburt europäischer Nationalstaaten im 21. Jahrhundert vorbereitet. Einen solchen Paradigmenwechsel hat die offizielle Regierungspolitik anscheinend noch gar nicht begriffen, geschweige denn konzeptionell verarbeitet. Wie auch?

Keine politische Klasse in Europa misstraut der eigenen Nation so sehr wie die deutsche. In keinem Land verfing die Nachkriegsideologie, den Nationalstaat wegen seiner vermeintlichen Gefährlichkeit abschaffen zu müssen, so sehr wie in Deutschland. Für kein Volk sind die Abgründe der eigenen staatlichen Existenz eindringlicher erforscht worden als für das deutsche. Und doch muss sich Deutschland nun der Situation stellen, als mächtigste Erscheinung unter den ungeahnt bestandskräftigen Staaten in Europa seine Rolle neu finden zu müssen. Weil die langjährigen Prämissen des 20. Jahrhunderts anno 2018 endgültig nicht mehr stimmen. Und umgekehrte Voraussetzungen gleichermaßen veränderte Schlussfolgerungen für Deutschlands Außenbeziehungen verlangen. Als da wären …

Entfesselung von den USA

„Weil es mit Allianzen wie mit allen Verbrüderungen geht, wenn sie keinem sehr deutlich begrenzten Zweck entgegenarbeiten: sie zerfallen."[183] So klarsichtig äußerte sich der österreichische Außenminister und Staatskanzler Clemens v. Metternich 1814 über das Bündnis seines Landes mit Preußen, Großbritannien und Russland zur Niederwerfung der napoleonischen Fremdherrschaft in Europa. Sinnstiftend für die europäisch-atlantische Militärallianz im 20. Jahrhundert war die Gefahr, dass sich eine imperiale, zur kommunistischen Weltherrschaft drängende Sowjetunion den gesamten Kontinent bis zur Atlantikküste einverleiben würde. Das atlantische Gegenufer in die Fänge einer einzigen, ganz Eurasien dominierenden Landmacht geraten zu lassen, war für die USA nicht hinnehmbar. Zumal es sich dabei um den erklärten ideologischen Gegner der US-amerikanischen Weltordnungsvorstellungen handelte. Für Westeuropa hätte es den Freiheitstod bedeutet.

An ihren ursprünglichen, alles überragenden Zweck, von 1949 bis 1989 eine gemeinsame Bedrohung geschlossen abzuwehren, hat die NATO nach dem Ende des Kalten Krieges nie wieder an-

---

[183] Zitiert nach August Fournier, Der Congress von Chatillon, Wien 1900, S. 361.

knüpfen können. Allem „out-of-area"-Aktionismus, fast verdoppelter Mitgliederzahl und rhetorischem Weihrauch einer Wertegemeinschaft des Westens zum Trotz. Seit dem Amtsantritt der Trump-Administration in den USA sind die Widersprüche, Brüche und Gegensätze in der Allianz – vorab ein Seebündnis – nur noch greifbarer geworden. Die britische, weltweit angesehene Denkfabrik Chatham House muss in Sorge um die einzige Vertragsbindung zwischen den USA und Europa einräumen: „For many, the direction of – and the uncertainty inherent in – Trump's leadership make maintaining the close transatlantic relationship that has characterized the decades since the Second World War almost impossible."[184]

Was absehbar fortschreitet und sich auch unter einem anderen Präsidenten kaum mehr umkehren wird, ist der Verlust an beiderseitigen Verlass, weil frühere Gemeinsamkeiten in Trennungslinien umschlagen und innerhalb des Bündnisses nicht mehr überbrückt werden können. Donald Trump wird am transatlantischen Himmel nicht wie eine Gewitterwolke vorüberziehen. Eine Klimaperiode läuft aus. Besonders betroffen ist davon Deutschland. Und deshalb auch am meisten gefordert, die dröhnenden Missklänge des sicherheitspolitischen Dirigats der USA in der transatlantischen Big Band

---

[184] Xenia Wickett, Chatham House Report, Transatlantic Relations. Converging or Diverging, London 2018, S. 3.

nicht länger zu überspielen, sondern eine eigene harmonische Melodie für ein europäisches Orchester anzustimmen.

Entstehungsgrund und Geschäftsgrundlage der NATO bestanden nicht zuletzt darin, dass Deutschland als eigenständiger Machtfaktor in Europa ausgeschaltet war und mit seinem in zwei Hälften geteilten Restpotential jeweils einem der beiden feindlichen Militärformationen zugeschlagen wurde. Unterschwellig stimmten die Siegermächte nach dem Zweiten Weltkrieg in einem Punkt immer überein: deutsches Expansionsgebaren als Sicherheitsproblem für Europa zu verhindern. Von westlicher Seite durch Kontrolle, von Osten durch Gebietsabtretungen und Besatzung. Spuren davon blieben noch im Zwei-Plus-Vier-Vertrag erhalten, indem das vereinte Deutschland den Westmächten seine Zugehörigkeit zur NATO versicherte (Einbindung) und gegenüber der Sowjetunion die Oder-Neiße-Grenze anerkannte, auf nukleare Waffen verzichtete sowie eine Obergrenze seiner Streitkräfte und Stationierungsbeschränkungen auf dem Gebiet der früheren DDR akzeptierte.

Gefangen in den Traumata der Vergangenheit hatte damals niemand auf dem Schirm, dass Deutschland entgegen aller argwöhnischen Erwartungen zum friedlichen Ruhepol und wirtschaftlichen Stabilitätssockel in Zentraleuropa geraten würde. Nach dem Geschmack der USA militärisch viel zu passiv. Für Russland dagegen unverständlich prüde. Deutschland stieg in russischen Augen zum begehrten und umworbenen Wirtschaftspartner auf, ohne mit diesem nach einem Jahrhundert härtester Konfrontationen noch die Spur eines Sicherheitsproblems zu haben. Jedenfalls im bilateralen Verhältnis. Moskau hat keinen vernünftigen Grund mehr, aggressiven Akten einer Raum und Hegemonie begehrenden deutschen Großmacht vorbeugen zu müssen. Deutschland zeigt sich im 21. Jahrhundert nicht allein „saturiert" wie das Deutsche Reich in der Bismarck-Ära im 19. Jahrhundert, sondern zutiefst geläutert.

Umgekehrt ist Deutschland mit dem Abzug der Roten Armee aus der ehemaligen DDR und den früheren Warschauer-Pakt-Staaten außer Reichweite eines russischen Landkrieges geraten. Die Frage, wie groß oder klein dieses Risiko unter welchen denkbaren Umständen in Zukunft noch sein könnte, hat sich erledigt, da Deutschland weder strategisch noch operativ an seiner Ostgrenze eine Vorneverteidigung gegen russische Übergriffe auf deutsches Territorium als Kampfzone vorhalten muss. Selbst für den unwahrscheinlichen Fall neoimperialer Ambitionen beider Mächte gegeneinander oder ihres restlosen politischen und wirtschaftlichen Zerwürfnisses würde Ostmitteleuropa Deutschland und Russland erst einmal auf landseitigem Abstand halten.

Mit dem Ende des Kalten Krieges wich zunächst auch jeder ideologische und geopolitische Konflikt aus den deutsch-russischen Beziehungen. Denn mit der sowjetischen Freigabe der DDR und Osteuropas fiel die Demarkationslinie mitten durch Deutschland, die den Systemgegensatz räumlich und weltanschaulich so sichtbar bezeichnet hatte. Die vollständige Überwindung der deutsch-russischen Sicherheitsproblematik im Zuge der Wiedervereinigung hätte nach der Aussöhnung Deutschlands mit Frankreich und Großbritannien der entscheidende Schlussstein sein können, Europa ohne die USA dauerhaft zu befrieden. Denn wofür brauchte man Washington noch, wenn sich Moskau und Berlin ihrer gegenseitigen Bedrohungslosigkeit sicher sein konnten, überdies Paris und London von ihrem zentraleuropäischen Bündnispartner nichts zu befürchten hatten und für Westeuropa viele Vorteile, aber kein nennenswerter Nachteil auszumachen war, mit Russland gute Beziehungen zu pflegen?

All das hat die transatlantisch motivierte Osterweiterung der NATO durchkreuzt. Mit östlicher Verschiebung ist man – cum grano salis – wieder in die Frontenlage des Kalten Krieges zurückgefallen. Russland seitens der USA und ihrer osteuropäischen Verbündeten gleichermaßen zu dämonisieren wie zu provozieren, hält Europa in dem unterwürfigen Glauben, auf die „military power" Washingtons nicht verzichten zu können. Mit der perfiden Variante der Trump-Administration, Sicherheitszusagen nicht vertraglich, sondern politisch und wirtschaftlich auszulegen, d.h. von dem Wohlgefallen des US-Präsidenten über alliierte Erfüllungsgehilfen seiner „America first"-Agenda abhängig zu machen.

Deutschland hat sich einen politischen Bumerang eingehandelt. Für zweifelhafte Verbündete zwischen Oder und Narva deutschen Beistand formal zu garantieren, zwingt Deutschland, wider die eigene Lage und die eigenen Bedürfnissen Farbe für die NATO und gegen Russland zu bekennen. Wer will ausschließen, dass eingeschworenen Transatlantiker gerade darauf erpicht waren? Lässt sich auf diese Weise doch verhindern, was bei allen Geopolitikern in den USA Beklemmungen zur Folge hätte: ein störungsarmes Zusammenwirken zwischen Russland und Deutschland, das seine Juniorrolle abschüttelte, anstatt mit höheren Eigenbeiträgen Waffendienst für die USA in Osteuropa zu schieben. Unzweifelhaft hat Deutschland mit der Kontinentalausdehnung der NATO die 1990 selbst erworbene Sicherheit wieder ein Stück weit preisgegeben. Um für fremde, unberechenbare Risiken mitzuhaften und erneut in einen Konflikt mit Russland einzusteigen, der mit der deutschen Einheit längst überwunden war.

Eine solche Politik ist entweder unverantwortlich oder unglaubwürdig. Unverantwortlich, wenn sie tatsächlich damit hasardiert, sich um Polen, der baltischen Staaten oder der Ukraine willen an einem Bündniskrieg gegen Russland zu beteiligen.

Unglaubwürdig, so sie mit markigen Worten und Truppeneinsätzen an der NATO-Ostflanke blufft, im entscheidenden Moment jedoch abspringt.

Einstweilen mischt sich beides in der deutschen Außenpolitik, weil sie noch dem Schein, nicht dem Sein der Dinge nachgibt. Sonst würde ihr die Antwort auf zwei richtungweisende Fragen nicht schwer fallen: Was hat das transatlantische Bündnis unter einem willkürlichen US-Regenten Deutschland für den vorhersehbaren Zeitraum zu bieten? Welche Möglichkeiten liegen für Deutschland und Europa darin, sich vor allem sicherheitspolitisch von den USA zu emanzipieren?

Selbst umsichtige Sachkenner in Washington geben sich keinen Illusionen hin, wie die USA für mindestens eine halbes, wenn nicht ein ganzes Jahrzehnt mit ihren bislang engsten militärischen Verbündeten in Europa verfahren werden: „Trump has a much narrower understanding of the national interest than any other president. He may well be tempted by the … strategy of playing divide and rule to take short-term advantage."[185]

Den europäischen „Partnern" Sanktionen wegen ihrer energiepolitischen Verbindungen nach Russland und ihrer Vertragstreue zu einem atomaren Abrüstungsabkommen mit dem Iran angedeihen zu lassen, sie zudem mit Strafzöllen in einen Han-

---

[185] Thomas Wright, A Post-American Europe and the Future of U.S. Strategy, Brookings Institution, Washington, D.C. 2017, S. 16.

delskrieg zu stürzen, gibt mehr als einen Vorgeschmack darauf, was es bedeutet sich weiterhin sicherheitspolitisch den USA auszuliefern: Drohungen und Demütigungen, Zuckerbrot und Peitsche. Je nachdem, wie gut sich der jeweilige europäische Staat im Visier der Trump-Administration zu den definierten oder ad hoc posaunten Interessen der USA stellt.

Wenn sich Deutschland dabei nicht zum Narren halten will, sollte es den Glauben an ein gemeinsames, transatlantisches Bemühen um eine „regelbasierte internationale Ordnung"[186] schleunigst fallen lassen. Bedienten sich seit den Anschlägen vom 11. September 2001 bereits die beiden US-Präsidenten Bush und Obama der Verpflichtung auf liberal-demokratische Werte und internationales Recht nur mehr als Steinbruch, aus dem sie herausbrachen, was ihnen für amerikanische Weltpolitik opportun erschien, so lässt Trump rechtliche Einschränkungen oberhalb von Macht, Wille und Vorteilsnahme des Stärkeren gar nicht mehr gelten.

Damit bekennen sich die USA offiziell zur Anarchie in den internationalen Beziehungen. Wer den amerikanischen Nutzen nicht mehrt, wird bekämpft oder beiseite geschoben. Die internationale Arena besteht aus Gefolgsleuten, Mitläufern, ausgemachten Feinden und potentiellen Rivalen.

---

[186] Bundesministerium der Verteidigung (Anm. 5), S. 52.

Deutschland hat durchaus die Wahl, bei dieser waghalsigen Geisterfahrt als Sozius mit aus der Kurve geschleudert zu werden oder rechtzeitig auszusteigen. Vor Augen muss der deutschen Außenpolitik stehen:

In den militärischen und sicherheitspolitischen Führungsgremien der USA hat sich inzwischen eine geopolitische Sichtweise durchgesetzt, in der das Modell des wohlwollenden Friedensstifters und Ordnungshüters nicht mehr vorkommt. Vielmehr geht man dort mit hoher Wahrscheinlichkeit von Konflikten und Kriegen in einem Umfeld aus, in dem „powerful and increasingly ambitious adversaries actively work to maximize their own influence while excluding or limiting U.S. influence.[187] Das schrieben die Generalstabschefs der US-Streitkräfte bereits vor dem Amtsantritt Donald Trumps in einer Analyse, die das strategische Umfeld für die USA bis zum Jahr 2035 in Augenschein nahm.

Beachtenswert ist dabei, dass die amerikanische Militärspitze bereits den Aufstieg wirtschaftlicher Wettbewerber außerhalb des Bündnissystems der USA für sehr bedenklich hält. Dazu zitieren die Vier-Sterne-Generäle den Chicagoer Politikprofessor Mearsheimer: „Economic might is the founda-

---

[187] Joint Chiefs of Staff, Joint Operating Environment 2035. The Joint Force in a Contested and Disordered World, Washington, D.C. 2016, S. 27.

tion of military power… and a reliable way to gain a military advantage over rivals."[188]

Wer die Gegner und Rivalen der USA in diesem Ringen um geopolitische Vorherrschaft sind, sprachen der Joint Chief of Staff ebenso offen aus wie die danach verfassten amtlichen Dokumente für die Sicherheitspolitik der Trump-Administration: „Revisionist powers" wie China und Russland, „rogue regimes" wie Nord-Korea und Iran.[189] Gegen diese und andere, noch ungenannte Staaten wollen die USA zu allen Mitteln ihrer nationalen Macht greifen „to ensure that regions of the world are not dominated by one power."[190] Außer – so ließe sich unausgesprochen hinzufügen – von den USA.

Sich dieser amerikanischen Kampfansage anzuschließen, würde Deutschland zum Handlanger rechtsfreier und gewaltbereiter Weltherrschaftspolitik machen. Ohne Erfolgsaussicht. Den Iran zur bedingungslosen Kapitulation gegenüber Ansprüchen der USA zwingen zu wollen, dürfte bereits ein Spiel mit dem Feuer sein. Es jedoch zeitgleich mit China und Russland aufzunehmen, bedeutet ein

---

[188] Joint Chiefs of Staff (Anm. 187), S. 28; John Mearsheimer, The Tragedy of Great Power Politics, New York 2014, S. 142.

[189] Department of Defense, Summary of the 2018 National Defense Strategy of the United States of America, Washington, D.C. 2018, S. 2.

[190] The White House (Anm. 4), S. 4.

Risikokaliber, bei dem Deutschland als Büttel der Trump-Administration nur verlieren kann. Die deutsche Außenpolitik würde sich aller multilateralen Handlungsmöglichkeiten berauben und die Erfolgsvoraussetzungen des Handelsstaates zunichtemachen. Der ist auf Rechtssicherheit, geltende Verträge und den Güteraustausch mit allen Teilen der Welt angewiesen. Ohne konstruierte geopolitischen Feindbilder, die in eine wechselseitige Bedrohungsspirale münden.

Die US-amerikanische Binnenwirtschaft mag eine Abschottung gegen russische und chinesische Importe verkraften können. Es wäre Sache der Trump-Administration, mit einer solchen Probe auf das Exempel dann 2020 vor die amerikanischen Wähler hinzutreten.[191] Für die deutsche Außenwirtschaft käme es dagegen einer absolut vermeidbaren Katastrophe gleich, mit der Nr. 1 in der deutschen Handelsbilanz (China) und dem wichtigsten Zulieferer fossiler Energieträger (Russ-

---

[191] Die Auswirkungen höherer Importzölle der USA auf Stahl, Aluminium und Autos aus deutscher Produktion hielten sich für Deutschland in Grenzen. Mit der abseitigen Begründung, die nationale Sicherheit der USA schützen zu müssen, würde selbst ein Anheben der amerikanischen Einfuhrzölle für BMW & Co. von 2,5 auf 27,5 Prozent das deutsche BIP nur um 0,16 Prozent schwächen. Siehe ifo: US-Autozölle würden Deutschland fünf Milliarden Euro kosten, Pressemitteilung vom 24. Mai 2018. Die Zeche für Trumps Handelsbarrieren würden die Autokäufer der middle class zwischen Boston und Seattle zahlen.

land) zu brechen, um ein Land außenpolitisch zu hofieren, auf das zuletzt 8,6 Prozent der Exporte aus Deutschland entfielen. Zumal sich die amtierende US-Regierung so oder so anschickt, der Wettbewerbsstärke Deutschlands auf dem amerikanischen Markt mit Protektionismus den Garaus zu machen. Zum Dank dafür muss sich die deutsche Politik einem Kriegsherrn im Weißen Haus nicht mit Kombattantendiensten anempfehlen.

Wie schief und abschüssig die Bahn ist, auf die Deutschland sicherheitspolitisch im Beiwagen der USA geraten würde, legt der nukleare Tabubruch im geostrategischen Denken des Pentagon bloß. Hier tritt die Kehrseite, realitätsblind auf atomare Abschreckung in der Befehlsgewalt des US-Präsidenten zu vertrauen, eklatant hervor. Was eigentlich die Unversehrtheit des deutschen Territoriums zu 100 Prozent garantieren soll, mutiert unter dem amerikanischen Präsidenten Trump zum nuklearen Vernichtungsrisiko.

Der aktualisierten „Nuclear Posture Review"[192] von Anfang 2018 ist unmissverständlich zu entnehmen, dass Washington im Konfliktfall den Einsatz taktischer Atomwaffen für begrenzte Zwecke erwägt. Das sind erwiesenermaßen keine nuklear bestückten Interkontinentalraketen, mit denen Washington einem potentiellen Aggressor eine vernichtende Zweitschlagkapazität androhen und

---

[192] U.S. Department of Defense (Anm. 62).

damit das Eskalationsrisiko mit seinen NATO-Verbündeten vollumfänglich teilen würde. In Rede steht „in einem erweiterten Risikospektrum mit variablen Kernwaffenschlägen zu reagieren und nukleare mit konventionellen Fähigkeiten zu kombinieren."[193]

Diese Option stützt sich auf eine letztlich unhaltbare, für die Betroffenen unerträgliche Annahme: einen Angreifer mit gezielten Kernwaffenschlägen limitierter Sprengkraft zurückzuschlagen, ohne die Frontstaaten atomar zu verheeren. Man stelle sich einmal vor, zwischen Polen und Russland käme es im Kaliningrader Gebiet zu beiderseitigen Grenzverletzungen ungeklärten Ursprungs. Daraufhin schritte die polnische Regierung zur Tat und würde mit Rückversicherung der NATO einen Grenzstreifen präventiv besetzen. Russlands Drohung mit Raketenbeschuss würde die Allianz mit Luftschlägen gegen russische Abschussstellungen beantworten. Schon wäre die Nuklearschwelle erreicht, ab der Russland Iskander Kurzstreckenraketen gen Berlin abfeuerte und der US-Präsident aus sicherer Entfernung abgestufte Atomschläge befehligte.

Bar jeder eigenen Verwundung würde Washington den Atomtod nach Vorpommern tragen. Und mit verschränkten konventionellen Armen Deutschland in die Pflicht nehmen, für seinen benachbarten Bündnispartner gefälligst in die Bre-

---

[193] Wolfgang Richter (Anm. 150), S. 1.

sche zu springen. Dabei kann die deutsche Politik im Grunde gewiss sein, dass sich die russische Raketenstationierung im früheren Ostpreußen nicht bilateral gegen Deutschland richtet. Berlin wird quasi in Sippenhaft genommen. Von Russland für die deutsche Waffenbrüderschaft mit den russischen Anrainerstaaten. Von den USA mit Verweis auf seine Beistandspflicht.

Das Grundübel der Osterweiterung samt der sich jetzt abzeichnenden nuklearstrategischen Weiterungen setzt Deutschland einer noch größeren Gefahr atomarer Apokalypse aus als zu Zeiten des Kalten Krieges. Der deutsche Selbstbetrug, die transatlantischen Sicherheitsbedürfnisse seien über allen Zeiten hinweg identisch, fliegt endgültig auf.

Ungeachtet dessen im baden-württembergischen Ulm eine zusätzliche Kommandozentrale der NATO für rasche Truppen- und Materialbewegungen nach Osten einzurichten, weist ganz sicher in die falsche Richtung.[194] Wie auch die Bereitschaft, auf Verlangen der Trump-Administration Deutschland an einer reaktionsschnelleren Eingreiftruppe der NATO gegen russische Übergriffe maßgeblich zu

---

[194] „Deutschland wird Standort für neues Nato-Hauptquartier", in: Süddeutsche Zeitung vom 1. Juni 2018, http://www.sueddeutsche.de/politik/verteidigungs-buendnis-deutschland-wird-standort-fuer-neues-nato-hauptquartier-1.3998073.

beteiligen.[195] Der Weg aus dem deutschen Sicherheitsdilemma und der wachsenden Risikoallianz mit den USA muss ein anderer sein.

Zur Eigenartigkeit des transatlantischen Bündnisses in den siebzig Jahren seines Bestehens gehört, dass ein echter Beistandsfall[196] gemäß Art. 5 des NATO-Vertrags kein einziges Mal eingetreten ist. Ein bewaffneter Angriff auf das Gebiet der nordatlantischen Vertragsstaaten hat noch nie stattgefunden. Das kann man als Erfolg der Allianz verbuchen oder ihrer Bedeutungslosigkeit zuschreiben. Allein die Fiktion – nicht die Faktizität – eines möglichen Überfalls auf einen von ihnen hatten die Bündnisstaaten freilich so verinnerlicht, dass sie selbst nach dem Wegfall des Warschauer Pakts als militärischem Counterpart in Europa an der NATO festhielten. Oder aus purer Gewohnheit und politischer Unbeweglichkeit die überkommene bünd-

---

[195] „Die NATO rüstet auf. Schnellere Einsatzbereitschaft im Bündnis", in: Deutsche Welle (online) vom 6. Juni 2018, http://p.dw.com/p/2z2.

[196] Zum bisher einzigen Mal den Bündnisfall nach den Terrorakten von Al-Qaida in den USA im September 2001 auszurufen, verdrehte den Sachverhalt. Betroffen war die innere, nicht die äußere Sicherheit. Seitens der europäischen NATO-Mitglieder uneingeschränkte Solidarität mit den USA zu bekunden, war überdies belanglos. Die Bush-Administration ging erst einmal im Alleingang gegen das Terrornetzwerk in Afghanistan vor.

nispolitische Zuordnung ihrer Streitkräfte unter amerikanischen Oberbefehl fortsetzten.[197]

Die eigentliche Schicksalsfrage ist allen Allianzmitgliedern bislang erspart geblieben. Nämlich welchen Beistand eine NATO-Vertragspartei leistet, indem sie gemäß Art. 5 „Maßnahmen, einschließlich der Anwendung von Waffengewalt, trifft, die sie für erforderlich erachtet, um die Sicherheit des nordatlantischen Gebiets wiederherzustellen und zu erhalten."[198]

Insofern hat aber auch noch niemand der inzwischen 29 NATO-Verbündeten unter Beweis stellen müssen, wie ernst es ihm mit dieser Bestandspflicht ist und welche Gefahr er dafür auf sich nehmen würde. Auch die USA nicht. Und die Zweifel an ihrer Verlässlichkeit bestehen nicht erst seit Beginn der Trump-Präsidentschaft. Sie haben das euroatlantische Bündnis von Anfang an begleitet, dessen vertragliche Grundlage auf Drängen des damals ratifizierenden US-Kongresses gerade nicht eine automatische militärische Beistandspflicht

---

[197] Frankreich, das unter de Gaulle in den 1960er Jahren die integrierte Führungsstruktur der Allianz verlassen hatte, gliederte sich erst 2009 wieder ein. Ausgenommen ist davon nach wie vor das französische Kernwaffenarsenal, das der ausschließlichen Entscheidungsgewalt des Staatspräsidenten unterliegt.

[198] Wortlaut gemäß Nordatlantikvertrag vom 4. April 1949, https://www.nato.int/cps/en/natohq/official_texts_17120.htm?selectedLocale=de.

vorsieht, sondern Gegenmaßnahmen in das Ermessen jedes Alliierten stellt. Hier sollte Deutschland unbedingt einhaken. Als erster Schritt und Warnschuss an die Trump-Administration, ihren Zudringlichkeiten und Anwürfen nicht einfach nachzugeben, an vorderster Front für hochmütige osteuropäische Bundesgenossen zu fechten.

Auf den Überlebenstrick der NATO, sich nach dem Verlust der Sowjetunion als Gegner mit der harten, grenznahen Bedrängung Russlands ein neues Feindbild geschaffen zu haben, darf Deutschland nicht länger hereinfallen. Berlin hat kein Sicherheitsproblem mit Moskau, wenn es denn nicht Partei für Dritte ergreift, deren Politik Deutschland nicht kontrollieren kann. Völlig unangebracht, ja fahrlässig sind Bekenntnisse deutscher Politiker, für Polen und die baltischen Staaten unter allen Umständen Gewehr bei Fuß zu stehen. Anstatt den Wesensgehalt von Art. 5 unverantwortlich zu verkürzen, sollte seine volle Bandbreite ausgeschöpft werden.

Mit der Betonung, dass Deutschland in sorgfältiger Ansehung der jeweiligen Konfliktlage Maßnahmen erwägt, die der Sicherheit des Vertragsgebietes dienen. Dazu zählen auch Vermittlungsbemühungen und Deeskalationsstrategien. Deutschland muss eben nicht – wie sich das polnische und baltische Heißsporne denken – seine Panzer in Marsch setzen, sobald sich die NATO-

Neumitglieder zu Grenzscharmützeln mit Russland verleiten lassen.[199]

Einen solchen Abstand zu wahren und zu kommunizieren ist einer deutschen Politik natürlich kaum zuzutrauen, die eine proamerikanische und russlandkritische Grundhaltung einnimmt[200], die unverrückt Nähe zu den USA demonstriert, wo Distanz längst geboten ist. Diese wahlblinde Vor-

---

[199] Bundesverteidigungsminister v. der Leyen tut sich regelmäßig besonders hervor. So am 21. März 2018 im Deutschen Bundestag: „Wir stehen selbstverständlich ohne Wenn und Aber zu unseren Verpflichtungen und Zusagen … in der NATO." Gegen Moskau sattelt die ungediente CDU-Politikerin und siebenfache Mutter gerne ihr Schlachtross. Unter der Devise, „dass für Deutschland auch bei schwierigen Debatten, etwa wenn es um unser Verhältnis zu Russland geht, jederzeit und bei aller Bereitschaft zum Dialog, die wir haben, klar ist, wo wir stehen, auf welcher Seite des Tisches wir sitzen." Deutscher Bundestag, Stenografischer Bericht, Plenarprotokoll 19/22 vom 21. März 2018, S. 1881.

[200] Desillusionierender Erfahrungen zum Trotz sprach Kanzlerin Merkel auch nach ihrem zweiten Besuch bei Präsident Trump im April 2018 davon, dass die „transatlantischen Beziehungen existenziell für uns sind." https://www.bundesregierung.de/Content/DE/Mitschrift/Pressekonferenzen/2018/04/2018-04-27-pk-merkel-trump.html. In den Beratungen zum Bundeshaushalt 2018 warb Merkel für höhere Verteidigungsausgaben, „um die zusätzlichen Aufgaben, die wir heute haben, bewerkstelligen zu können: die Luftraumüberwachung im Baltikum, die Rückversicherung für Polen und die drei baltischen Staaten". Deutscher Bundestag, Stenografischer Bericht, Plenarprotokoll 19/32 vom 16. Mai 2018, S. 2975.

einstellung wird sich nicht kurzfristig ändern. Die Rückständigkeit einer schwachen Bundesregierung soll uns indessen nicht hindern, der Zeit, die ihr Werk schon tun wird, mit einem zweiten, notwendigen Schritt gedanklich vorzugreifen: einer deutsch-russischen Sicherheitsverschreibung.

Eine eurasische Sicherheitsordnung

Auf die Frage einer repräsentativen Meinungserhebung: „Welchen politischen Kurs wünschen Sie sich von Deutschland gegenüber Russland?" antworteten im März 2018 fast 60 Prozent der befragten Deutschen eindeutig. Sie sprachen sich für eine Annäherung der Bundesrepublik an Russland aus.[201] Gerade einmal ein Viertel der Umfrageteilnehmer aus einem Querschnitt der Wahlbevölkerung lehnte dies ab. Der Handlungsauftrag und die Erwartungshaltung der Bürger an die deutsche Außenpolitik sind damit klar formuliert: Entspannung statt Härte gegenüber Russland. Für eine scharfe Konfrontation mit dem größten Flächenstaat der Erde – sei sie system- oder bündnispolitisch motiviert – hat keine deutsche Regierung ein Mandat der Bevölkerung.

Das müsste die deutsche Inkaufnahme eines erhöhten Kriegsrisikos durch die „Enhanced Forward Presence" („Verstärkte Vornepräsenz") der NATO an ihrer Ostflanke eigentlich ausschließen. Jedenfalls kann die einstweilen verantwortliche Regierung Merkel-Scholz nur hoffen, dass die Waffenschau multinationaler Kampfbataillone der Allianz in Lettland, Estland, Litauen und Polen keine

---

[201] Cornelia Karin Hendrich, Mehrheit der Deutschen wünscht politische Annäherung an Russland, in: Die Welt (online) vom 17. März 2018, https://www.welt.de/17464 8662.

schwerwiegenden Zwischenfälle mit den russischen Streitkräften im westlichen Militärdistrikt unterlaufen.

Die Bundeswehr hat eine Kampfkompanie des Panzergrenadierbataillons 371 aus Marienberg mit 14 Schützenpanzern und 8 Kampfpanzern Leopard 2 nach Litauen entsandt. Sie dort – das NATO-Kommando führend – die Schwelle zu Kampfhandlungen überschreiten zu lassen, würde jedes zureichenden Rückhalts in der Heimat entbehren. Verständlicherweise. Anders als die Regierenden sind sich die Regierten in Deutschland vollauf bewusst, einen Krieg gegen Russland um streitsüchtiger Nachbarn willen[202] weder führen zu müssen noch gewinnen zu können.

Was die Bürger der Politik mit ihrem Wunsch nach besseren Beziehungen zu Russland unmissverständlich auftragen, wollen wir einmal in einen konkreten Vorschlag überführen. Die Bundesregierung würde sich damit nur ehrlich machen. Entgegen aller politischen Beistandsdeklamationen und

---

[202] Die östlichen NATO-Staaten legen stetig nach, das Bündnis gegen Russland in Zugzwang zu bringen. In einer Warschauer Erklärung der B9-Gruppe von Anfang Juni 2018 sprechen sich die Vertreter neun osteuropäischer Bündnismitglieder dafür aus, die Beitrittsaspiranten Ukraine und Georgien sowie die Republik Moldau und den Westbalkan seitens der Allianz zu unterstützen. Monika Sieradzka, Osteuropa will stärkere NATO-Präsenz, in: Deutsche Welle (online) vom 8. Juni 2018, http://p.dw.com/p/2zBEI.

vermeintlicher Gefechtsbereitschaft deutscher Luftwaffen- und Heereseinheiten im baltischen Schaufenster wird sich kein deutscher Regierungschef unter den gegebenen Umständen in einen Krieg gegen Russland hineinziehen lassen. Wie dargelegt, gibt es auch keinen militärischen Beistandsautomatismus nach Art. 5 des NATO-Vertrags. Worauf die deutsche Politik baut, ist pure Abschreckung, um die Bündnisfassade zu wahren. Der Ernstfall darf schon deshalb nicht eintreten, weil für die militärische Eskalation die politische Zustimmung in Deutschland fehlt.

Ungleich besser als sich auf dem dünnen Eis der eigenen Glaubwürdigkeit und ungedeckter bewaffneter Bürgschaften zu bewegen, wäre es, wenn Deutschland sicherheitspolitisch mit Russland selbst ins Reine käme.[203] Im Kern ginge es darum, eine beiderseitige Sicherheitsgarantie bilateral zu konkretisieren. Das Gewaltverzichtsgebot in der Charta der Vereinten Nationen und im deutschen Souveränitätsvertrag von 1990 ist dafür eine zu schwache Unterlage, der noch gültige deutsch-sowjetische Freundschaftsvertrag von 1991 größ-

---

[203] Die Verschlagenheit der Trump-Administration mahnt jede deutsche Regierung zur Eile und Wachsamkeit. Sollten die USA mit Russland stillschweigend übereinkommen, sich in Osteuropa nicht zu befehden, wäre das für Deutschland ein hinterhältiger Deal. Im Spannungsfall würde es von den östlichen NATO-Mitgliedern umso mehr bedrängt, Gefechtsbereitschaft gegen Russland zu demonstrieren.

tenteils veraltet. Ein gesondertes sicherheitspolitisches Abkommen zwischen Deutschland und Russland steht also an. Eine belastbare, krisenfeste und bedrohungsresistente Sicherheitsverschreibung für mindestens zwei Jahrzehnte. Ihr oberster Grundsatz würde lauten: beide Vertragsparteien sagen sich unabhängig von ihren jeweiligen Bündnissen unbedingte Friedfertigkeit zu.

Deutschland und Russland verbieten sich grundsätzlich, gegeneinander Krieg zu führen und sich an Angriffshandlungen Dritter auf deutsches oder russisches Territorium zu beteiligen. Damit wäre zunächst einmal für beiden Staaten ausgeschlossen, untereinander in einen militärischen Konflikt zu geraten und einander abschrecken zu müssen. Darauf können sich Deutschland und Russland einlassen, ohne befürchten zu müssen, von dem jeweils anderen als Wasserträger oder Stillhalter benutzt zu werden. Denn anders als ein klassisches Defensivbündnis würde sich das deutsch-russische Sicherheitsabkommen nicht gegen eine von anderen ausgehende Bedrohung richten. Zuvorderst wäre es das Verhältnis der beiden Vertragsparteien, das von Kriegsrisiken freigehalten würde. Und anders als eine Neutralitätsabsprache gäbe es jeder Seite nicht einfach freie Hand zu tun und zu lassen, was sie will, solange der Frieden mit dem Vertragspartner gewahrt bliebe.

Zwar wäre es sowohl Russland wie Deutschland unbenommen, sich nach eigenem Dafürhalten

Bündnissen und Organisationen kollektiver Verteidigung anzuschließen. Allerdings würde vertraglich vereinbart, dabei deutsche oder russische Sicherheitsbedürfnisse nicht zu beeinträchtigen bzw. angemessen zu berücksichtigen. Hinzu käme das Recht, Sicherheitsbedenken hinsichtlich der Politik einer Vertragspartei mit Dritten anzumelden und Konsultationen einzuberufen. Die fänden überdies obligatorisch in allen Fällen statt, in denen Belange der Sicherheitsübereinkunft zwischen Deutschland und Russland schwerwiegend gestört oder ernsthaft gefährdet sind.

Damit würde das Risikopotential der NATO-Osterweiterung, die Berlin und Moskau ohne Not in eine neue Form der Konfrontation gepresst hat, drastisch entschärft. Zumindest von Deutschland als der stärksten konventionellen Streitmacht in Europa erhielte Russland, was ihm mit der NATO-Russland-Grundakte und dem NATO-Russland-Rat verwehrt blieb: eine Gewähr seiner eigenen Sicherheit und Gleichberechtigung im Dialog über europäische Sicherheitsfragen.

Deutschland würde sich dadurch nichts vergeben. Außer seine beflissenen, fremdbestimmten Treueschwüre zu einer Militärallianz beenden, die von Deutschland erwartet, Kriegsgefahren für sicherheitspolitische Mitesser auf sich zu nehmen, epochale Möglichkeiten deutsch-russischer Partnerschaft in den Wind zu schlagen und sich ein Land dauerhaft zum Feind zu machen, das nichts lieber als sein Freund sein will. Damit Osteuropa geopolitisch in der Einflusssphäre der USA verbleibt. Und eine gesamteuropäische Friedensordnung absichtsvoll sabotiert wird.

Gerade darin läge ja die große Perspektive einer deutsch-russischen Verständigung in Sicherheitsfragen: Zwischeneuropa einzufassen anstatt seiner inneren, weltanschaulichen Spaltung in westliche oder östliche Zughörigkeit immer wieder neue Nahrung zu geben. Die NATO in der Beziehung zwischen Deutschland und Russland künftig außen vor zu halten, könnte der erste Bauabschnitt für mehr sein: ein zunächst kontinentales und dann auch eurasisches Sicherheitsgebäude.

Frankreich wäre willkommen und geeignet, in die deutsch-russische Verständigung einbezogen zu werden.[204] Vorausgesetzt, es ziert sich nicht und

---

[204] Großbritannien muss und sollte nicht mit von der Partie sein. Nach dem Brexit rutscht es immer mehr zum Appendix der USA in der NATO ab. Bündnispolitisch stößt es derzeit nur in das Horn der entschiedensten Russland-Gegner. Mit der haltlosen Bezichtigung aus London, Russland habe den Giftanschlag auf den ehemaligen Doppelagenten Skripal in Salisbury am 4. März 2018 verübt, hat das britisch-russische Verhältnis einen vorläufigen Tiefpunkt erreicht. Solange Brexiteers in Downing Street den Ton angeben, ist auch für Deutschland nicht gut Kirschen essen mit dem Vereinigten Königreich. Der schon gegen die EU gerichtete Argwohn, Berlin wolle den Kontinent dominieren, würde mit einer deutsch-russischen Tuchfühlung noch mehr Auftrieb erhalten. Grund genug, den Inselstaat bis auf weiteres seiner Selbstisolierung zu überlassen.

unterlässt Ränke, den einen gegen den anderen auszuspielen. Zugegeben, ein Dreiecksverhältnis ist immer schwieriger als eine Zweierbeziehung. Aber Deutschland befindet sich in der angenehmen Situation, mit Russland eine engere Partnerschaft eingehen zu können, ohne darüber die französische zu verlieren. Und umgekehrt. Frankreich selbst, dessen Energieversorgungskonzern Engie als Projektgesellschafter Nord Stream 2 mitfinanziert, winken große, vor allem rüstungswirtschaftliche Geschäfte mit Moskau, sollte Paris es Deutschland dereinst gleich tun und seine politischen Beziehungen mit Moskau glätten.

Der amtierende, viel zu unerfahrene Präsident Macron ist – so er den abfahrbereiten Zug nicht erkennt und eine wirkliche Kehrtvolte hinlegt – dafür allem Anschein nach erst einmal zu unentschieden. [205] Nicht zuletzt unter dem Einfluss der

---

[205] In einem Interview ein knappes halbes Jahr nach seiner Wahl bekannte sich Macron trotz Trump entschieden zu den USA: „Das transatlantische Verhältnis ist ein starkes und muss es bleiben, die USA sind ein Alliierter im Lager der Freiheit. In Sicherheits- und militärischen Fragen ... sind wir eng miteinander verbunden." Interview mit Frankreichs Präsident Emmanuel Macron, in: Der Spiegel vom 14. Oktober 2017, S. 15. Nach einer ernüchternden Visite bei dem charmeresistenten US-Präsidenten ließ Macron den danach besuchten russischen Präsidenten Putin plötzlich wetterwendisch wissen: „Ich möchte in den nächsten zehn Jahren Hand in Hand arbeiten, um das nötige Vertrauen zu

ansonsten für ihren Opportunismus berüchtigten deutschen Kanzlerin, die es bis zum Ende ihrer letzten Amtszeit wohl nicht mehr fertig bringen wird, aus dem langen euroatlantischen Schatten herauszutreten.[206]

Doch abseits dieser Übergangsfiguren, die auf Moskau nicht vorbehaltlos zugehen können, wäre es mehr als eine akademische Überlegung wert, nicht nur Deutschland, sondern auch Frankreich mit Russland sicherheitspolitisch zusammenzuführen. Die NATO und die verteidigungspolitische Veräußerung Europas an die USA standen an der Seine noch nie hoch im Kurs. Mit einer durchweg europäischen Institution in der Sicherheitspolitik ließe sich Paris hingegen schnell aus der Reserve locken. Beispielsweise einen Europäischen Sicherheitsrat mit den ständigen Mitgliedern Frankreich, Deutschland und Russland zu bilden, hätte seinen

---

schaffen." Zitiert nach Eduard Steiner, Macrons Schmuse-Treffen mit Putin, in: Die Welt (online) vom 25. Mai 2018, https://www.welt.de/176695249.

[206] Immerhin zeigt sie inzwischen Einsicht, dass „Europa sein eigenes Schicksal stärker in die eigenen Hände nehmen muss." Doch solche Bekundungen Merkels kann man nicht für bare Münze nehmen, solange die Kanzlerin im selben Atemzug den transatlantischen Beziehungen zuerkennt von „herausragender Bedeutung" und „eine Konstante" zu sein. Deutscher Bundestag (Anm. 184), S. 2974 ff.

hohen Reiz für Paris.[207] Käme man damit doch aus der westlichen Randlage heraus, in Osteuropa fast nicht vernommen zu werden. Französisches Prestigebedürfnis schlüge eh durch.

Für Deutschland als bekennende Nichtnuklearmacht wäre es freilich wichtig, im Zuge größerer Selbstverantwortung Europas für seine Sicherheit nicht zwischen die Stühle der beiden Atommächte Russland und Frankreich zu geraten. Beide müssten die deutsche Verwund- und Erpressbarkeit mit Kernwaffen – wenn sich Deutschland damit weiter nicht ausrüsten soll und will – durch trilaterale Organe sicherheitspolitischer Vertrauensbildung auf ein Minimum verringern.

Ein offener Testlauf für kontinentaleuropäische Sicherheitspolitik des deutsch-französischen Duos[208] mit Russland ist das Normandie-Format.

---

[207] Ein „EU-Sicherheitsrat", wie ihn Merkel angedacht hat, bringt für die gesamteuropäische Sicherheit keinerlei Fortschritt. Russland wäre als gleichberechtigtes Mitglied von vornherein ausgeschlossen. „Europa muss handlungsfähig sein", Interview der Frankfurter Allgemeinen Sonntagszeitung mit Angela Merkel am 3. Juni 2018, https://www.bundeskanzlerin.de/Content/DE/Interview/2018/06/2018-06-04-merkel-fas.html.

[208] Ein bilaterales sicherheitspolitisches Gremium Deutschlands und Frankreichs ist bezeichnenderweise weitgehend eingeschlafen. Im 1988 ins Leben gerufenen Deutsch-Französische Sicherheitsrat sollen sich die Staats- und Regierungschefs sowie die Außen- und Verteidigungsminister der beiden Länder mindestens halbjährlich

Seit dem Ausbruch bewaffneter Kämpfe zwischen prorussischen Milizen und ukrainischen Armeeeinheiten in der Ostukraine bemühen sich Deutschland und Frankreich, wacklige Waffenstillstände zwischen der ukrainischen Zentralregierung und Russland als Schutzmacht der Aufständischen zu vermitteln. Erstmals fanden solche Gespräche en passant der 70-Jahre-Feier zur Landung der Weltkriegsalliierten im Juni 2014 in der Normandie statt. Daher der Name. Die in zwei Abkommen von Minsk im September 2014 und Februar 2015 vereinbarte Waffenruhe hält nicht, hat das Kriegsgeschehen aber wenigstens gedämpft und unter Beobachtung der OSZE gestellt.

 Eine Konfliktlösung scheitert bislang daran, dass die von Russland unterstützten Separatisten und die Kiewer Zentralmacht unter Präsident Poroschenko auf füreinander inakzeptablen Forderungen beharren.[209] Die Anhänger der eigenmächtig ausgerufenen Volksrepubliken Luhansk und Donezk wollen erst dann ihre Waffen abgeben, wenn ihnen freie Wahlen und Autonomierechte verbindlich zugesichert werden. Poroschenko und sein Adlatus Hrojsman im Amt des Ministerpräsidenten machen solche Zugeständnisse davon abhängig,

---

treffen. Doch ohne europäischen Aktionsradius hat man zu zweit wenig zu besprechen.

[209] Susan Stewart, Die Zukunft des bewaffneten Konflikts im Donbas, in: Ukraine-Analysen Nr. 162 vom 27. Januar 2018, S. 11 f.

dass zunächst entwaffnet wird. Ein Fingerhakeln, bei dem die Ukraine auf europäisches Geld und amerikanische Waffen, die Separatisten auf beides aus russischen Quellen zählen können.

Russlands Part ist eindeutig. Moskau kann es schlicht nicht egal sein, dass ein Schwerindustrierevier unmittelbar vor der russischen Grenze in den eisernen Griff einer dezidiert antirussischen Führung in Kiew gerät. Eines Oligarchenregimes, das seit seiner Machtübernahme nach dem Umsturz vom Februar 2014 außenpolitisch auf nichts mehr sinnt, als die Ukraine zum NATO-Mitglied zu machen.[210] Ein nachbarschaftlicher Crashkurs, der das ob dieser Aussicht höchst alarmierte Russland im April 2014 veranlasste, die Krim als gefährdeten Stützpunkt seiner Schwarzmeerflotte per Referendum von der Ukraine abzutrennen und sich einzuverleiben.

Wie viel Moskau im Donezbecken an den Rechten der großen russischstämmigen Minderheit und der russischsprechenden Bevölkerungsmehrheit tatsächlich liegt, weiß man nicht. Ein guter Grund, damit sicherheitspolitische Absichten zu verqui-

---

[210] „Wir arbeiten extrem hart an einer Nato-Mitgliedschaft. Unser Ziel ist es, in den kommenden zehn Jahren Teil des Bündnisses zu sein", sagte der ukrainische Präsident im März 2018 der Funke-Mediengruppe. Redaktionsgespräch am 18. März 2018, https://www.derwesten.de/politik/poroschenko-ukraine-tritt-in-kommenden-zehn-jahren-nato-bei-id213751781.html.

cken, ist es allemal. Moskau wird hier einen weiteren Kontrollverlust vor seiner Grenze nicht hinnehmen.

Diesem wesensmäßigen Verhalten Russlands wie jedes Staates in seiner Lage begegneten die Stimmführer in EU und NATO bislang mit moralischen Vorhaltungen, einseitigen rechtlichen Einwänden und Aufrüstung. Der an sich lohnenswerten Initiative Deutschlands und Frankreichs, Gespräche der Konfliktparteien über den Donbass zu moderieren und Vereinbarungen über eine Konfliktbeilegung zu flankieren, ist das nicht dienlich. Dafür müssten die deutsche Kanzlerin und der französische Staatspräsident als ehrliche Makler auftreten. Klug genug, sich einer mediengefälligen, aber in der Sache schädlichen Parteinahme zu enthalten.[211]

Zielführend wird allein sein, die territoriale Integrität der Ukraine mit russischen Sicherheitsinteressen in Einklang zu bringen. Auf Sanktionen und mahnende Worte hin lenkt der russische Präsident nicht ein. Die Konfliktbeteiligten in Gut und Böse einzuteilen, die Ukraine nur als Opfer anzusehen und diese Sicht vor sich her zu tragen, wird die Re-

---

[211] Eben dazu ließ sich der deutsche Außenminister Maas hinreißen, als er die Ostukraine zum ersten Mal besuchte, Michael Thumann, „Wir werden euch nicht alleinlassen", in: Die Zeit (online) vom 2. Juni 2018, https://www.zeit.de/politik/ausland/2018-06/ostukraine-schirokine-heiko-maas-russland-pawlo-klimkin.

gierung in Kiew noch halsstarriger daran glauben lassen, Russland mit geballter Hilfe des Westens schlussendlich in die Knie zu zwingen zu können. Inklusiver fingierter Komplotte, um Russland an den Pranger der Weltöffentlichkeit zu stellen.[212] Der Ansatz, den Ukraine-Konflikt als Element einer kontinentaleuropäischen Sicherheitsarchitektur zu überwinden, muss ein anderer sein.

Erstens sollten Deutschland und Frankreich die Ukraine auf auskömmliche Beziehungen mit Russland verpflichten. Eine Diskriminierung der russischen Bevölkerungsteile zwischen Don und Dnjpr kommt ebenso wenig in Frage wie eine Aufnahme in die NATO. Ein Staat auf überdehntem Territorium, der ohne Wirtschafts- und Finanzhilfe von außen nicht überleben kann, muss sich seine Infusionen verdienen. Als Friedens-, nicht als Konfliktzone. Von Russland wird erwartet und vertraglich zugesagt, ukrainische Grenzregionen nicht länger

---

[212] Ende Mai 2018 beschuldigte die ukrainische Polizei öffentlich russische Sicherheitsdienste, einen kremlkritischen Journalisten per Auftragskiller ermordet zu haben. Einen Tag später gab der ukrainische Geheimdienst auf einer Pressekonferenz mit dem Totgeglaubten bekannt, den Mord in allen fingierten Einzelheiten vorgetäuscht zu haben, um einen – unbewiesenen – Anschlagsversuch Russlands zu verhindern. „Angeblich erschossener Babtschenko lebt", in: Süddeutsche Zeitung (online) vom 30. Mai 2018, http://www.sueddeutsche.de/politik/eil-ukrainischer-geheimdienst-angeblich-erschossener-babtschenko-lebt-1.3996801.

mit moskautreuen Milizionären zu infiltrieren. Dafür bieten ihm Deutschland und Frankreich an, das euroatlantische Konfrontationsschema zu umgehen und in der Ostukraine ein Versuchsfeld sicherheitspolitischer Kooperation zu eröffnen.

Anstelle durchsetzungsschwacher Blauhelmsoldaten der UNO könnten beispielsweise deutsche, französische, ukrainische und russische Friedenstruppen gemeinsam zum Einsatz kommen, um die Demilitarisierung des Donezbeckens zu begleiten. Spätestens da wird sich zeigen, wie verlässlich Moskau seinerseits mit den deutsch-französischen Partnern zusammenarbeitet.

Für Deutschland wäre es ein Pilotprojekt, die alte transatlantische Abschreckungsmanier abzulegen und mit seinen Streitkräften in Europa Stabilisierungsaufgaben zu übernehmen. Mit Verweis darauf ließ sich dann auch die Personal- und Materialvergeudung abstellen, sich – politisch und militärisch erfolglos – mit Bundeswehreinsätzen an Konfliktschauplätzen in Übersee zu verzetteln. Wo wenn nicht in Europa sind deutsche Soldaten zur Friedenssicherung gefordert? Jedoch in Verbindung mit dem Strategiewechsel, nicht gegen, sondern im Zusammenwirken mit Russland disloziert zu werden.

Bei alledem gilt: an dem deutschen Vorstoß zur sicherheitspolitischen Kooperation mit Russland in Osteuropa kann Frankreich beteiligt werden, muss es aber nicht. Für die kontinentale Spannweite und gegen jeden böswilligen Verdacht, einen deutsch-russischen Pakt à la Rapallo oder Ribbentrop zu schließen, wäre es wünschenswert, zusammen mit Frankreich das Verhältnis zu Russland zu entkrampfen. Von einem sperrigen dritten Partner sollten sich Moskau und Berlin allerdings nicht aufhalten lassen. Zumal nicht ausgeschlossen ist, dass Macron bei der nächsten Präsidentschaftswahl in 2021 gegenüber der russophilen Marine Le Pen doch den Kürzeren zieht.

Macrons europapolitischer Schnellschuss vom September 2017 setzt sicherheitspolitisch auf das falsche Pferd. Wenn, dann muss Europa alternativ, nicht – wie der frühere Rothschild-Banker meint – „ergänzend zur NATO selbständig handlungsfähig" werden.[213] Im Übrigen multinationale EU-Streitkräfte aus allen Mitgliedstaaten aufstellen zu wollen, ist nicht zu Ende gedacht. Entweder kommen sie wie die bestehenden „battle groups" der EU nicht zum Einsatz, weil die teilnehmenden Staaten über die sicherheitspolitischen Ziele nicht übereinstimmen oder der NATO keine Konkurrenz machen wollen. Der kleinste gemeinsame Nenner, die Vorhut oder Nachhut der atlantischen Allianz abzugeben, wäre für Russland alter Wein in neuen Schläuchen.

---

[213] Rede von Staatspräsident Macron an der Sorbonne (Anm. 93), S. 4.

Gleich, ob Frankreich eine deutsch-russische Entspannungspolitik mitträgt, eine kontinentale Schwerpunktverlagerung der Sicherheitspolitik Deutschlands würde perspektivisch die Frage einer eurasischen Friedensordnung aufwerfen. Frankreich/Deutschland als westlich-mitteleuropäische, Russland als östliche und ein big player als asiatische Säule: China. Dies aufzuzeigen erscheint phantastischer als es in Wahrheit ist. Mit China erzielen sowohl Deutschland wie Russland ihre größten Handelserlöse. Spiegelbildlich dazu liegt Deutschland auf Platz 2 in der russischen und Platz 4 in der chinesischen Handelsbilanz.[214] Außenwirtschaftlich sind Berlin, Moskau und Peking also bereits sehr eng verzahnt. Mit dem Bau einer „Neuen Seidenstraße" rückt China noch näher an Europa heran.

Das unter der Bezeichnung „One Belt (ein Gürtel), One Road (eine Straße)" seit 2013 umgesetzte Vorhaben schafft interkontinentale Transportkorridore für den Güterverkehr aus dem Reich der Mitte nach Europa, Afrika und Asien.[215] Neben einem Seeweg vorbei an Singapur und dem indischen Subkontinent, entlang der Küste Ostafrikas

---

[214] Germany Trade & Invest, VR China. Wirtschaftsdaten kompakt, Mai 2018, htps://www.gtai.de/GTAI/Content/ DE/Trade/Fachdaten/MKT/2016/11/mkt201611222022_15 9610_wirtschaftsdaten-kompakt-china.pdf?v=4.
[215] Thomas Puls, One Belt One Road – Chinas neue Seidenstraße, IW-Kurzberichte 67/2016.

über das Rote Meer und den Suez-Kanal bis ins Mittelmeer verläuft einer der sechs vorgesehenen, der antiken Seidenstraße in Teilen nachgebildeten Landwege nach Europa: Die „Neue Eurasische Kontinentalbrücke". Sie verbindet auf dem Schienenweg West- und Mitteleuropa, Russland und Zentralasien mit China. Vom ostchinesischen Lianyungang am Gelben Meer bis nach Rotterdam. Mit Abzweigung nach Wien. Fast 11 000 Kilometer Wegstrecke, die die Dauer des Warentransports über den Seeweg um fast vier Wochen verkürzen würde.[216]

Das gigantische, dennoch schnellen Schrittes voranschreitende Infrastrukturprojekt, für das China überwiegend die Finanzierungsmittel bereitstellt, hat fundamentale geopolitische Bedeutung. Mit der Schubkraft verzögerungsarmer Verkehrsanbindung wird der euroasiatische den transatlantischen Handelsaustausch noch mehr aus dem Feld schlagen. An den USA läuft das ungeliebte und nicht zu verhindernde Projekt völlig vorbei. Allen beteiligten Staaten wird demgegenüber daran gelegen sein, den zu durchfahrenden Raum – die eurasische Landmasse – sicherheits- und wirtschaftspolitisch zu stabilisieren. Der Graben, den die at-

---

[216] „Neue Seidenstraße. Erster Direktzug aus China in Wien eingetroffen", in: Spiegel Online v. 27. April 2018, http://www.spiegel.de/wirtschaft/unternehmen/seidenstrasse-erster-direkter-gueterzug-aus-china-in-wien-eingetroffen-a-1205188.html.

lantische NATO und EU-Politik zwischen Europa und Russland aufgerissen hat, wird absehbar von Mitgliedstaaten überbrückt werden müssen, die dichte Wirtschaftsbeziehungen mit China unterhalten. Allen voran Deutschland.

Zudem öffnen sich einzelne osteuropäische Staaten für China, um in naher Zukunft an den großen eurasischen Handelsströmen zu partizipieren.[217] Rigide Obstruktionspolitik gegen Russland, dessen Verkehrsinfrastruktur für die Landroute der Seidenstraße nach Europa unentbehrlich ist, sollte zweimal überlegt werden. Allein im Schleppnetz der USA haben West- und Osteuropa keinen Zugriff auf die Chancen des 21. Jahrhunderts.

Das wird, je länger je weniger von einer amerikanischen Weltmacht bestimmt werden. Russland und China, die Washington offiziell zu seinen Antipoden erklärt hat, sind sich einig, Ansprüche auf eine unipolare Weltordnung konsequent abzuweisen und zu beschneiden. Parallel zum G-7-Gipfel am 8./9. Juni 2018 im kanadischen La Malbaie, der wie nie von den Alleingängen der USA überschattet wurde, besuchte der russische Präsident Putin China. Bei dieser Gelegenheit führte der chinesische Staatspräsident Xi Jinping vor der Presse aus:

„China and Russia as permanent UN Security Council members are responsible world powers.

---

[217] Franziska Smolnik, Georgien positioniert sich auf Chinas neuer Seidenstraße, SWP-Aktuell 8 (Februar 2018), S. 1 f.

President Putin and I have agreed to strengthen
mutual support and assistance in international affairs and to deepen strategic interaction in this
complicated and volatile international situation. In
this context, we are ready to work with the international community to firmly protect the world
order and the system of international relations
based on the norms and principles of the UN Char-
ter. We will continue to advocate a multipolar
world order".[218]

Dass Deutschland mit einer kontinentaleren Politik, die mit Peking und Moskau im Bewusstsein der
eigenen Stärken selbstsicher kooperiert, wo es sich
für gemeinsame Interessen anbietet, in schlechte
Gesellschaft käme, sorgt uns nicht. Solch hochnä-
siges Bedenken rührt aus transatlantischer Selbst-
täuschung. Es gibt, auch wenn einige sich das ein-
bilden, keinen Hausherrn in der Weltpolitik, der
sich seine Gäste aussuchen kann. Jeder der aktuell
193 Staaten auf der Erde muss mit den Eigenheiten der jeweils anderen leben. Er kann sich aus der

---

[218] Press statements following Russian-Chinese talks, June
8 2018, Beijing, http://en.kremlin.ru/events/president/
transcripts/57699/print. Gestärkt durch eine solche Partnerschaft –„distinguished among relations between great
powers" – wie Xi Jinping vermerkte, ist es für das seit 2014
ausgeschlossene Russland zweitrangig, an den G-7-Treffen
wieder teilzunehmen. Diese einigermaßen verblüffende
Forderung erhob US-Präsident Trump kurz vor seinem Ab-
flug nach Kanada, um den Ring der europäischen Ablehn-
ungsfront gegen ihn im G-7-Format zu sprengen.

Weltgemeinschaft nicht einfach verabschieden oder ihr seinen Willen aufzwingen. Ein Gemeinwesen ist auf Nachbarschaft angewiesen und ihr ausgesetzt. Es lebt und sollte leben lassen. In friedlicher Koexistenz abweichender oder partnerschaftlicher Verwirklichung gemeinsamer Bedürfnisse.

Eine pragmatische Empfehlung jüngeren Datums zu den europäisch-chinesischen Beziehungen lautet: „This means … restating their common interests in the new global context, while also recognizing more candidly their differences, and prioritizing progress where it is achievable and where relations are currently underdeveloped."[219] Sich außenpolitisch zu verständigen, verlangt ja nicht, sich innenpolitisch gemein zu machen. Wer in sich selbst ruht, lässt sich nicht einwickeln. Zumal Deutschland bzw. Europa in Sicherheitsfragen weder mit China konkurrieren noch ihm diesbezüglich untergeordnet sind wie den USA.

In der Interaktion mit Russland wie mit China tun sich für die deutsche Außenpolitik viel weitere Horizonte auf als im transatlantischen Entfremdungsgeschehen. Bruchstellen und Spalten in ehedem gemeinsamem deutsch-amerikanischem Boden, die durch Eruptionen des US-Vulkans immer grö-

---

[219] A Joint Report by Bruegel, Chatham House, China Center for International Economic Exchanges and The Chinese University of Hong Kong, EU-China Economic Relations to 2025. Building a Common Future, London 2017, S. vii.

ßer werden, hält nur mehr verklärende Nostalgie zusammen.

Allen westlichen Prinzipienreitern gegenüber autoritär geführten Staaten sei gesagt: „Demokratische Grundwerte und Menschenrechte sind grundlegend für [Deutschlands, Anm. d. Verf.] Glauben an sich selbst. Doch wie alle Grundwerte haben sie etwas Absolutes, und das widerspricht der Tatsache, dass man in der Außenpolitik in der Regel gezwungen ist, auf Zwischentöne zu hören und entsprechend zu handeln.“[220] Ein vorderhand demokratisches Land, dessen amtierender Präsident sich benimmt, wie es ihm beliebt und Gesetzlosigkeit in der internationalen Politik mit unberechenbarer Egozentrik auf die Spitze treibt, ist keine bessere Gesellschaft für Deutschland.

Selbst neokonservative Vordenker in den USA äußern sich bestürzt, welches Zerrbild ihr Land seit dem Präsidentschaftswechsel von 2017 in der Welt abgibt: „It recognizes no moral, political or strategic commitments. It feels free to pursue objectives without regard to the effect on allies or, for that matter, the world. It has no sense of responsibility to anything beyond itself.“[221] Ge-

---

[220] Henry Kissinger, China. Zwischen Tradition und Herausforderung, München 2012, S. 466.

[221] Robert Kagan, Trump's America does not care, in: Brookings Institution, Order from Chaos, June 17, 2018, https://www.brookings.edu/blog/order-from-chaos/2018/06/17/trumps-america-does-not-care.

genüber einem solchen Milieu ist Reserve, nicht privilegierte Nähe der deutschen Politik angezeigt.[222]

Unwiderruflich und restlos wird auch Trump das euroatlantische Verhältnis nicht zerrütten können. Aber so rücksichtslos, wie dieser Präsident mit europäischen Verbündeten umspringt, ist es eine Steilvorlage für Deutschland, seine Beziehung zu

---

[222] So wie das Relikt aus Besatzungszeit und Kaltem Krieg enden muss, dass mit rund 35 000 aktiven Soldaten die meisten US-Streitkräfte in Europa an deutschen Standorten stationiert sind. Ferner würde es nicht zu einer kontinentale Sicherheitslandschaft unter Einbeziehung Russlands passen, den USA weiter die Lagerung von Atombomben auf einem rheinland-pfälzischen Fliegerhorst zu gestatten. In der exklusiven Befehlsgewalt des US-Präsidenten. Drei deutsche Außenminister (Fischer, Westerwelle, Steinmeier) und der Deutsche Bundestag sind von 1999 bis 2013 daran gescheitert, Washington zum Abzug dieser Waffen zu bewegen. Stattdessen schritten die USA schon unter Präsident Obama zur Modernisierung und ließen deutsche Gegenstimmen verstummen. Eine deutsche Politik, die zu Sicherheitsgarantien mit Russland überginge, dürfte die USA nicht weiter gewähren lassen, von Deutschland aus Atomwaffeneinsätze gegen russische Ziele zu planen. Zum anderen können die ca. 20 Atombomben vom Typ B 61 in der Hand eines jeden US-Präsidenten ein Druckmittel sein, für ihre „Schutzwirkung" Konzessionen Deutschlands an anderer Stelle zu erreichen. Auch hier zeigt sich, wie zweischneidig die Folgen für die Bundesrepublik sind, sich nach der Wiedervereinigung weiter der Nuklearstrategie der USA – mit Anhörungs-, aber ohne Entscheidungsrecht – unterstellt zu haben.

den USA generell und langfristig auf ein realistisches Maß zurückzunehmen: eine normale, keine ehrerbietige Partnerschaft. Die soll ihr wirtschaftliches Gewicht behalten. Der weltgrößte nationale Binnenmarkt bleibt trotz protektionistischer Aufwallungen für deutsche Unternehmen von Belang. Die Tage des Rollenspiels, in der Sicherheitspolitik den deutscher Kellner für den amerikanischen Koch abzugeben, müssen jedoch gezählt sein.

Erst Recht, wenn dieses Umfeld verhindert, das eigene Tun mit dem eigenen Sein in Einklang zu bringen. Seit fast drei Jahrzehnten wiedergewonnener staatlicher Einheit geben deutsche Politiker ihre Ansicht zum Besten, das größere Deutschland müsse auch größere internationale Verantwortung übernehmen. Nur unterliegen sie allesamt einem Denk- und Sehfehler. Die Rolle Deutschlands in der Welt ist nicht die eines Zuträgers, der für Bündnisse und höhere Prinzipien mehr Lasten zu schultern hat. Deutschland muss ein natürliches Verhältnis zu sich selbst entwickeln. Unverfälscht. Entsprechend seiner Lage, seinen Präferenzen und seinen Optionen, die für die europäische Großmacht im 21. Jahrhundert um vieles größer und freier sind als in fünfzig Jahren davor. Außenpolitische Kontinuität zur alten Bundesrepublik verstellt den Blick dafür.

Sich der Verantwortung für die eigenen Bedürfnisse und Möglichkeiten stärker bewusst zu werden als lediglich wechselnden und steigenden Ansprüchen anderer reaktiv genügen zu wollen, darauf käme es für Deutschland an. „Das erste steht uns frei, beim zweiten sind wir Knechte", nennt Mephisto in Goethes Faust das Kind beim Namen. Das gilt in besonderer Weise für die deutsche Europapolitik. Sie steht vor der Wahl, entweder einen Plan B für den Fall vorzubereiten, dass EU und Eurozone in der bisherigen Form nicht mehr lange Bestand haben, oder Berlin versucht zwei morsche Gebilde über die Zeit zu retten.

Kopernikanische Wende in der Europapolitik

Als Nikolaus Kopernikus Mitte des 16. Jahrhundert in seinem Hauptwerk „Über die Umschwünge der himmlischen Kreise"[223] darlegte, dass sich entgegen des vorherrschenden Weltbildes nicht die Sonne um die Erde, sondern die Erde um die Sonne bewege, schlug seiner astronomischen Erkenntnis die geballte Ablehnung der katholischen Kirche entgegen. Das Dogma der Theologen, die Erde sei der Mittelpunkt des Universums, dürfe nicht in Zweifel gezogen werden. Die Erschütterungen ihrer Irrlehre bekämpfte die Kirche schließlich mit dem äußersten Mittel: Kopernikus' Schriften landeten für 200 Jahre auf dem Römischen Index der bei Strafe der Exkommunikation verbotenen Bücher. Ihrem Wahrheitsgehalt tat das keinen Abbruch. Der Umschlag vom geozentrischen zum heliozentrischen Weltbild, von Spiritualität und Religion zu Vernunft und Wissenschaft ließ sich vielleicht verzögern, aber nicht aufhalten. Am Ende können Glaubenssätze nicht über Erfahrungssätze triumphieren.

---

[223] Nikolaus Kopernikus, Über die Umschwünge der himmlischen Kreise, hrsg. von Jürgen Hamel und Thomas Posch, Haan-Gruiten 2008.

Verhält es sich mit der landläufigen Ansicht und Doktrin der europäischen Integration anders? Auch hier werden mehr oder minder theologische Gründe bemüht, um die Völker in dem Glauben an ein bestimmtes politisches Ordnungsmodell zu halten. Die EU ist ein Erlösungswerk, der Nationalstaat Sünde. Jede Abkehr von der behaupteten, aber unbewiesenen Orthodoxie, die überstaatliche Einheit Europas vollziehe sich mit unumkehrbarer, geschichtslogischer Notwendigkeit straft der politische und publizistische Mainstream in Deutschland mit Acht und Bann.

Doch was, wenn es nicht so kommt, die Wirklichkeit über bloße Einbildung siegt? Wenn nicht die EU die Nationalstaaten, sondern die Nationalstaaten die EU überwinden und überdauern? „Es ist nichts so fein gesponnen, es kommt doch an das Licht der Sonne", lautet eine deutsche Spruchweisheit. Die absichtsgeleitete Vorsehung und der jahrzehntelang geschürte Schicksalsglauben, Europa gehe in eine transnationale politische Einheit über, steht auf tönernen Füßen. Widersprüche und Widerstände erschüttern die Deutungshoheit, politisches Versagen und widernatürliche Zwänge die Glaubwürdigkeit der Integrationsidee.

Ganz in Sorge, aber noch ohne jede konstruktive Vorstellung über eine deutsche Außenpolitik ohne EU und Euro – sollte beides in der bisherigen Form nicht fortleben – blickten die Autoren eines Lehrbuchs schon 2014 voraus: „Wie nie zuvor in der

Geschichte der europäischen Integration kann heute einem ‚worst case'-Szenario, in dem durch eine unglückliche Verkettung krisenhafter Entwicklungen sogar ein Zerfall der Union in den Bereich des Möglichen rückt, eine gewisse Plausibilität nicht abgesprochen werden."[224]

Die Bestandszweifel sind seitdem nicht kleiner geworden. Und trotzdem baut gerade die deutsche Regierungspolitik an dem Mitte des vorigen Jahrhunderts begonnenen Brüsseler Hochhauskomplex weiter. Ungeachtet massiver Baumängel, nachgebenden Untergrunds, zunehmender Überlast, Streitereien in der Eigentümergemeinschaft über Sanierungs- und Baufortschritte sowie des Abgangs eines Großinvestors. Nichts wird außenpolitisch von Deutschland mit einer solchen Ausschließlichkeit vertreten wie die politische Vergemeinschaftung der Nationalstaaten in Europa.

Alternativmodelle werden nicht einmal tastend in Betracht gezogen. Weil man einen schleichenden Niedergang oder plötzlichen Zusammenbruch der supranationalen Konstruktion tatsächlich für den schlechtesten aller Fälle hält. Gefangen in der Zwangsvorstellung, damit in die Katastrophe abzugleiten, wird das Überleben einer bloßen Organisation zum Showdown über Krieg und Frieden, Leben oder Tod Europas stilisiert und alles auf diese

---

[224] Gunter Hellmann / Wolfgang Wagner / Rainer Baumann, Deutsche Außenpolitik. Eine Einführung, 2. Aufl. Wiesbaden 2014, S. 245.

eine Karte setzt. Ohne Demut, dass die Geschichte keinen Stillstand kennt, jede politische Ordnung in Abhängigkeit von den obwaltenden Umständen befristet ist und Politik auf dem reißenden Strom des Lebens bestenfalls ein Schiffchen steuern, aber die Fließrichtung weder aufhalten noch umkehren kann.

Die Präambel des Grundgesetzes – auf seine Weise zeitgeprägt – trifft mit dem Verfassungsauftrag für Deutschland, „als gleichberechtigtes Glied in einem vereinten Europa dem Frieden der Welt zu dienen", jedenfalls keine Vorfestlegung, in welcher Form dies geschehen soll. Organe europäischer Zentralgewalt zu installieren, die demokratisch nie hinreichend verantwortlich sind, und nationale Verfassungsstaaten auf Verwaltungsbezirke herabzustufen, ist damit sicher nicht gemeint. Ebenso wenig die Verpflichtung auf ein Einheitsgeld. Genauer: ein gemeinsames Konto (Währungsunion) bei einer Bank (EZB) mit völlig unterschiedlichen Einkommen und Ausgaben der gemeinschaftlichen Kontoinhaber (Eurostaaten), unter denen die Sparer für die Schuldner haften.

Das Bundesverfassungsgericht hat zum Europaauftrag des Grundgesetzes klar gestellt: „Das Grundgesetz ermächtigt den Gesetzgeber zwar zu einer weitreichenden Übertragung von Hoheitsrechten auf die Europäische Union. Die Ermächtigung steht aber unter der Bedingung, dass dabei die souveräne Verfassungsstaatlichkeit auf der

Grundlage eines Integrationsprogramms nach dem Prinzip der begrenzten Einzelermächtigung und unter Achtung der verfassungsrechtlichen Identität als Mitgliedstaaten gewahrt bleibt und zugleich die Mitgliedstaaten ihre Fähigkeit zu selbstverantwortlicher politischer und sozialer Gestaltung der Lebensverhältnisse nicht verlieren."[225]

Der deutsche Staat ist also unveräußerlich und unvertretbar. Kein europäischer Zusammenschluss könnte ihn ersetzen oder dürfte ihn abschaffen. Jedenfalls solange das Grundgesetz gilt und mit seiner Ewigkeitsklausel (Art. 79 Abs. 3 GG) die tragenden Prinzipien des demokratischen Verfassungsstaates für unverfügbar erklärt. Hingegen ist der sogenannte Europaartikel (Art. 23), der Deutschland zur Mitwirkung und Fortentwicklung der Europäischen Union auffordert (Abs. 1), nicht in Stein gemeißelt. Seinerseits aus einer Grundgesetzänderung von 1992 entstanden, könnte er mit einer Zwei-Drittel-Mehrheit in Bundestag und Bundesrat auch wieder angepasst werden. Sollte die EU ihren Namen oder ihre Existenz einbüßen.

Außerdem muss Deutschland, um seiner Teilnahme an dem bestehenden Staatenverbund zu genügen, nicht zwingend nationale Hoheitsrechte übertragen. Mehr noch: Nach dem Prinzip begrenzter Einzelermächtigungen für die EU können

---

[225] BVerfG, Urteil vom 30. Juni 2009 zum Vertrag von Lissabon, 2 BvE 2/08 - Rn. 226.

supranationale Befugnisse auch widerrufen[226] und
auf die einzelstaatliche Ebene zurückverlagert
werden. „Blankettermächtigungen zur Ausübung
öffentlicher Gewalt dürfen die deutschen Verfassungsorgane" der Europäischen Union „nicht erteilen."[227] Die Mitgliedstaaten der EU sind und bleiben „Herren der Verträge".[228] Weder geschichtsphilosophisch noch politisch oder verfassungsrechtlich gibt es einen Automatismus zur überstaatlichen Vereinheitlichung Europas. Und selbst
wirtschaftlich spricht inzwischen mehr dafür, den
einsturzgefährdeten Baukörper zurückzubauen
und in seinem Kern zu sanieren, als sich weiter an
Reparaturen schwerwiegender Baufehler zu versuchen.

Alle Konflikte, alle Probleme und alle Gründe für
das sich abzeichnende Scheitern der EU in ihrer
jetzigen Form lassen sich in einem Satz zusammenfassen: die europäische Integration ist nie zu Ende
gedacht worden. Wissentlich und unwissentlich.
Wissentlich, weil sonst jeder Integrationsschritt
die unhaltbare und nicht zustimmungsfähige The

---

[226] „Die Handlungsfreiheit des selbstbestimmten Volkes"
reicht sogar so weit, dass „der Austritt aus dem europäischen Integrationsverband nicht von anderen Mitgliedstaaten oder der autonomen Unionsgewalt unterbunden werden" darf. BVerfG (Anm. 225), Rn. 233.

[227] BVerfG, Urteil v. 21. Juni 2016 zum OMT-Programm
der Europäischen Zentralbank, 2 BvR 2728/13 - Rn. 130.

[228] Ebd., Rn. 140.

se offenbart hätte, die EU verlange und rechtfertige Stück für Stück die Preisgabe der Nationalstaaten. Unwissentlich, weil nur diese Variante europäischer Zusammenarbeit das Denken der handelnden Akteure beherrschte und sie sich vor der Nebelwand dessen, worauf sie sich einlassen und wohin das alles führt, für die nächsten Meter gemeinsamen Weges immer wieder unterhakten. Bis jetzt. Denn nun machen sich die beiden eingeborenen Irrtümer der Vergemeinschaftungsmethode bemerkbar.

Erstens lassen sich die Nationalstaaten nicht wie Atome zertrümmern. Seine Einheit und Freiheit wird Europa auf Dauer nur in gelebter, sichtbarer Vielfalt verwirklichen. Zweitens ist es Deutschlands Los und Lohn, in Europa der erste unter Gleichen zu sein. Mit allen Segnungen und Spannungen, die dieser Rolle im Fortgang des 21. Jahrhunderts innewohnen. Die deutsche Macht lässt sich freiwillig via EU nicht in vergleichbarer Weise verflüchtigen wie zwangsweise während der deutschen Teilung. Die Großmacht im Herzen Europas steht – auch gegen ihren erklärten Willen – vor dem Comeback. Davor kann keine deutsche Regierungspolitik mehr weglaufen.

Und anstatt dieser Aufgabe aussichtlos fliehen zu wollen und auf dem einmal eingeschlagenen europapolitischen Pfad weiter ins Nichts zu laufen, plädieren wir für einen klaren Schnitt: 1. Partnerschaft statt Supranationalität unter den EU-

Staaten und 2. Abkehr von der Gemeinschaftswährung zugunsten einer deutschen Leitwährung in Europa. Als Alternativen zur überkommenen Struktur der EU und zum Euroabenteuer ziehen sie jeweils die Konsequenz aus den beiden Fehlschlüssen, die das Integrationsschema von Beginn an begleitet haben und seine teilweise oder vollständige Auflösung so wahrscheinlich machen.

Europa umfasst derzeit 47 selbständige Staaten. Weniger als 60 Prozent davon (27) gehören ab 2019 der EU an. In gerade einmal 40 Prozent aller europäischen Staaten zirkuliert – konfliktträchtig – dasselbe Geld. Die EU selbst zerfällt nicht nur in Mitglieder innerhalb (19) und außerhalb (8) einer Währungsgemeinschaft. Vielmehr kennzeichnet die Europäische Union eine lebhafte Gruppenbildung. Ein Überblick zur fortschreitenden Fraktionierung der EU zählt gegenwärtig 14 „minilaterale Gruppen".[229] Dabei finden sich jeweils drei oder mehr EU-Staaten für eine engere Fühlungnahme ihrer Regierungen zusammen. Sei es aus nachbarschaftlicher Berührung der beteiligten Länder oder im Verfolgen einer gemeinsamen Aufgabe.

Das Spektrum reicht von den Baltischen Staaten, die EU-3 (Frankreich, Deutschland, Großbritannien), die Nordischen Staaten (Dänemark, Finnland, Schweden sowie die Nicht-EU-Mitglieder Island

---

[229] Kai-Olaf Lang / Nicolai von Ondarza, Minilateralismen in der EU. Chancen und Risiken der innereuropäischen Diplomatie, SWP-Aktuell 7 (Januar 2018), S. 2.

und Norwegen) über einen Zusammenschluss südeuropäischer Staaten einschließlich Frankreichs bis zur Visegrád-Gruppe und dem Weimarer Dreieck aus Deutschland, Frankreich, Polen.[230] Ein bunter Reigen mitgliedstaatlicher Koalitionen, Abstimmungsgemeinschaften und Konsultationen, die untereinander Nähe und Geschlossenheit herstellen, im Gegeneinander freilich Abgrenzung bewirken. Intergouvernemental, d.h. zwischenstaatlich, nicht supranational versteht sich.

Positiv ist daran, dass sich die Interessen von 28, bald 27 Staaten desselben Verbunds unvermeidlich ausdifferenzieren und dann immerhin in Gruppen bündeln. Negativ muss allen Einheitsanhängern der Vorrang und Vormarsch einzelstaatlicher Standpunkte in der EU aufstoßen. Unverkennbar ist der Trend unter den Mitgliedstaaten, für ihre politischen Positionen und ihr Verhandlungsführung in der Union Gleichgesinnte um sich zu scharen, die nur noch Teile des Ganzen sind. Ob bedauerlich oder nicht, so sieht − wenig verwunderlich − die Realität aus.

Die Absicht und Erwartung, Europa werde irgendwann mit einer Stimme sprechen, kann sich nicht erfüllen. Und alle Versuche, es dann in kleinerer Runde zu verwirklichen oder verfahrensmäßig zu erzwingen, sind eine messianische oder akademische Wirklichkeitsverweigerung. Die An-

---

[230] Kai-Olaf Lang / Nicolai von Ondarza (Anm. 229), S. 2.

maßung, das Programm und die Prophezeiung einer „immer engeren Union der europäischen Völker" (Präambel EU-Vertrag) zerschellen an den wider Erwarten bruchfesten Nationalstaaten.

Zukunft als ein einigermaßen koordiniertes Gebilde hat Europa nur als „Partnerschaft europäischer Nationen (PEN)". Im Grunde bildet die EU eine solche Entwicklung hinter dem Feigenblatt ihrer Supranationalität längst ab. Ohne den Verlust ihres Markencharakters offen zuzugeben und das Label zu ändern. Eine „Partnerschaft europäischer Nationen" würde hingegen auch dem Namen nach den Bruch mit einer politischen Integrationsideologie vollziehen, die im 21. Jahrhundert endgültig in sich zusammenfällt: Europas Staaten durch überstaatliche Institutionen und Verfahren ihrer Eigenmacht zu entkleiden. Alle Notbehelfe, die EU entscheidungs- und handlungsfähiger zu machen, beruhen auf dem Eingeständnis, es im Ganzen gerade nicht erreichen zu können.

Ein Europa verschiedener Geschwindigkeiten gehört zur Europäischen Union seit ihrer Gründung mit dem Maastrichter Vertrag von 1992. Das opting-out-Recht, das damals Großbritannien und Dänemark für die Währungs-, Sozial-, Innen- und Justizpolitik eingeräumt wurde, hat sich seitdem vervielfacht oder wird eigenmächtig beansprucht. Weil die EU in der Sachpolitik ihre Überlegenheit nicht beweist und ihr demokratischer Legitimationszusammenhang (Volk, Parlament, Regierung) im Vergleich zu den Nationalstaaten große Lücken hat.

Schweden, das seit Jahren die Kriterien für die Währungsunion erfüllt, müsste eigentlich den Euro einführen, tut dies aus verständlichen Gründen aber nicht. Allein 10 EU-Mitglieder erkennen inzwischen die gemeinsame Außengrenze der Union und die innereuropäische Reisefreiheit nicht mehr an. Entweder nehmen sie an dem Schengen Abkommen nicht bzw. nur eingeschränkt teil (Großbritannien, Irland, Bulgarien, Rumänien, Kroatien, Zypern) oder sie haben sich aus Gründen der inneren Sicherheit von dem versagenden Grenzregime der EU abgewandt (Deutschland, Österreich, Frankreich, Schweden, Dänemark). Drei der vier Visegrádstaaten (Polen, Ungarn, Tschechien) boykottieren seit 2015 einen Mehrheitsbeschluss der EU-Innenminister und ein Gerichtsurteil des Europäischen Gerichtshofes zur Aufnahme von Flüchtlingen. Polen, Tschechien und Großbritannien sind im geltenden EU-Vertrag Ausnahmen von der Grundrechtecharta eingeräumt worden.

Unsinnigerweise hat das Splitting der EU ausgerechnet in der Gemeinsamen Außen- und Sicherheitspolitik (GASP) mit dem Vertrag von Lissabon (2009) eine vertragsrechtliche Unterlage bekommen. Die GASP „berührt nicht den besonderen Charakter der Sicherheits- und Verteidigungspolitik bestimmter Mitgliedstaaten" (Art. 42, Abs. 2 EUV). Will heißen: am Ende entscheidet jeder EU-

Staat unter Berufung auf spezifische Merkmale sicherheitspolitisch für sich selbst. Eine Binsenweisheit und zumindest für Deutschland mit dem Parlamentsvorbehalt für Bundeswehreinsätze sowieso verfassungsrechtlich vorgeschrieben. Makulatur ist insofern der seltsame Art. 48 Abs. 7 EUV, wonach der Europäische Rat einstimmig einzelne Politikbereiche wie die GASP für qualifizierte Mehrheitsentscheidungen öffnen kann. Wem nützen Mehrheitsentscheidungen im Rat der Außen- und Verteidigungsminister, wenn ein überstimmter Staat seine verteidigungspolitischen Eigenschaften mit dem Beschluss für unvereinbar erklärt?

Ähnlich müßig nimmt sich Art. 42 Abs. 6 EUV aus: „Die Mitgliedstaaten, die anspruchsvollere Kriterien in Bezug auf die militärischen Fähigkeiten erfüllen und die im Hinblick auf Missionen mit höchsten Anforderungen untereinander weiter gehende Verpflichtungen eingegangen sind, begründen eine Ständige Strukturierte Zusammenarbeit im Rahmen der Union."[231] Entweder ist es das offene Eingeständnis, in der GASP – je nachdem, wer sich zur verstärkten Zusammenarbeit bereit-

---

[231] An der „Permanent Structured Cooperation" (Pesco), deutsch: „Ständige Strukturierte Zusammenarbeit" (SSZ) beteiligen sich seit Ende 2017 mit Ausnahme Großbritanniens, Dänemarks und Maltas 25 der noch 28 EU-Staaten. Im Mittelpunkt steht die Nutzung rüstungswirtschaftlicher Synergien.

findet – getrennte Wege zu gehen oder die Vertragsbestimmung ist obsolet, weil nahezu alle wie bei der Pesco teilnehmen. Sind es nur einige, können sie sich für gemeinsame Verteidigungsprojekte den Überbau der EU sparen.

Alle Einwürfe, die zur Fortschrittsrettung der Vergemeinschaftung durch den politischen Raum geistern – Ausweitung des Mehrheitsprinzips, Kerneuropa, abgestufte Integration – drücken sich um die eine Wahrheit herum: Politikfähig ist Europa nur einstimmig. Ansonsten finden sich wie und je Staaten mit gemeinsamen Interessen zusammen oder sie grenzen sich voneinander ab. Aus dieser Konstellation führt keine Mehrheitsentscheidung heraus. Im ersten Fall ist sie überflüssig, da man sich einig ist. Im zweiten Fall ist sie totgeboren, weil ihr die Abstimmungsverlierer nicht Folge leisten. Überstimmt eine größere eine kleinere Gruppe unter den EU-Staaten, ist ihre Gemeinschaft dahin.

80 bis 90 Prozent der Beschlüsse in den EU-Ministerräten werden einstimmig getroffen.[232] Ungeachtet davon, dass bei etlichen Materien die Mehrheitsregel zum Zuge kommen könnte. Bedarf es eingedenk dieser letztlich unumgänglichen Pra-

---

[232] Annegret Bendiek / Ronja Kempin / Nicolai von Ondarza, Mehrheitsentscheidungen und Flexibilisierung in der GASP. Ein kritischer Blick auf Instrumente für eine effektivere EU-Außen- und Sicherheitspolitik, SWP-Aktuell 31 (Mai 2018), S. 2.

xis noch eines Beweises, dass die EU wie jede andere Organisation europäischer Zusammenarbeit überhaupt nur funktioniert, so lange die Souveränität der beteiligten Staaten weitgehend gewahrt bleibt und ihre Bindung an übergreifende Beschlüsse eine freiwillige ist? Abhängig von den Bedürfnissen und Zielen, die nationalstaatlich konstituierte Völker ihren gewählten Vertretern auftragen? Kaum. Auch ein Kerneuropa wird nicht die Kernschmelze der beteiligten Staaten zeitigen.

Bezeichnenderweise siedelt der französische Staatspräsident Macron seine Initiative, multinationale Einheiten für europäische Streitkräfteeinsätze aufzubauen, nicht unter dem Dach der EU an.[233] Deren Vertragsmodalitäten und Entscheidungsabläufe sind ihm für eine Interventionstruppe viel zu schwerfällig. Außerdem wäre dann Großbritannien nicht dabei, das Macron ausdrücklich zur Teilnahme eingeladen hat. Wie acht andere Staaten unter Einschluss Deutschlands. Weit eher als der Nukleus einer integrierten Europaarmee schwebt dem französischen Präsidenten ein exklusives Korps aus Elitesoldaten der beteiligten Staaten vor, das unter europäischem Etikett mit schnellem Finger am Abzug an Konfliktschauplätze in Übersee geworfen wird. Bevorzugt in Afrika. Ohne Einbindung in EU- und NATO-Strukturen.

---

[233] Rede von Staatspräsident Macron an der Sorbonne (Anm. 93), S. 4.

Gemeinsame Operationen multinationaler Verbände mögen den französischen Verteidigungshaushalt entlasten und Europa sicherheitspolitisch seitens der beteiligten Staaten stärker in Aktion bringen. Die Camouflage, das supranationale Prinzip der EU zu umgehen und Kampfgefährten für französische Eigeninteressen zu werben, ist jedoch augenfällig. Das französische Operationszentrum, in das die teilnehmenden Länder Verbindungsoffiziere entsenden würden, hat seinen Sitz nicht in Brüssel, sondern selbstverständlich in Paris. Afrika ist – abseits der militärisch nicht zu lösenden Flüchtlingsproblematik – kein Brennpunkt europäischer Sicherheitspolitik, aber in Teilen ehemaliges französisches Kolonialgebiet.

Entgegen üblicher Empfehlung[234] muss sich Deutschland Macrons Initiative, die Europa für zweideutige Motive im Munde führt, keineswegs gleich einem Sachzwang anschließen. Vielmehr lässt der Vorstoß aus Paris auch den Deckmantel Europa deutlich erkennen.[235] Für einzelstaatliche

---

[234] Claudia Major / Christian Mölling, Die Europäische Interventionsinitiative EI2. Warum mitmachen für Deutschland die richtige Entscheidung ist, in: DGAP kompakt Nr. 10 (Juni 2018), S. 4.

[235] Am Rande des Arbeitstreffens der EU-Außen- und Verteidigungsminister am 25. Juni 2018 in Luxemburg unterzeichneten die Vertreter von neun Staaten einen „letter of intent" zur „Europäischen Verteidigungsinitiative": Belgien, Dänemark, Deutschland, Estland, Frankreich, Großbritannien, die Niederlande und Portugal. Ohne Bindungswirkung

Kalküle, interessengeleitete Schnittmengen und Koalitionen der Willigen.

In der europäischen Staatenrealität des 21. Jahrhunderts wird die EU auf das zurückgeworfen, was sie ist und kein noch so großer Integrationsehrgeiz je überwinden wird: ein Hülle für nationalstaatlichen Politiken, die kongruieren oder divergieren. So wie die EU kein Volk hat und kein Staat ist, wird sie auch keine Armee aus einem Schmelztiegel ihrer Mitgliedstaaten bilden.

Gerade Deutschland, das jahrzehntelang auf die Ersatznation Europa gesetzt hat, muss lernen, seine politischen Prioritäten in Ansehung derjenigen anderer europäischer Staaten fester im Blick zu haben. Europäisierung mündet nicht in ein Nirwana übereinstimmender Harmonie. Die EU kann Europa nicht als Spielfeld der Einzelstaaten lahmle-

---

sind die Formulierungen dennoch eindeutig, woher der (französische) Wind weht: Bedrohungen werden u.a. von der „Mediterranean to the Sahel-Sahara region" ausgemacht. „Willing states" mögen sich – wenn nicht im Rahmen der NATO der EU oder der UN – zu „ad hoc coalitions" zusammenfinden „to develop a shared strategic culture, which will enhance our ability, as European states, to carry out military missions and operations." Die Rosstäuscherei, „europäisch" zu nennen, was viel engeren Motiven entspringt, ist offensichtlich. Wortlaut der Absichtserklärung unter https://www.bmvg.de/resource/blob/25706/099f 1956962441156817d7f35d08bc50/20180625-letter-of-intent-zu-der-europaeischen-interventionsinitiative-data.pdf.

gen. Bestenfalls – und da liegt die Grenze der Einheit und Gemeinschaft – stellt die Union Übereinstimmung für ziemlich eng definierte Zwecke her, weil alle Beteiligten wie beim Binnenmarkt klare, wechselseitige Vorteile daraus ziehen. Schon sicherheitspolitisch ist das Bild ein ganz anderes.

Deutschland muss für seine Sicherheit Frankreich in Zentralafrika nicht zur Hand gehen. Osteuropa berührt die deutsche Sicherheitspolitik viel mehr. Allerdings aus einem anderen Grund als die dortigen Staaten umtreibt. Deutschlands Sicherheitsproblem ist nicht Russland, sondern die deutsche Einvernahme gegen Russland. Die zwischenstaatliche Differenz in der Sicherheitspolitik der EU-Mitglieder ist bei näherem Hinsehen viel zu groß, als dass sie eine allumfassende gemeinsame Strategie für die Vereinigung ihrer Streitkräfte von insgesamt 1,5 Millionen Soldaten unter europäischem Oberbefehl hervorbringen könnten.

Je nach Anlass und Aufgabe werden europäische Staaten gewiss verstärkt sicherheitspolitisch kooperieren. Aber wer dies in welchem Format, zu welchem Zweck und über welchen Zeitraum sein wird, entscheidet am Ende jeder selbst. Gleich ob ergänzend oder alternativ zur NATO. Eine supranationale Perspektive, wie sich das einige von einem Fortlauf europäischer Einheit erträumen, hat die GASP keinesfalls.

„Ein politischer Staatenbund setzt eine Übereinkunft über die Frage von Krieg und Frieden voraus und, letzten Endes, ein Mindestmaß an Einigkeit in außenpolitischen Fragen".[236] Diese Anforderung erfüllt die EU nicht, ja kann ihr mit 28 (minus 1) Mitgliedern durch ihre schiere Größe, geografische Ausdehnung und innere Pluralität nicht genügen. Deshalb hat die europäische Einigung keine Eigendynamik mehr. Ihr Zenit ist überschritten. Integration kann die Gravitationskraft der europäischen Staaten nicht außer Kraft setzen. Auch wenn ihr das gebetsmühlenartig zugesprochen wird:

„Die gemeinsame Ausübung der außenpolitischen Kompetenzen der Mitgliedstaaten ist Dreh- und Angelpunkt auf dem Weg zur politischen Einigung Europas."[237] Richtig. Freilich mit einem anderen Ausgang als von den Autoren erwünscht. Die EU wird diesen Weg nicht gehen. Nicht einmal in Teilen oder durch weitere Fortschritte auf Teilgebieten. Denn dort, wo sich Europa am sichtbarsten vereinheitlicht hat, ist die Belastungsprobe zum krisenhaften Dauerzustand geworden. Der wird erst enden, wenn die Staaten der Eurozone – groß- und kleinwüchsig wie sie sind – nicht länger in das Prokrustesbett einer einzigen Währung gezwungen werden.

Den Gipfel, einschneidende Unterschiede zwischen den EU-Staaten sträflich und anhaltend aus-

---

[236] Thierry Chopin / Jean-François Jamet, Die Zukunft des europäischen Projekts, DGAP analyse Nr. 8 (September 2016), S. 11.
[237] Ebd.

zublenden, markiert der Euro. Deshalb ist hier die Fallhöhe europäischer Einheit auch die größte. Die Währungsgemeinschaft von rund zwei Dritteln der EU-Mitglieder hat inzwischen einen solchen Symbolgehalt angenommen und ist zum alles überragenden Prestigeobjekt der schlingernden Integrationspolitik geworden, dass sich ihr Bestand von den wirtschaftlichen Voraussetzungen weitgehend abgekoppelt hat. Der politische Wille, die Geldeinheit unter allen Umständen aufrecht zu erhalten, geht über alle evidenten Unvereinbarkeiten hinweg. Die selbstgesetzten Bedingungen für die Teilnahme an der Währungsunion erfüllten im Mai 2018 nur vier der 19 Mitglieder der Eurozone.

Die Grenzwerte einer Nettoneuverschuldung von höchstens 3 Prozent bzw. einer staatlichen Gesamtverschuldung von maximal 60 Prozent des BIP unterschritten lediglich Lettland, Litauen, Luxemburg und die Niederlande.[238] Fast vier Fünftel der Eurostaaten verstießen entweder gegen beide oder eines der Soliditätskriterien für die Beteiligung an dem Einheitsgeld. Strenggenommen sind die meisten Länder der Währungsunion für das Gemeinschaftsprojekt nicht qualifiziert. Und das nicht erst seit gestern. Zudem mit riesigen Leistungsabständen untereinander.

---

[238] Statistisches Bundesamt, Deutschland im EU-Vergleich 2018, https://www.destatis.de/Europa/DE/Staat/Vergleich/DEUVergleich.html (13. Juni 2018).

Dabei ist zu bedenken, dass das eigentliche, marktgerechte Ausmaß der Staatsversschuldung unter den Eurostaaten noch gehörig verschleiert wird. Ebenso wie die vielfach nicht gegebene Tragfähigkeit des Schuldendienstes. Seit fast einem Jahrzehnt schöpft die EZB Staatsanleihen hochverschuldeter Währungsmitglieder ab, denen andernfalls Liquiditätsengpässe drohen, weil sich solche Papiere in der Summe auf dem Rentenmarkt nicht oder nur wesentlich unvorteilhafter absetzen ließen. Dazu hat die Notenbank mit Nullzinsen für spottbillige Kreditfinanzierungen aller Deckunglücken in den öffentlichen Haushalten der Eurozone gesorgt.

Schließlich können sich die schlimmsten Schuldensünder auf Haftungszusagen der übrigen Währungsteilnehmer verlassen. Aus dem Europäischen Stabilitätsmechanismus stehen seit 2012 bei Bedarf verbürgte Kredite von bis zu 700 Mrd. EUR zur Verfügung, die ihnen der Markt weder in einem solchem Umfang noch zu den nahezu zinsfreien Konditionen gewähren würde.

Dadurch ist ein von Beginn an einsturzgefährdetes Währungsgebäude notdürftig, aber nicht nachhaltig stabilisiert worden. Seine Statik hat nie gestimmt und kommt auch in Zukunft nicht ins Lot. Oder den Erfahrungssatz eines der fähigsten Militärstrategen der modernen Kriegsgeschichte wiedergebend: „Ein Fehler in der ursprünglichen Versammlung der Heere ist im ganzen Verlauf des

Feldzuges kaum wieder gutzumachen."[239] An einschlägigen wirtschaftlichen Kennziffern ist abzulesen, welchen Welten zwischen den Eurostaaten liegen. Das Band einer gemeinsamen Währung wird dadurch bis zum Zerreißen gespannt. Staaten mit relativ gesunden öffentlichen Finanzen treffen auf Währungsteilnehmer, deren Staatsverschuldung das jeweilige Sozialprodukt übersteigt.

Deutschland (64,1 Prozent), Finnland (61,4 Prozent) und die Niederlande (56,7 Prozent) bewegten sich im Jahr 2017 in etwa auf Höhe der Maastrichter Obergrenze für die staatliche Gesamtverschuldung von 60 Prozent des BIP.[240] Diese Länder haben ihre Staatsverschuldung zumindest im Griff und verdienen sich die Note 2 auf einer Skala von 1 bis 6. Frankreich und Spanien haben seit Beginn der Währungsunion schlecht gewirtschaftet. Mit Schuldenständen von 97 bzw. 98,3 Prozent des BIP sind sie in der Nähe der gefährlichen Zone geraten, ab der die Tragfähigkeit der Gesamtverschuldung zum Problem werden kann. Für Belgien (103 Prozent des BIP) gilt das schon lange. Note 4 mit Verbesserungs- oder Verschlechterungspotential.

Griechenland war 2010 bankrott (Note 6) und ist seitdem mit Rettungspaketen der Europäer und des IMF im Umfang von fast 300 Mrd. EUR zah-

---

[239] Helmut v. Moltke, Leben und Werk in Selbstzeugnissen, hrsg. von Max Horst, 2. Aufl. Basel o.J., S. 360.
[240] Diese und alle weiteren Zahlen zu den Schuldenständen gemäß Statistisches Bundesamt (Anm. 238).

lungsfähig gehalten worden. Erst acht Jahre später konnte Athen überhaupt wieder damit beginnen, selbständig Mittel am Kapitalmarkt aufnehmen. Angesichts einer Gesamtverschuldung von fast 180 Prozent des BIP in 2018 erscheint es gleichwohl ausgeschlossen, dass Griechenland ohne Schuldenschnitt seine Hilfskredite je marktgängig refinanzieren kann. Portugal (125,7 Prozent) und noch mehr Italien (131,8 Prozent) sind permanent davon bedroht, dass Vertrauen in ihre Kreditwürdigkeit zu verlieren. Mit 4 minus befindet sich Rom auf einer Gratwanderung, bei der Fehltritte das Land in den Ruin stürzen. Mit dem Ende der Anleihekäufe und der Nullzinspolitik der EZB – beides ist für 2019 absehbar – wird die Wegstrecke über den Appenin noch riskanter.

Die tiefe Kluft in der Euroklasse haben bislang die EZB oder bedarfsweise der ESM überbrückt. An der de facto Konkursreife der überschuldeten Eurostaaten ändert dies nichts. Länder, die ohne energische Trendumkehr mehr Schulden anhäufen als sie an gesamtwirtschaftlichen Werten produzieren, wecken berechtigte Zweifel, ihre Verbindlichkeiten auf Dauer bedienen zu können. Normalerweise würde aus dieser Kombination Inflation entstehen. Mit dem Nachteil steigender Importpreise, jedoch auch dem Vorteil sinkender Exportpreise und einer teilweisen Entwertung der angehäuften Staatsverschuldung. Die Währung des betroffenen Staates würde abwerten. Diese Effekte unterdrückt – um der Geldeinheit willen – die EZB, indem sie jene, die über ihre Verhältnisse leben und die es ohne nachgebenden Wechselkurs im preislichen Wettbewerb schwer haben, mit frischen Krediten über Wasser hält.

Auf lange Sicht ist damit nichts gewonnen, sofern die alimentierten Staaten ihre Haushalte nicht resolut sanieren. Dass sie dies tun, ist in der Eurozone nicht auszumachen. Damit steigt das Risiko einer gigantischen Geldentwertung für alle. Es sei denn, die Eurostaaten mit guter Bonität finden sich bereit oder werden verpflichtet, jenen mit schlechter Bonität durch Ausgleichzahlungen unter die Arme zu greifen. Abgesehen von Fragen der Leistungsgerechtigkeit würden den Transferzahlern allerdings Belastungen entstehen, die sie selbst schwächen. In ein stabiles Gleichgewicht kommt die Währungsunion nicht durch Umverteilung. Deren innere Gegensätze sind auch in anderer Hinsicht frappierend. Mit dem großen Manko, anders als bei flexiblen Wechselkursen über keinerlei Puffer zu verfügen, um diese Stoßwellen aufzufangen.

Die Zahlungsbilanzen weisen ein heftiges Leistungs- und Wettbewerbsgefälle unter den Teilnehmern der Währungsunion aus. Die Schere in den beiden Teilbilanzen geht weit auseinander. Bei der Leistungsbilanz mit dem Güter- und Dienstleistungshandel als Hauptkomponente lagen die einzelstaatlichen Salden in 2017 zwischen plus 263

Mrd. EUR (Deutschland) und minus 18 Mrd. EUR (Frankreich).[241] Euroländer mit nennenswerten Überschüssen im Warenverkehr waren neben dem für sich stehenden Outperformer Deutschland, auf den wertmäßig allein drei Viertel des gesamten Exportgüterüberschusses der Eurozone entfielen, noch Irland, die Niederlande und Italien. An der Spitze der Nettoimporteure standen Frankreich, Spanien und Griechenland.

Bei den Kapitalbilanzen sieht es spiegelbildlich nicht viel anders aus. Deutsche Unternehmen und Anleger investierten in 2017 fast 276 Mrd. EUR im Ausland, während Frankreich knapp 55 Mrd. EUR an Kapital importierte.[242] Deutschland zeichnete sich damit für knapp zwei Drittel aller Kapitalexporte der Beteiligten an der Währungsunion verantwortlich. Das Auslandsvermögen, das die dahinter platzierten Niederlande (52,5 Mrd. EUR) und Italien (47,2 Mrd. EUR) aufbauten, ist bereits deutlich niedriger. Die anderen Eurostaaten sehen sich überwiegend mit dem Problem konfrontiert, aus ihrer unterlegenen Position im Wettbewerb mit Deutschland keine Kapitalüberschüsse erzielen zu können. Gleichzeitig finanziert die deutsche Wirtschaft mit ihrem Kapitalstrom in das Ausland

---

[241] Eurostat, Balance of payments statistics, http://ec.europa.eu/eurostat/statistics-explained/index.php/Balance_of_payment_statistics#Current_account (April 2018).
[242] Ebd.

Warenimporte ausländischer Schuldner aus Deutschland.

Wie heikel die deutsche Rolle als Exportchampion und Kapitalkrösus für den Zusammenhalt der Eurozone geworden ist, lässt sich den positiven Target2-Salden der Bundesbank entnehmen. Dahinter verbergen sich bekanntlich Forderungen der deutschen Notenbank an die anderen Zentralbanken des Eurosystems. Frankfurt gewährt auf diese Weise inzwischen Kredite in Höhe von fast 1 Billion EUR.[243] An andere Notenbanken der Eurozone, um indirekt Waren- und Wertpapierkäufe in Deutschland zu finanzieren. Solange die Währungsunion besteht, bleiben diese Verbindlichkeiten quasi in dem System eingeschlossen.

Allein, an der Tatsache einer gewaltigen kurzfristigen Konsumfinanzierung auf Pump ändert das natürlich nichts.[244] Aus dem einfachen Grund, dass

---

[243] Zum Stichtag 31. Mai 2018 belief sich der Target2-Saldo der Bundesbank auf 956,1 Mrd. EUR, https://www.bundesbank.de/Navigation/DE/Aufgaben/Unbarer_Zahlungsverkehr/TARGET2/TARGET2_Saldo/target2_saldo.html.

[244] Ein Beispiel für das Entstehen einer Target-Forderung im grenzüberschreitenden Zahlungsverkehr: Ein italienischer Unternehmer kauft einen BMW in München. Dafür nimmt er einen Kredit bei seiner Hausbank auf. Die refinanziert sich über die Banca d'Italia. Die wiederum erhält Kredit von der Deutschen Bundesbank, die über eine Geschäftsbank den Verkäufer bezahlt. Bedient der Käufer seinen Kredit, handelt es sich nur um einen buchungstech-

unter den Bedingungen des Einheitsgeldes die deutsche Exportüberlegenheit für die anderen Eurostaaten zu erdrückend, für Deutschland mehr Bürde als Gewinn ist.

Gäbe es den Euroblock nicht, würde ein atmender Wechselkurs die deutsche Übermacht einfangen und die Wettbewerbsfähigkeit seiner Handelspartner erhöhen. Hohe Außenhandelsüberschüsse eines Landes haben zur Folge, dass ihm mehr ausländische Währung für die inländische Währung angeboten wird. Der Devisenkurs steigt. Daraufhin verteuern sich die Exportgüter und die Auslandsnachfrage beruhigt sich wieder. Importüberschüsse, d.h. Handelsbilanzdefizite bewirken das Gegenteil. Der Devisenkurs fällt, weil das Angebot inländischer Währung das Angebot ausländischer Währung übersteigt. Dementsprechend geben die Exportpreise des importierenden Landes nach. Die Nachfrage steigt und der Fehlbetrag in im Außenhandel sinkt.

Dieses Wechselkursventil ist in der Währungsgemeinschaft verstopft. Mit dem Zweitrundeneffekt, auch den Außenwert des Euro in fremder Währung für Deutschland zu niedrig, für andere Eurostaaten zu hoch zu halten. Die Währungsunion hat lahmende und stürmende Pferde vor dieselbe Kut-

---

nischen Vorgang. Bleibt er säumig und die italienischen Banken sehen sich außerstande zu haften, würde die Forderung für die Bundesbank uneinbringlich.

sche gespannt. Das kann im Geschirr nicht gut gehen.

Der „Global Competitiveness Report" des Weltwirtschaftsforums illustriert, wie sehr einzelne Mitglieder der Währungsunion im internationalen Wettbewerb hinterherhinken. Komparative Kostenvorteile könnten sie durch einen nachgebenden Wechselkurs zurückgewinnen. Der „Global Competitiveness Index 2017-2018" führt unter den zehn Ländern mit den größten Wachstumsaussichten lediglich zwei aus der Eurozone auf: die Niederlande (Platz 4) und Deutschland (Platz 5).[245] Frankreich rangiert erst an 22. Stelle, Spanien ist Nr. 34, Portugal und Italien liegen abgeschlagen auf den Rängen 42 und 43. Von den derzeit 19 Eurostaaten zählen lediglich 6 zu den ersten Zwanzig, 9 zu den ersten Dreißig der wettbewerbsstärksten Volkswirtschaften der Welt. Der Rest rangiert hinter Saudi-Arabien auf Platz 30.

Kurz: Die „Mitgliedstaaten, deren Währung der Euro ist" (Art. 136 EU-Vertrag) spielen nachweislich nicht in derselben Wirtschaftsliga. Während sich Deutschland mit den Besten der Welt misst, kämpft die Mehrheit der Euroländer in der zweiten und dritten Liga gegen den Abstieg oder um den Aufstieg. Ohne harte preisliche Anpassungen bei den Arbeitskosten, die gegen soziale Wider-

---

[245] Klaus Schwab (Ed.), The Global Competitiveness Report 2017-2018, Genf 2017, S. 326.

stände durchgesetzt werden müssten, ziehen Mitglieder wie Italien und Frankreich zwangsläufig beim Wachstum den Kürzeren. Im Schnitt des Sieben-Jahres-Zeitraums 2011 bis 2017 war die italienische Wirtschaft rückläufig.[246] Frankreich stagnierte. Demgegenüber legte das deutsche BIP real um durchschnittlich fast zwei Prozentpunkte zu.

Von Kongruenz im Euroraum kann also keine Rede sein. Die außenwirtschaftlichen Ungleichgewichte unter den Eurostaaten sind massiv und unheilschwanger. Elastische Wechselkurse eigener Währungen anstelle des Einheitsgeldes würden hingegen Wachstumsimpulse ohne soziale Einschnitte freisetzen. Und durch Aufwertung den übermäßigen deutschen Leistungsbilanzüberschuss drosseln. Zugunsten inländischer Investitionen. Was ökonomisch einleuchtet, will die Politik nicht wahrhaben. Eher beschreitet sie den Irrweg, Höhenunterschieden mit einem Finanzausgleich begegnen zu wollen.

Französische Wünsche nach einem Extrabudget für die Eurozone, denen Deutschland halbherzig zugestimmt hat[247], zielen auf Unterstützungsleistungen in Wirtschaftskrisen und Investitionshilfen ab. Finanziert „aus nationalen Beiträgen, aus Steu-

---

[246] European Commission, Statistical Annex of European Economy (Spring 2018), S. 28.
[247] Presse- und Informationsamt der Bundesregierung, Pressemitteilung Nr. 244 vom 19. Juni 2018, Erklärung von Meseberg.

ereinnahmen und aus europäischen Mitteln". Damit würde Kurs auf eine Transferunion genommen. Dass diese auf andere Weise bereits stattfindet – durch die Zinssubvention der EZB und den deutschen Kapitalexport – wird gerne übersehen. Dabei müsste ihre Ergebnislosigkeit für jede deutsche Regierung Warnung genug sein, einem untauglichen Instrument europäischer Wirtschaftseinheit mehr als zaghaften Widerstand entgegenzusetzen.

Alle Staaten der Währungsunion profitierten von den Niedrigzinsen, die ihnen die Geldpolitik zur Überwindung der Eurokrise ab 2009 für mindestens zehn Jahre eingeräumt hat. Doch zur Beseitigung struktureller Wettbewerbs- und Wachstumsmängel schritten bei weitem nicht alle. Sie ließen wertvolle Zeit für Reformen verstreichen.

„Angesichts der jüngst beobachteten Volatilität an den Finanzmärkten scheint es dringend geboten, das derzeit günstige gesamtwirtschaftliche Umfeld zu nutzen und mit größerer Entschlossenheit die Wiederherstellung fiskalischer Reserven und die Senkung der hohen Schuldenstände voranzutreiben."[248] Dieses Ersuchen der EZB stößt auf taube Ohren, wo man es am meisten beherzigen müsste. Sonst würden die Wachstumsraten unter den Eurozonenmitgliedern nicht teilweise

---

[248] Europäische Zentralbank, Wirtschaftsbericht 4/2018, Frankfurt a.M. 2018, S. 67.

um volle drei Prozentpunkte auseinanderliegen, ein Land nicht drei Mal so hoch verschuldet sein wie ein anderes.

Direkte Finanztransfers innerhalb der Währungsunion wären Salzwasser für Durstige, die Deutschland noch mehr über die Planke ziehen. Wie kann man erwarten, mit finanzpolitischen Ausgleichszahlungen mehr zu bewirken als mit dem süßen Gift billigen Geldes? Werden damit Produktivitäts- und Wettbewerbsrückstände nicht noch verfestigt, weil der Schmerz sinkender Markteinkommen ausbleibt? Oder soll Transferpolitik in die Bresche springen, wenn die Geldpolitik zur Zinswende schreitet?

Wie auch immer: die in der Währungsunion schon arg durchlöcherte „Einheit von Handeln und Haften"[249] ginge mit einem internen Finanzausgleich vollends verloren. Als Zahlmeister müsste Deutschland dreistellige Milliardenbeiträge schultern. Ein Volumen, das die hinsichtlich des deutschen Haftungsanteils an den Rettungsschirmen bereits angemahnte Wahrung der Haushaltshoheit zweifellos grundgesetzwidrig „leerlaufen" ließe.[250] Und als Zuchtmeister hätte Deutschland für die

---

[249] Jens Weidmann, Reformen für eine stabile Währungsunion. Rede des Bundesbankpräsidenten beim Jahresempfang des Hessischen Ministerpräsidenten am 5. Juni 2018 in Brüssel,https://www.bundesbank.de/Redaktion/DE/Reden/2018/2018_06_05_weidmann.html, S. 5 f.
[250] BVerfG (Anm. 12), Rn. 174.

gewährten Hilfen Auflagen zu verantworten, für die ihm ein demokratisches Mandat der Betroffenen fehlt. „Money for nothing, protest for free."

Ausgerechnet beim Geld experimentiert Europa seit zwei Jahrzehnten damit, natürliche Proportionen und ökonomische Gesetzmäßigkeiten außer Kraft zu setzen. Mit dem Ergebnis, sich Probleme eingehandelt zu haben, die man sonst nicht hätte. Anstatt eine Fehlkonstruktion mit Flickarbeiten hinzuhalten, sollten die Eurostaaten währungspolitisch wieder vom Kopf auf die Füße gestellt werden.

Ein realistisches Maß für angemessene Währungsparitäten unter ihnen vermitteln die flexiblen Wechselkurse vor Einführung der Gemeinschaftswährung. Heute noch mehr als damals müsste der herausragenden wirtschaftlichen Stellung Deutschlands auch währungspolitisch entsprochen werden. Die mit Abstand größte Volkswirtschaft des Kontinents,[251] die im europäischen Ländervergleich das meiste Kapital exportiert und die höchsten Handelsüberschüsse erzielt, verlangt nach einer eigenen monetären Einfassung.

---

[251] Die Asymmetrie ergibt sich schon aus den BIP-Anteilen. Dreißig Prozent des gesamten Bruttoinlandsprodukts der Währungsunion entfallen auf Deutschland. Die Deutschen erwirtschaften ein um ein Drittel höheres Sozialprodukt als Frankreich und ein doppelt so hohes wie Italien – den nächstgrößeren Volkswirtschaften im Euroraum. European Commission (Anm. 246), S. 18.

Anstelle einer Gemeinschaftswährung, die einerseits den Leistungsstand der deutschen Wirtschaft unterbewertet und exportseitig verzerrt, andererseits den Wettbewerbsnachzüglern Marktchancen nimmt und von Kapitalimporten abhängig macht, wäre allen Euroteilnehmern mit einer deutschen Ankerwährung besser gedient. Sie würde sofort Aufwertungsdruck entfalten und Wechselkursverhältnisse herstellen, die weit eher zu außenwirtschaftlichen Gleichgewichten führen als der Euro.

In den 25 Jahren vor der unwiderruflichen Fixierung fester Wechselkurse für die Währungsunion (1999) waren die Devisenkurse im Europäischen Währungssystem immer wieder angepasst worden. Im Einklang mit der einzelstaatlichen Geld-, Finanz- und Wirtschaftspolitik, die den Wert der jeweiligen Landeswährung bestimmte. Konvergenz und Divergenz in der volkswirtschaftlichen Leistung unter den EWS-Teilnehmern ließ sich an dem Austauschverhältnis ihrer Währungen ablesen.

Gegenüber allen nationalen Währungen der späteren Euroteilnehmer wertete die D-Mark in dem Vierteljahrhundert vor 1999 auf.[252] So hatten hundert französische Franc Anfang der 1970er Jahre einen Gegenwert von 60 DM, 1000 italienische Lire von 6 DM und 100 spanische Pesetas von 5 DM. 25 Jahre später mussten für 100 Franc nur noch rund

---

[252] Deutsche Bundesbank, Devisenkursstatistik März 2000. Statistisches Beiheft zum Monatsbericht 52/03, S. 6 f.

30 DM, 1 DM für 1000 Lire und knapp 1,20 DM für 100 spanische Pesetas gezahlt werden. Nach dieser Vorgeschichte eine Währung für alle einzuführen, war von Beginn an ein Himmelfahrtskommando.

Man täte gut daran, sich für eine geordnete Auflösung der Eurozone an das EWS zu erinnern. Flexible Wechselkurse haben die beteiligten Länder nicht ärmer gemacht. Im Gegenteil. Die Exportchancen der Schwachwährungsländer blieben gewahrt, ihre Binnenkonjunkturen wurden durch Sparauflagen nicht abgewürgt. Und die deutsche Außenwirtschaft hat trotz Aufwertungsdruck floriert. Allerdings ohne eklatante Verstöße gegen das außenwirtschaftliche Gleichgewicht und ohne inländische Investitionsschwäche durch Vermögensabflüsse ins Ausland.

Heute zu einer deutschen Leitwährung, bespielweise in Form einer „Euro-Mark" zurückzukehren, würde ähnliche Wirkungen entfalten. An der tendenziell aufwertenden Euro-Mark könnten sich neben Deutschland als Währungsanker noch andere, makroökonomisch verwandte Staaten orientieren: die Niederlande, Österreich, Dänemark, das Baltikum, Finnland und die Schweiz. Die Mittelmeerländer einschließlich Frankreichs sollten jeder für sich oder zusammen zu einer anpassungsfähigen Währung übergehen. Mit einem Austauschverhältnis zur Euro-Mark von 2 zu 1 oder 3 zu 1. Sicher, das wäre der währungspolitische Bruch mit der Idee europäischer Einheit. Aber wenn der Rahmen als solcher nicht stimmt, nützt es nichts, an den Bedingungen herumzubasteln. Ein neuer muss her.[253]

Erwiesenermaßen funktionieren der europäische Binnenmarkt und die Zollunion auch mit neun bzw. acht EU-Staaten, die der einheitlichen Währung fern stehen. Seinen größten Handelsgewinn in Europa erzielte Deutschland im Jahr 2017 mit dem Fremdwährungsland Großbritannien, dessen Pfund Sterling sogar außerhalb des WKM II notiert.[254] Ja, den gemeinsamen Markt trübt nicht einmal ein, dass zwischenstaatlichen Grenzen wieder kontrolliert werden. Der Euro ist mitnichten der Weisheit letzter Schluss, wechselseitige Han-

---

[253] Lediglich den Wechselkursmechanismus II (WKM II) anzuwenden, würde nicht ausreichen. Als Nachfolger des EWS legt der WKM II seit 1999 Wechselkurse zwischen dem Euro und den Währungen von EU-Staaten fest, die nicht der Währungsunion angehören. Als Referenzkriterium für berechenbare Devisenkurse. Und als Prüfstein, sich mit einem mindestens zweijährigen stabilen Wechselkurs für die EWU zu qualifizieren. Der Währungen der WKM II-Teilnehmer – derzeit nur Dänemark – dürfen in einer Bandbreite von höchstens 15 Prozent um den zum Euro festgelegten Leitkurs schwanken. Für das Floaten mediterraner Währungen gegenüber einer Euro-Mark müsste zunächst eine größere Spanne erlaubt sein. Bis sich anpassungsfähige Kurse einpendeln. Ein „Europäischer Flexibilitätsmodus" (EFM) wäre auch dem Namen nach eine Innovation.
[254] Statistisches Bundesamt (Anm. 87), S. 2.

delsvorteile der europäischen Staaten währungspolitisch zu unterstützen. Vielmehr läuft die Uhr für eine Versuchsanordnung ab, die nur immer neue Störungen und Explosionsgefahren gebiert. Wirtschaftlich ließe sich das Experiment unaufgeregt beenden. An der politischen Dimension hätten Deutschland und die EU-Länder schwerer zu schlucken. Eine deutsche Leitwährung für Europa, vergleichbar dem US-Dollar für die Welt, würde Deutschland noch sichtbarer als Wirtschaftskoloss ausweisen.

 Aber dieser Anzug ist den Deutschen sowieso auf den Leib geschneidert und das identitätsgestörte Ansinnen aus der zweiten Hälfte des 20. Jahrhunderts, die eigene Größe in europäischem Gewand widernatürlich zu verstecken, auffallend misslungen. Ein Land, das selbst nach zwei verlorenen Weltkriegen und jahrzehntelanger Teilung seine ungebrochene Bestandskraft als Nation beweist und wirtschaftlich in Europa hervorsticht, lässt sich als Macht nicht abschaffen. Es wird sich unter seinesgleichen in der Welt zurechtfinden müssen. Nicht dominant, aber doch ziemlich relevant.

5. Balance of power in einer multipolaren Welt

Das 20. Jahrhundert war eine Epoche der Verfremdung in den internationalen Staatenbeziehungen. Im frühen 21. Jahrhundert wird eine nachhaltige Korrektur sichtbar. Und zwar hin zu einem Weltsystem, in dem politisch und wirtschaftlich nicht ein oder zwei, sondern mindestens vier Pole die Umlaufbahnen der Staaten in der Erdatmosphäre bestimmen: Europa, China, die USA und Russland. Bestenfalls entstehen daraus geordnete und berechenbare Verhaltensmuster aus Nähe und Distanz, schlimmstenfalls überkreuzen sich die Kreisbewegungen der Objekte bis zum Zusammenstoß. Zur Mahnung, ein Staatensystem nicht aus dem Gleichgewicht zu bringen, gereicht die europäische Geschichte im 20. Jahrhundert. Wie in einem Brennglas bündeln sich darin Verformungen und Verwüstungen einer internationalen Ordnung, wenn von der ihr innewohnenden Multipolarität abgewichen wird.

Es fing damit an, dass eingangs des 20. Jahrhunderts die europäischen Staaten das Konzert der Mächte aufkündigten. Weil sie – Deutschland vorneweg – sich selbst wichtiger nahmen als das Ganze und Übergewicht anstelle von Gleichgewicht begehrten. Sich in den angestammten Platz zu fügen und seine Ansprüche zu begrenzen, Macht und Interessen untereinander zum Ausgleich zu bringen anstatt übereinander zu triumphieren, dieses Takt- und Balancegefühl ging in den europäischen Hauptstädten am Vorabend des Ersten Weltkriegs verloren. Dafür musste Europa für die verbleibenden vier Fünftel des 20. Jahrhunderts teuer bezahlen.

Der Kontinent führte der Welt ein Lehrstück vor, was passiert, wenn Beziehungen unter Nationen aus dem Gleichgewicht geraten: Aggressionspolitik, Angriffskriege, Teilung, Fremdherrschaft und Fremdbestimmung. 1939 unternahm das Deutsche Reich einen zweiten, dieses Mal selbstmörderischen Versuch, den Kontinent zu dominieren. Ja, mehr noch: Europa nationalsozialistischer Gewaltherrschaft zu unterwerfen. Massenpsychologisch erfolgreich hatte Hitler die nicht verwundene Kriegsniederlage von 1918 und den misslungenen Friedensvertrag von Versailles für seine Revisionspolitik ausgebeutet. Ohne je verborgen zu haben, darin nur den Ausgangspunkt für viel ausgedehntere Vernichtungs- und Eroberungsziele zu sehen.

Zur Aufstiegsgeschichte des deutsch-österreichischen Diktators und seines außenpolitischen Programms gehört unbedingt, Hitler mit den Pariser Vorortverträgen ein Reizthema geliefert zu haben. Deutschland die alleinige Kriegsschuld zuzuschreiben, es mit unverhältnismäßigen Reparationen und Gebietsabtretungen zu überziehen, musste den Kriegsverlierer erbittern und trug den Siegermächten nicht mehr als einen Waffenstillstand ein. Darüber hinaus sowohl Deutschland als auch Russland fast ein Jahrzehnt wie Parias aus der Völkergemeinschaft zu verstoßen, spaltete Europa ein erstes Mal.

Unter tatkräftiger Beteiligung der USA, die nach ihrem kriegsentscheidenden Eintritt in die Front der Westmächte im April 1917 entschlossen einem Siegfrieden zustrebten. Wilsons 14 Punkte-Plan ließ keinen Raum für eine ausgewogene Friedensregelung unter den europäischen Großmächten. Anstatt deren jeweiligen Interessen konfliktentschärfend Rechnung zu tragen, setzte der US-Präsident auf universale Prinzipien wie das dann willkürlich angewandte Selbstbestimmungsrecht der Völker. Die Abkehr von der europäischen Tradition, Machtbeziehungen auszubalancieren war – gut gemeint, aber falsch gemacht – offensichtlich.

So der Internationalismus in den USA die Oberhand behielt, war er in der Tradition Wilsons stets darauf ausgerichtet, die internationale Politik nicht als ein Parallelogramm der Kräfte zu begreifen und zu akzeptieren, sondern einer Weltordnungsidee unterwerfen zu wollen. Am stärksten nach dem Zweiten Weltkrieg, als Europa im Konflikt US-amerikanischer und sowjetkommunistischer Weltanschauung zum Spielball zweier Supermächte verkümmerte. Westeuropa unter dem amerikanischen Schutzherrn, Osteuropa hinter dem Eisernen Vorhang der Sowjetunion. Jeder der beiden Weltfeinde mit dem ideologischen Anspruch, den jeweils anderen niederzuringen und die Welt nach dem eigenen Antlitz zu formen.

Der Entwurf und das militärisch untermauerte Bekenntnis zu einer liberal-demokratischen Weltordnung war das Banner, unter dem sich die USA mit ihren sicherheitspolitisch abhängigen Verbündeten gegen den erklärten Weltfeind zusammenschlossen. Im Zeichen der Bipolarität erlosch das Können und Wollen Europas, die Beziehungen der ihm zugehörigen Staaten eigenständig zu gestalten. Die gleichermaßen erzwungene wie bereitwillige Selbstaufgabe der Europäer, ihrer Staatenvielfalt und Mächtekonstellation eine Ordnung zu geben, war eine zweifache.

Einmal fiel die europäische Sicherheit in fremde Hände. Die Spaltung und Einbettung Europas in zwei feindliche Militärblöcke lieferte den Kontinent dem Schalten und Walten Washingtons und Moskaus aus. Als Schutzbefohlener (Westeuropa) oder Leibeigener (Osteuropa). Zum anderen wurde im freien Teil Europas der Gedanke Politik, im Angesicht der eigenen Machtlosigkeit die über Jahrhunderte gewachsene nationalstaatliche Struktur langfristig komplett zu roden. In verzweifelter Rückschau auf sich selbst, aus tief empfundener

Schwäche und im Generalverdacht gegen den Nationalstaat gedieh die Idee, das Kind mit dem Bade auszuschütten.

Integration sollte die europäische Staatenwelt über ihre Lahmlegung im Kalten Krieg hinaus sterilisieren. Dessen Ausgang zugunsten des Westens ließ Europa mitnichten zu sich selbst kommen. Vielmehr gab man sich nach dem Berliner Mauerfall noch einmal für über ein Vierteljahrhundert der Realitätsverschiebung hin, nunmehr Teil eines unipolaren Weltsystems zu sein, das um die USA als einziger Weltmacht kreist. Und deren sicherheitspolitische Patronage wurde noch auf Ostmitteleuropa ausgedehnt.

Erst die Erschütterungen des Brexit-Entscheids von 2016 und der Trump-Präsidentschaft seit 2017 haben dafür gesorgt, dass Europa etappenweise aus dem Koma des 20. Jahrhunderts erwacht. Sicherheitspolitisch bei den USA unterzuschlüpfen, ist fragwürdiger denn je geworden, will man sich nicht länger entwürdigen, die europäischen Füße unter den amerikanischen Tisch zu stellen. Botmäßig gegenüber einem Herrn, der eben nicht das Universum beherrscht, sondern sich selbst im Kampf mit Rivalen sieht und eine größere Opferbereitschaft seiner Hintersassen einfordert. Allerdings nicht einmal der Absicht nach zum Wohl aller. Vielmehr ungeschminkt darauf aus, nichts anderes als den Nutzen der USA zu maximieren.

Auch geht der europäische Elitenplan nicht auf, die Nationalstaaten schrittweise zu zermalmen. Lange haben diese Mühlen erfolgreich gemalt. Allerdings nur bei den Schalen. Am Kern der Nationalstaaten werden sie mittlerweile stumpf. Nicht der Verlust, sondern die Vernunft der Nationen ist Europa und der Welt im 21. Jahrhundert aufgegeben.

Dabei möge man sich an zwei wegweisende Friedensschlüsse erinnern, die Europa aus eigener Kraft unter Gleichgewichtsgesichtspunkten hervorbrachte: den Westfälischen Frieden von 1648 und die Wiener Kongressakte von 1815. Der Westfälische Frieden von 1648 ersparte Europa bis zum Siebenjährigen Krieg (1756 bis 1763) über 100 Jahre lang einen großen europäischen Mächtekonflikt. Der brach nach der Akzeptanz Preußens als fünftes Mitglied im Konzert der Mächte (Österreich, Russland, Frankreich, Großbritannien) erst mit dem Auftreten Napoleons wieder aus.

Der Wiener Kongress von 1815 setzte dem französischen Vormachtstreben indessen ein rasches Ende. Unter Federführung des österreichischen Außenministers Metternich verständigten sich die europäischen Großmächte unter Einschluss Russlands auf eine einigermaßen gleichgewichtige Interessenabgrenzung, die noch einmal für ein weiteres Jahrhundert den Frieden bewahrte. Die Balance erwies sich als so belastbar, dass sie sogar den Durchbruch Deutschlands zum geeinten Nationalstaat über ein halbes Jahrhundert (1866 bis 1914) gut verkraftete. Demgegenüber fallen die Friedensregelungen für Europa unter dem Einfluss der USA im 20. Jahrhundert klar ab. Entweder waren sie unheilschwanger (Versailles 1919), beschämend (Potsdam 1945) oder wurden versäumt (1990).

Auch ohne Analogien zu konstruieren, haben die gelungenen europäischen Friedensordnungen des 17. und 19. Jahrhunderts mit dem ausstehenden Ordnungsauftrag im 21. Jahrhundert eines gemeinsam: die Tatsache der Multipolarität. Die stellt sich Mitte des ersten Drittels des 21. Jahrhunderts im Ist-Zustand und perspektivisch so dar: Mehr als die Hälfte der Staaten in der Welt sind gegenwärtig keine Demokratien. Hier herrschen nach der Messweise der britischen Wochenzeitung „The Economist" von vornherein autoritäre Regime vor oder die politischen Systeme sind nur dem Namen nach demokratisch, bleiben in der Praxis aber freie Wahlen, Rechtsstaatlichkeit, Korruptionsbekämpfung und einen zivilgesellschaftlichen Unterbau schuldig.[255]

Über 50 Prozent der Weltbevölkerung leben unter den Bedingungen einer Diktatur oder sehen sich eklatanten Beeinträchtigungen der Demokra-

---

[255] The Economist Intelligence Unit, Democracy Index 2017. Free speech under attack, London 2018, S. 2, https://pages.eiu.com/rs/753-RIQ-438/images/Democracy_Index_2017.pdf.

tie ausgesetzt. Demokratischer „progress" ist dabei nicht in Sicht. Vielmehr hat sich – allem Interventionismus und allem Universalanspruch zum Trotz – die Demokratie über das vergangene Jahrzehnt von 2006 bis 2017 in allen Weltregionen eher zurückgebildet. Mit weniger Partizipation, schwindendem Institutionenvertrauen, „bad governance", Verlusten an Bürger- und Freiheitsrechten. Diese „democratic recession"[256], die mitnichten nur außerhalb Europas und Nordamerikas stattgefunden hat, macht jeden, auch militärisch abgestützten Weltordnungsanspruch liberaldemokratischer Couleur unrealistisch. Nur ein Siebtel der Weltbevölkerung lebt in politischen Gemeinwesen, die individuelle Freiheiten annähernd garantieren.[257]

Ohne diesen Zustand zu rechtfertigen, ist an dem bleibenden Umstand erst einmal wenig zu ändern, dass in der Welt Demokratien auf mindestens ebenso viele Nicht-Demokratien treffen. Und sich untereinander arrangieren müssen. Eine „Urbi et orbi-Politik" des Westens, die das, was einem selbst vorgeblich zum Segen gereicht, auf andere übertragen will, verliert entweder ihren Wirklichkeitsbezug oder ihre Glaubwürdigkeit. Wie mondial und selbstgewiss die Überzeugung auch sein

---

[256] Larry Diamond, Facing up to the Democratic Recession, in: Journal of Democracy 26 (2015), Number 1, S. 141-155.
[257] Cato Institute et al., The Human Freedom Index 2017, Washington, D.C. 2017, S. 24.

mag, unter liberal-demokratischen Vorzeichen ein transnationales Paradies friedlichen Wohlstands verwirklichen zu können: sie wird nicht geteilt und lässt sich nicht durchsetzen. Es besteht nicht einmal Konsens über die Handhabung und Auslegung von Völkerrechtsnormen. Mit erheblichem Zutun des Westens, der sich tief in eigenen Widersprüchen und Spaltungstendenzen verfangen hat.

Eine scharfe Abgrenzung der wenigen funktionstüchtigen Demokratien – darunter Deutschland – von dem großen Rest der Welt verbietet sich von selbst. Lediglich ein Zehntel der Staaten hat derzeit volle demokratische Qualität.[258] Würden sie ihre Beziehungen zu den übrigen 90 Prozent allein von der dortigen Menschenrechtslage und gegenüber mindestens einem Drittel der UN-Mitglieder von der Bereitschaft zum Regimewechsel abhängig machen, wären die normentsprechenden Demokratien hoffnungslos isoliert.

Außenhandelsbeziehungen mit Umsätzen oberhalb von 1 Mrd. EUR unterhielt Deutschland im Jahr 2017 mit siebzig Staaten.[259] Rund 40 Prozent davon verfehlten demokratische Standards oder verweigerten sich einer entsprechenden Staatsform. Allein fünf der zwanzig wichtigsten deutschen Handelspartner sind keine (China) oder mehr oder minder gelenkte Demokratien (Russ-

---

[258] The Economist (Anm. 255), S. 18.
[259] Statistisches Bundesamt (Anm. 87), S. 2 f.

land, Türkei, Polen, Ungarn). Das Reich der Mitte war in 2017 mit einem satten Vorsprung von 10 bis 15 Mrd. EUR auf die nächstplatzierten Niederlande und die USA der umsatzstärkste Handelspartner Deutschlands überhaupt.[260] China wird diese Position ausbauen. Vor diesem Hintergrund würde sich die deutsche Außenpolitik nur ehrlich machen und realistisch geben, zwischen Werten und Waren deutlicher zu unterscheiden.[261] Andernfalls verdecken moralische Fassaden eine ganz andere, eigendynamische Praxis.

Mit erhobenem Zeigefinger kann eine Handelsnation nicht reüssieren, Demokratie mit Handelssanktionen und Kriegsgerät andernorts nicht verankert werden. Dem eigenen Gemeinwesen gingen die demokratischen Werte ja nicht verloren, wenn Deutschland darauf verzichtete, sie transferieren zu wollen. Konflikte um die Verbreitung von Weltanschauungen hat das 20. Jahrhundert in mehreren Trauerspielen zur Genüge aufgeführt.

---

[260] Statistisches Bundesamt (Anm. 87), S. 2.

[261] In ungewohnter Weise hebt sich ein Frankfurter CDU-Bundestagsabgeordneter von dem üblichen außenpolitischen Kanon seiner Partei ab, wenn er daran erinnert: „Die Bereitschaft, normative Postulate gegenüber einer auf Interessen basierenden Außenpolitik auszuklammern, ist eine der zivilisatorischen Errungenschaften der Moderne." Matthias Zimmer, Werte oder Interessen? Über eine bisweilen schwierige Gemengelage in der deutschen Außenpolitik, in: Zeitschrift für Außen- und Sicherheitspolitik 8 (2015), S. 256.

Was in der Welt des 21. Jahrhunderts wieder mehr zählt, sind Machtkonstellationen. Und was die Staaten verbindet, trennt oder nach Kompromissen suchen lässt, Interessen. Dass größere Staaten dafür mehr Hebelkraft besitzen als kleinere Einheiten, ist eine Gesetzmäßigkeit und verleiht der Weltpolitik auch im 21. Jahrhundert ihre stärkste Prägung. Die vorherrschenden Schwergewichte – USA, Russland, China – haben allesamt die Eigenschaft, zugleich in enger Verbindung zu Deutschland, dem mächtigsten Akteur in Europa, zu stehen.

Mehr noch als die Verschiebung der weltpolitischen Gewichte wird dabei von Bedeutung sein, wie sich das deutsche Verhältnis zu den drei Mächten verändert: „The relatively equal distribution of capabilities in a multipolar world, with three or more consequential powers, produces one basic pattern of behavior: The arithmetic of coalitions influences matters great and small."[262]

Was im 21. Jahrhundert unweigerlich an Reminiszenz aus den Beziehungen Deutschlands zu den USA weicht, wird unwiderstehlich an Pragmatismus und Phantasie im deutschen Umgang mit China und Russland zunehmen. Nibelungengleiche Bekenntnisse zur atlantischen Allianz werden diese Veränderungen vielleicht noch überdecken, aber

---

[262] Barry R. Posen, Emerging Multipolarity: Why should we care?, in: Current History, November 2009, S. 350.

nicht mehr aufhalten. Dazu sind die Brüskierungen der Trump-Präsidentschaft zu weit gediehen, ist das gegenseitige Befremden zu sehr ins Rollen gekommen und verlieren die USA sukzessive zu viel an Bedeutung für Deutschland. Hingegen wird abseits des vorübergehenden Störfaktors der Nato-Osterweiterung der geopolitische Magnetismus Russlands zunehmen. Als Rohstofflieferant, Exportmarkt und conditio sine qua non für Stabilität in Osteuropa.

China wiederum, das von den USA – aus anderen Gründen, aber mit derselben Schärfe – für seine Handels- und Sicherheitspolitik gleichermaßen hart angegangen wird wie Deutschland, reicht sich mit diesem in puncto Freihandel bereits die Hand. Jedenfalls stimmen Peking und Berlin darin überein, allen protektionistischen Umschlägen zu wehren und an einer marktoffenen Welthandelsordnung festzuhalten. China ist sich inzwischen selbst darüber im Klaren, dafür eigene Handelsbarrieren schleifen zu müssen. Für Peking immer noch der kleinere Preis als reziproke Beschränkungen auf dynamischen Auslandmärkten zu erleiden. Dass Deutschland dabei an seinem wichtigsten Handelspartner in dem Maße näher heranrückt wie sich die USA egozentrisch von beiden entfernen, liegt auf der Hand.

In Anlehnung an Bismarck, der unter den Bedingungen des Fünf-Mächte-Konzerts der europäischen Großmächte im 19. Jahrhundert empfahl, sich dreien davon anzuschließen, meint Henry Kissinger: „Angewandt auf das Wechselspiel von drei Staaten, müsste man es also für wünschenswert halten, einer Gruppe von zweien zuzugehören."[263] So kühl kalkuliert müsste die Wahl Deutschlands gegen alle Traditionen der Bundesrepublik zugunsten Chinas und Russland ausfallen. Peking und Moskau haben bis weiteres mehr miteinander gemeinsam und weniger Konfliktstoff untereinander als jeder einzelne von ihnen mit Washington. Insofern bilden China und Russland eine Zweiergruppe. Dagegen stehen die USA für sich und handeln unter Präsident Trump auch nur noch für sich. „America first makes America alone".

Würde Deutschland dennoch willfährig an der Seite der USA verbleiben, verzichtete es für erpresserische Anfeindungen Washingtons auf die strategischen Vorteile einer Dreierbeziehung mit Russland und China. Wer kann das wollen oder in trügerischer Hoffnung auf eine transatlantische Wetterwende länger hinnehmen? Nicht nur Trump, auch jeder seiner Nachfolger und der US-Kongress werden den Preis für die deutsche Sicherheitspartnerschaft mit den USA in die Höhe treiben. Verquickt mit Handelsbeschränkungen oder unabhängig davon. Ein Sicherheitsplus ergibt sich daraus nicht für Deutschland. Seine strategische Unmündigkeit pflanzte sich fort. Es würde nur

---

[263] Henry Kissinger (Anm. 220), S. 163.

mehr Lasten auf den europäischen Juniorpartner verteilt, von dem erwartet wird, den USA geo- und interventionspolitisch zu folgen.[264] Auch gegen Peking und Moskau, wo immer sie Washingtons Kreise stören oder das amerikanische Vorwalten in Frage stellen.

Dass sich die USA mit Russland oder China, gar beiden als „brothers in arms" verständigen, ist viel unwahrscheinlicher als mit ihnen situativ und langfristig immer wieder über Kreuz zu liegen. Im Weißen Haus, im Pentagon und im State Department denkt niemand daran, die Weltmachtrolle der USA für ein Gleichgewicht mit anderen Mächten zu beschränken. Auch gegen alle Indizien, sich als Hegemon auf dem absteigenden Ast zu befinden.

Russland und China sind sich politisch einig, eine US-amerikanische Suprematie im 21. Jahrhundert nicht anzuerkennen. Und mehr denn je in der La-

---

[264] Vor dem Nato-Gipfeltreffen in Brüssel am 10./11. Juli 2018 erging sich der US-Präsident in beispiellosen Ausfällen gegen Deutschland. Es sei ein energiepolitischer „Gefangener Russlands" und lasse sich trotzdem von den USA beschützen. Zitiert nach Reuters, Weltnachrichten vom 11. Juli 2018, https://de.reuters.com/article/nato-trump-idDEKBN1K10WD. In großer Runde der Gipfelteilnehmer drohte Trump später damit, ohne umgehende Erhöhung der Rüstungsausgaben in Europa würden die USA „ihr eigenes Ding" machen und u.a. die US-Soldaten aus Deutschland abziehen. „Trump droht mit Alleingang bei Verteidigung", https://www.tagesschau.de/ausland/nato-trump-111.html (12. Juli 2018).

ge, Washington einen solchen Anspruch zu bestreiten. Gewiss, die USA sind und bleiben einstweilen die stärkste Militärmacht der Welt. Jedoch einen militärischen Konflikt sowohl mit Russland wie China durchzustehen und für sich zu entscheiden, ist selbst den USA unmöglich.

Sich mit China und Russland wechselseitiger Bedrohungslosigkeit zu versichern, würde für Deutschland weit mehr Früchte abwerfen als sich mit Front- und Etappendiensten in der Nato einem übelwollenden US-Präsidenten gefällig zu machen.[265] Denn in eine Konfrontation mit beiden Mächten würde Berlin immer nur um Dritter willen geraten. Das ist – angesichts der wirtschaftlichen win-win Effekte im eurasischen Dreiecksverhältnis – völlig unnötig.

---

[265] Die Chuzpe, sich der Anfeindungen und Nachforderungen Trumps zu entledigen, indem Deutschland die antiquierte Stationierung zehntausender US-Soldaten auf deutschem Boden von sich aus beendet, hat derzeit kein Berliner Regierungspolitiker. Dabei wäre es ein notweniger Schritt, um unter Einschluss Russland einen eigenen, europäischen Weg in der Sicherheitspolitik zu beschreiten. Ein deutscher Verteidigungsetat oberhalb von 2 Prozent des BIP – eine Zahl, auf der Trump immer wieder herumreitet – würde die Allianz mit den USA erst Recht unnütz machen, allerdings auch die deutschen Nachbarn in Angst und Schrecken versetzen. Unbegreiflich bleibt, dass ein US-Präsident 27 Nato-Staaten mit seinen Beschimpfungen noch immer wie eine Schafherde vor sich her treibt. Deutschland, Frankreich, Großbritannien, Spanien und Italien könnten ihm allemal Paroli bieten.

Die Welt sortiert sich in den nächsten Jahrzehnten neu. Nach Polen und Regionen wirtschaftlichen Wachstums. Mit umwälzenden Konsequenzen für das überkommene politische Weltgefüge des 20. Jahrhunderts, in dem der Westen mit seinem amerikanischen Dirigenten den Ton angab. Ausgespielt haben die USA mit ihrer Führungsrolle so oder so. Gleich, ob sie sich dafür mit rücksichtsloser Nabelschau kurzerhand selbst disqualifizieren oder andere Mächte die Vereinigten Staaten langsam, aber sicher abdrängen.

Innerhalb der G-20, gegenüber der die G-7 wie ein Fossil erscheint, werden die Karten schon länger neu gemischt. Das richtungweisend im letzten Jahr des 20. Jahrhunderts begründete Forum der 19 wichtigsten Industrie- und Schwellenländer sowie der EU lässt erkennen, wohin die Reise geht.

Auf die G-20-Gruppe, die Staaten aus fünf Kontinenten zusammenfasst, entfallen über 80 Prozent des Weltsozialprodukts, über drei Viertel des Welthandels und beinahe zwei Drittel der Weltbevölkerung (Stand 2018). Innerhalb dieses informellen Kreises sind die Auf- und Abstiegsbewegungen über die letzten zwei Jahrzehnte signifikant. Im Jahr 1999 hatten die USA – auf Basis des kaufkraftbereinigten Bruttoinlandsprodukts – einen Anteil an der globalen Wirtschaftsleistung von fast 21 Prozent, die EU von 23,8 Prozent, Deutschland von knapp 5 Prozent und China von rund 7 Prozent.[266]

Knapp zwanzig Jahre später sind die Gewichtsklassen wesentlich anders besetzt. Die USA verlieren deutlich und tragen in 2018 anteilsmäßig nur noch 15,3 Prozent zum weltweiten BIP bei. Die EU sackt auf 16,2 Prozent ab, behauptet sich jedoch eindeutig vor den Vereinigten Staaten. China steigert seinen Beitrag zur weltwirtschaftlichen Gesamtleistung um mehr als das Doppelte auf 18,5 Prozent. Deutschlands Anteil ist bis 2018 auf 3,3 Prozent gefallen, weist aber weiter großen Abstand zu Frankreich (2,2 Prozent) und Großbritannien (2,3 Prozent) auf.[267] Am auffälligsten haben sich unter den G-20 die sogenannten BRICS-Staaten (Brasilien, Russland, Indien, China und Südafrika) nach vorn geschoben. Ihr Anteil am globalen Sozialprodukt ist von unter einem Fünftel in 1999 auf ein Drittel in 2018 gewachsen.

Der Wandel dürfte sich beschleunigt fortsetzen. Den sieben „emerging countries" China, Indien, Indonesien, Brasilien, Russland, Mexico und Türkei, die mit dem Umfang ihres gemeinsamen Sozi-

---

[266] Economy Watch, GDP Share of World Total (PPP) Data for Year 1999, http://www.economywatch.com/economic-statistics/economic-indicators/GDP_Share_of_WorldTotal_PPP/1997 (15. Juli 2018).

[267] Dies., Data for Year 2018 (forecast), http://www.economy-watch.com/economic-statistics/economic-indicators/GDP_Share_of_World_Total_PPP/2018.

alprodukts aktuell auf Höhe des BIP der G-7 (USA, Großbritannien Frankreich, Deutschland, Japan, Kanada und Italien) liegen, wird prognostiziert, bis 2050 die alteingesessenen Industrieländer mit einer doppelt so großen Wirtschaftsleistung hinter sich zu lassen.[268] China und Indien wären mit Platz 1 und 2 die großen Gewinner im Ranking der größten Sozialprodukte in rund dreißig Jahren. Die USA nur noch Nr. 3, ihnen dicht auf den Fersen Indonesien, Brasilien, Russland und Mexiko. Von den Europäern würden sich allein Deutschland (Rang 9) und Großbritannien (10) unter den zehn leistungsstärksten Volkswirtschaften der Welt halten.[269]

Mit wie viel Unwägbarkeiten solche Prognosen auch verbunden sind, selbst eine zurückhaltende Fortschreibung der vorherrschenden Trends gäbe wenig Anlass, die Entwicklung grundsätzlich in Zweifel zu ziehen. Die Zeit, in der die militärischen, politischen und wirtschaftlichen Partnerschaften Deutschlands identisch waren, geht unwiderruflich zu Ende. Die deutsche Politik wird sich von rückwärtigen Abhängigkeiten und Befangenheiten lösen müssen, um nicht Opfer, sondern Mitgestalter eines Epochenwechsels in der internationalen Politik zu werden. Als ein Akteur, der sich viel stärker als in den bisherigen Verbünden seiner Bedürfnisse und Chancen bewusst werden muss. In einer

---

[268] Pricewaterhouse Coopers, The Long View. How will the global economic order change by 2050? London 2017, S. 4.
[269] Ebd.

Welt, in der die gewohnten Konstanten mächtig im Fluss sind.

Deutschland, das die Hälfte seines Sozialprodukts im Export erwirtschaftet, wird sich in diesem multipolaren Umfeld anders positionieren müssen als dem außenpolitische Erbe und Credo der Bundesrepublik entspricht: kontinentaler, eurasischer und weniger transatlantisch. Selbständiger und offener für neue Kombinationen als in Treue zu alten Allianzen und unangebrachter Selbstbeschränkung. Ohne Zweifel ergibt sich daraus eine Zäsur. Vergleichbar der von 1949, als die neu gegründete Bundesrepublik entschlossen zur Westbindung überging.

Aber wie damals gilt auch heute: Unsere Vergangenheit ist nicht unsere Zukunft. Was war, wird nicht bleiben und nicht werden. Ob wir es lieb gewonnen haben oder nicht. Wenn in der internationalen Politik eine Welt untergeht, geht eine neue auf. Im 21. Jahrhundert vielschichtiger und – zur Aufgabe gestellt – ausgewogener als zuvor. Eine Welt, deren Gesicht das Zusammenspiel größerer und kleinerer Mächte sein wird. Ohne daran Schaden nehmen zu müssen: „Denn wo das Strenge mit dem Zarten, Wo Starkes sich und Mildes paarten, Da gibt es einen guten Klang."[270]

---

[270] Friedrich v. Schiller, Das Lied von der Glocke, in: Benno v. Wiese (Hrsg.), Deutsche Gedichte, Düsseldorf 1981, S. 299.